本书是江苏省高校哲学社会科学研究项目"潜性教育研究"（2011SJD880007）的最终成果

高校社科文库
University Social Science Series

教育部高等学校
社会科学发展研究中心

汇集高校哲学社会科学优秀原创学术成果
搭建高校哲学社会科学学术著作出版平台
探索高校哲学社会科学专著出版的新模式
扩大高校哲学社会科学科研成果的影响力

潜性教育论

Potential Education Theory

成乔明
李云涛 /著

光明日报出版社

图书在版编目（CIP）数据

潜性教育论 ／ 成乔明，李云涛著 . -- 北京：光明日报出版社，
2012. 10（2024. 6 重印）

（高校社科文库）

ISBN 978 - 7 - 5112 - 3376 - 9

Ⅰ. ①潜… Ⅱ. ①成… ②李… Ⅲ. ①教育—研究
Ⅳ. ①G4

中国版本图书馆 CIP 数据核字（2012）第 246086 号

潜性教育论

QIANXING JIAOYULUN

著　者：成乔明　李云涛

责任编辑：宋　悦　　　　　　　　责任校对：傅泉泽
封面设计：小宝工作室　　　　　　责任印制：曹　净

出版发行：光明日报出版社

地　　址：北京市西城区永安路 106 号，100050

电　　话：010-63169890（咨询），010-63131930（邮购）

传　　真：010-63131930

网　　址：http：∥book. gmw. cn

E － mail：gmrbcbs@ gmw. cn

法律顾问：北京市兰台律师事务所龚柳方律师

印　　刷：三河市华东印刷有限公司

装　　订：三河市华东印刷有限公司

本书如有破损、缺页、装订错误，请与本社联系调换，电话：010-63131930

开　　本：165mm×230mm

字　　数：234 千字　　　　　　　印　　张：13. 25

版　　次：2012 年 10 月第 1 版　　印　　次：2024 年 6 月第 3 次印刷

书　　号：ISBN 978 - 7 - 5112 - 3376 - 9 - 01

定　　价：65. 00 元

CONTENTS 目　录

序

朱庆葆

（南京大学党委副书记、教授，博导，博士）

在南京大学从事教育管理和教育工作几十年来，我对中国的教育有着自己的认识和判断，中国教育如今的进步相较以前来说是不可否认的，但当下存在的问题和弊端的确也容不得我们过多地去护短。

本书一开始提出的中国教育存在的三大问题让我有兴趣读下去，也让我以为这是一本带有针对性、批判性和导向性的著作，即是对现实观照和挖掘之后的心得之作。我乐意为此书写序的根本原因就在于此书对我们的教育界提出了一个根本的、核心的问题：我们的教育特别是我们的学校教育该如何发展、该走向哪里、该如何去走？这何尝不是一个正直的教育者该有的职业操守和开创性、建设性的思维模式和价值取向呢？！

由成乔明和李云涛合作的《潜性教育论》充斥着时代的先进性和学术的创新性，以一种补缺的意识和视角对中国教育旗帜鲜明地吹响了另一个历史的号角：那就是在我们的灌输教育、应试教育、学校教育发展到一定高度之后必然会遇到教育继续完善和深入的瓶颈。这个瓶颈在本书中概括为育才和育人谁更重要、不能成人可否成才呢？这个瓶颈是真实存在的，也是一个困扰中国近二十年来教育的本质问题。

潜性教育是富有智慧的、非常有意思也非常具有哲学意味的提法，很难用通俗的语言去解释她，于是书中运用了对比反述法并以一系列的否定描述来肯定了这样一个概念："潜性教育是通过课程设置、教学计划、教学大纲和师生有目的、有意识地对知识实行传与受之外的媒介和方式对学生实施的教育。它没有明显的计划和目的，也没有明确的课程安排，更没有传授灌输的强迫性，但不排除有意识的可能。潜性教育是来自课本教材、宣传说教之外的一种教育，教育者可以无形也可以有形。总体说来，潜性教育实际就是一种老子所谓的'不言之教'，这是教育最自然的状态，所谓'不言之教，无为之益，天下希能及之矣'，潜性教育很注重自我发现、自我感悟的潜移默化的教育效果。一言以蔽之，潜性教育其实就是一种勿用教而天下皆可当教者、勿用学而众人皆能自感动的教育。"这样一种定义法很少见，月不断地否定如"之外""没有，也没有，更没有"来做到肯定，唯有一种模棱两可而意思通透的表述才是真正富有禅意但也真正深邃的研究。潜性教育否定掉课程设置、教学计划、教学大纲、有目的、有意识的知识的传与受，那剩下来的是什么，就是"不言之教"、就是"天下希能及之"的天地大教。我理解乔明和云涛的心声，也一下子通明了"潜性教育的起点在于释放人性；潜性教育的目的在于激活潜力；潜性教育的过程在于感悟人生；潜性教育的归宿在于超越自我"的真正内涵。

欧美教育训练和培育孩子的不是固化、死板的知识，而是开放、践行的思维方式和人格魅力，让孩子们多动手、多感受、多领悟而不是多记忆、多考试、多应和，欧美创造的是人，中国创造的是才。我认为潜性教育应该是建立在这样一种直观的比较性判断之上提出来的，是对西方教育模式的总结，对中国传统教育模式的反思。潜性教育以开放的胸怀包含了诗性教育、自我教育、悟化教育、活动教育、生命教育还有西方提出的隐性教育，但其落脚点不是天马行空、洋洋洒洒、不着边际的，乔明和云涛还是比较精准地为潜性教育在整个教育体系中寻求到了的科学的定位，即潜性教育是和课堂式、灌输式显性教育并行不悖的方法论教育，潜性教育与显性教育目标一致、相辅相成，都应该成为中国人素质教育全面发展的重要方法手段。由此可见，本书的两位年轻作者还是负责任、公道、具有风度的学者，他们并非否定学校教育、课堂教育，他们没有虚张声势、哗众取宠，他们的确是经过了严谨、认真的思考为素质教育的总目标提出了更为科学、全面的实现路径和思维框架。于是回到学校中来、结合社会生活对学校进行潜性教育的补给和完善也才变得名正言顺、理所当然，西方学校教育与中国学校教育的本质区别也在这一瞬间变得清澈明了。

一切社会力量、社会资源、生活真相、生命本源都应当成为学校教育中的潜性教育部分，而恰恰是这一部分我们大多数学校是流于形式、浮于表面、悬于口头的，有没有真正落到实处、有没有起到重要的作用在本书看来是否定的。我赞成这两个年轻人的判断，除了中国根深蒂固的人情关系不说，中国学校教育判断人才的根本不还是在于学习成绩、专业水平、考试分数吗？各式各类的考试、各种各样的证书不还是判断是不是优秀生、能不能毕业或深造的依据吗？我们缺乏一个完整的衡量人、选拔才的体系和学校内机制、学校外体制。学校教育集群体制的构建不容易，但学校有其特殊的优势，校友的力量可能构建出一个学校发展的社会网络，这种力量的整合和运用，我们学校自身做得并不到位。

潜性教育作为一个对教育全新的认知角度，值得我们教育界慢慢去消化和解读。小到一个人要加强其自身的能动性，在其自身的兴趣和外力的适度引导下去打造之；大到全国和整个教育界，所有社会力量和社会资源都可以参与教育和创办教育，"潜性教育化"的提出一下子拓宽了《潜性教育论》的视野和胸怀，从而将一个纯粹教育的概念上升到了哲学的高度，成为了一种思维模式和认识观、世界观，即凡事凡物皆有其显在的表现，也有其潜在的本质，我们在把握事物、事件的时候要用足表面文章，更要激活本质的力量。于是，中国今日民办教育的发展就是整个中国教育的潜性化教育，对其的疏忽和轻视就是对整个中国教育偏颇、失衡的态度和表现。这一观点极为中肯，教育的力量无处不在，十年树木、百年树人，人的教育无处不在、人的学习无处不可，幼儿园、小学、中学、大学是整个社会的系统工程，其投资和经营应当是全社会参与的大事，唯有教育才是人类发展的根本动力，凡事可以在短时间内断失，而断失了教育是永远难以弥补那一瞬间的缺陷的。当政府不能包办所有教育的时候，交予整个社会来承办和补充恐怕才是显、潜相融相生的根本战略。想想哈佛大学（私立）、耶鲁大学（私立）。

这篇序无法涵盖本书全部的创造和革新，只是就我感兴趣的点面我拎出来在这里结合我的心得谈一谈而已。本书完整合理的框架，深入浅出、通俗晓畅的论述，学术价值上别开生面的创造和突破还需阅读者亲自读下去才能体悟个中三昧。成乔明是南京航空航天大学的教师，李云涛是三江学院的教师，两位年轻人的思维是超前的、研究是负责的，根据书中信息，关于"潜性教育"这个课题他们已经做了六七年，发表了系列论文，辗转后找到我为本书写序，我感觉不容推辞。我首先要向两个年轻人祝贺，祝贺你们在学术上的艰辛跋涉终于取得了不俗的成果，也向整个教育界呼吁：多静心思考、多深入研究、多认真探讨，把我们的教育真真切切地搞上去，中国才有希望、才有未来！

2012 年 3 月 28 日于南京大学

绪 论

  青年人是祖国的未来和希望。正如胡锦涛同志在共青团第十四次代表大会祝词中指出："一个有远见的民族，总是把关注的目光投向青年；一个有远见的政党，总是把青年看作是推动历史发展和社会前进的重要力量。"可见，提高青年人思想政治素质、培养青年人自力更生的意识和本领、扩充青年人的知识面和学术水平、完善青年人的综合素养和人格魅力是多么重要且具有深远的战略意义。那么究竟如何提升大学生的思想政治素质、如何培养青年人的自力更生、如何扩充青年人的知识面和学术水平、如何完善青年人的综合素质和人格魅力？那当然得依靠教育，教育是救国之本，教育是立业之基，教育是造人之术。

  当前，在经济全球化的国际背景下，我国改革的深入和全面建设小康社会的形势使整个社会教育工作的环境、任务、渠道和方法等都发生了很大的变化，这种变化促进了现代教育的飞速发展，也给现代教育提出了新的历史性课题和严峻的考验。无庸讳言，从当代大学生的思想政治意识、道德素质、专业知识、创新思维和创新能力的表现上来看，我们的教育使我们的青年人还没有完全达到理想中的状态，甚至可以说，我们的教育仍然存在多方面的缺陷，比如青年人的个性化发展受到抑制，部分青年人迷失了积极的社会价值体系的构建和发扬，逐渐形成了把多元化的社会流行时尚当人生追求的做法。归根结底，这种缺陷形成的关键是：我们的教育依然是以灌输为主、缺乏亲和力、显得呆板单一，周遭许多事实已表明当代大学生在素质完善方面出现了不同程度的偏差、对我们现行的教育模式和教育体制表现出了诸多不满和抵制情绪。这个问题似乎不能仅仅责难于教育，它应当是一种社会发展的综合性结果，是一种时代前进中的起伏，如国家经济、社会稳定、政治局势、学生天生的身心素质、时尚文化等都有可能影响或者决定青年人的成长和人生喜好，但对于身体和心智尚没有成熟和定型、对于绝大部分时光身处学习氛围浓郁的校园中的青少年来说，教育特别是学校教育仍然是成就青年人最主要的因素，青少年时期受到的教育对一个人一生的成长和遭遇将具有强烈的"蝴蝶效应"（Butterfly Effect）。其实任何人都是在教育中成长和成熟起来的，即使没有上过学的人也不表示他没有受过教育，最直接的教育来自于家长、亲戚、朋友以及社会其他成员对自己的指教和劝告，真实存在的自我教育（Self - education）① 也无比重要，它来自于社会生活、人生实践中的自我的感触和经验的领悟。

但不管怎么说，在我国，课堂式说教的方式依然是青少年接受教育最为主要的方式，课堂或师带徒的教育堪称中国的传统教育模式，所以本书将主要围绕学校教育特别是以教为中心的传统教育而展开讨论，并适度延伸到一部分的社会教育，与之相应，主要研究的受教者就是在校大中小学生及部分社会青年。针对教育成效日渐式微的传统教育方法，我们如何在继承原有教育方法的基础上进一步地创新教育方法、提高教育工作的实效、培养出能够自如应对风云变换的国际局势和我国现代化建设需要的社会主义优秀建设者和接班人就成了不可回避甚至迫在眉睫的难题。在新的历史条件下要使教育工作继续保持其生机和活力，就必须培育新的教育理念和寻求新的教育方法。在世界文化交融和冲突、多元价值形成和凸显的今天，我们必须清醒地认识到当代高校教育以及部分社会教育的核心任务应该切切实实重视人的全面发展。在遵循人性基本规律的基础上，促进人性向着真善美的方向发展，以培养青年人良好的感悟性和健全的人格，这是科学地、长远地落实"以德治国"、"人才强国"、"和谐发展"战略的坚实基础，也是真正落实"科学发展观"的必然要求！

当前，关于学校特别是高校教育工作的研究成果颇丰，但无外乎是从市场经济大发展下，生产方式、生活方式、思维方式发生重大变革所引起的学生道德的滑坡、信仰的缺失、价值观的变异等方面进行学理上重复性的原因陈述和简单分析，而对如何采用新的教育方式来促进、完善学校思想政治教育工作在已有成果中仍然难得一见令人眼睛一亮的建议。

---

① 自我教育——自我教育分广义和狭义两种。广义的自我教育指受教育者以一定的世界观和方法论，认识主观世界和教育自己的全部过程，又称自我修养。即人们以自己已经形成的思想品德为基础，而提出一定的奋斗目标，监督自己去实现这些目标，并评价自己实践结果的过程。狭义的即自我批评。自我教育是一种源于内心情感感悟的教育模式，是由内而外的心理认知到生理反应的显现过程，具有强烈的自省性和心理的自我调节、纠偏、完善功能。中国古代哲人孟轲强调德性涵养要依靠"自得"，自我教育追求的就是"自得"，自得而感情深、印象牢、效果好。

　　传统的课堂教育是显性教育的典型，即通过目的性很强的说教试图塑造学生健全的人格、通过课堂知识的灌输试图构筑学生的生存技能和理想信念。可是，这种非常理性化的、填鸭式的传统教育方式往往削弱了学生的学习兴趣甚至引起学生的抵触情绪，课堂的知识在功利的社会现实面前往往显得单薄孱弱，这就需要我们不断变换教育理念、创新教育方式、采用一些有效的方法手段达到提高和净化学生的思想并使校园中的各项教育真正落到实处。笔者参与负责的课题组①于 2003 年首次提出"潜性教育"这一概念，并以"潜性教育理论框架的构建"为题在《教育理论与实践》上发表。随后，以"潜性教育"为主题，笔者负责的课题组发表了"高校艺术教育和潜性教育的比较研究"、"高校潜性教育纵横谈"、"艺术教育应当重潜性教育"、"新时期高校素质教育的再探索"、"集群式发展：高校思想政治教育的新思路"、"中国硕士教育的当代走向"等系列文章，串联并发展了潜性教育思想和理论体系，这也正是本书写作的理论基础和前期成果。

　　潜性教育是相对于显性教育而言的。所谓显性教育，就是按照传统的教育模式由教师授课、学生接受的教育，集中表现为现行的课堂授课模式。潜性教育就是通过课程设置、教学计划、教学大纲和师生有目的、有意识地对知识实行传与受之外的媒介和方式对学生实施的教育，它可以在校园内进行，但更大范围上看，潜性教育更重视校外的自我教育。潜性教育是来自教学方案、课程计划、宣传说教之外的一种教育，教育者可以无形，也可以有形；教育内容可以是预设的，也可以是随机的；教育手段可以利用施教者讲授，也可以靠生活实践和受教者的自我感悟；教育目的可以传递知识，更强调培育人格、塑造精神。社会发展呼吁人的全面发展，人的全面发展是人类突破重重阻难、勇往直前的源动力，基于这样的现实和理想，人的全面发展光靠课堂说教是远远不够的，潜性教育应运而生。同时，潜性教育的提出是与我们的时代实践息息相关甚至是紧密结合的，并且具有深厚的传统理论基础，而且也符合教育的本质内涵：在尊重人性、激活潜能基础之上的全面而自由的伸张人性、完善人格。上述内容可以称为是我们"潜性教育"思想诞生的现实基础。

　　我们用思想政治教育为例，探讨一下潜性教育对思想政治教育在理论上的创造。如国外学者关于德育实效性的研究散见于公民教育、政治教育、道德教

---

　　① 2003 年，我们以"潜性教育研究"为题申请到了南京工业大学人文社科科研项目，在随后的几年中，笔者及课题组其他成员陆续发表了一系列有关潜性教育方面的论文。

育等的有关论著中。其中，一些学者提倡注重德育环境建设和无形教育、尊重受教育者的主体地位等，为笔者的课题研究提供了丰富的、可资借鉴的思想资料。然而，不可否认的是中国的理论教育工作者受传统的思想影响，往往把思想政治教育的任务仅仅归结为"传道"，即向人们灌输社会的政治思想和道德规范，却忽视了培养人们的能力和个性，只重视思想政治工作的规范导向作用，忽视其塑造、激发作用，以显性教育占据统治地位，结果导致了教育功能和教育效果的弱化。针对当下思想政治教育的教育方法比较单一枯燥、事倍功半的现状，众多学者也力图突破传统的樊篱，寻求一种更为有效和科学的方法改善当下的思想政治教育工作。于是就有了孙迎光老师在德育方面所大力倡导的"诗性教育"，其代表作有发表于《江苏大学学报（高教研究版）》的"松文化与诗性教育"、"竹与修身——德育的'另类'言说"等文章。此外，由美国教育学和社会学家菲利普·W·杰克逊（Philip. W. Jackson）在其 1968 年的著作《班级生活》中首次提出的"隐性课程"（hidden curriculum）从 20 世纪 70 年代起引起了世界各国和各地区学者的关注。国内学者对"隐性课程"和"隐性教育"的关注始于 20 世纪 80 至 90 年代，可直到本世纪初，此方面的论文才散见于各学术期刊。这些前期的理论成果直接或间接地启发了本文的研究，可以称得上是我们"潜性教育"思想诞生的理论基础①。

　　如何让高校教育真正做到两条腿走路②、身心健全地全面发展，是我们不得不认真思索的问题，而且这样的研究不仅仅是理论上的新突破，而且具有重要的现实意义。本书建立在前人的成果之上，认真思索、反复论证、层层推进，提出了潜性教育与显性教育携手合作、互帮互助是完善学校教育的重要保障。同时，书中进一步提出了改革学校教育的方法就是要充分发挥潜性教育中引导教育、课外教育、立体教育的理念，而全面实现教育主体、教育内容、教育方法三大集群体系的构建正是潜性教育融入并进一步创新学校教育的必由之路和指导思想。

---

　　① 这里需要补充说明的是，我们的"潜性教育"与西方的"隐性教育"是有本质区别的，隐性教育从它的发生意义上来说，其实质是显性教育的延伸与补充，并且是停留于正常教学程序和范围内的淡化或隐藏了计划、过程的有目的的教育。而潜性教育不再是显性教育的延伸与补充，而是受"隐性教育"思想启发后被我们发现的一种与显性教育在时间和空间上并驾齐驱的方法论教育。从这个程度上来说，"潜性教育"不是"隐性教育"的概念翻新和名称偷换，而是在教育范围、教育理念、教育方法、教育过程等方面都有本质区别并远远超越了"隐性教育"的全新的教育思想。
　　② 两条腿走路——对于学校来说，传授专业知识和重视学生的全面发展就是学校的两条腿、两类发展思路。

在对潜性教育展开全面研究之前，我们必须要对三个问题作出思考并给出基本的理论认识：潜性教育研究的对象是什么？潜性教育研究的目的是什么？潜性教育研究的方法是什么？

一、潜性教育研究的对象。潜性教育研究的对象比较宽泛，从教育的内外因素来看显然包含三大类：教育主体、教育环境、教育模式。教育主体和教育模式是内因，教育环境是外因。教育主体是教育环境中的社会部类，但教育主体又是教育模式的主要构造者。首先我们先来看看潜性教育的教育主体，所谓潜性教育的教育主体就是在潜性教育过程中与教育活动、教育行为具有直接关系的活动执行者、行为表达者、内部监督者、行为接受者，没有了教育主体，潜性教育就无法发生、无法存在。具体说来，潜性教育主体包含了施教者、教育媒介、受教者、内部监督者四大类，它们是潜性教育以及一切教育都必须具备的活动承载体。

潜性教育的施教者可以是人、自然物、创造物、事件、自我思维等；潜性教育的教育媒介包括施教者的声音、动作、外表、一切用于传递教育信息的工具和方法手段、时间、教育立意、精神定位、教具的外在形象和表达诉求等；潜性教育的受教者自然就是一切的人，在本书中以在校学生以及部分社会人为主；潜性教育的内部监督者是对教育过程和教育效果进行设定、检验、纠偏的各级教育机构、教育人、教育参与人。教育环境为教育主体提供了生存空间，它包括自然环境和社会环境，其中自然环境就是未经人工破坏和改造的大自然的形与神，社会环境异常复杂且主要指人造环境，包含学校内外的政治、经济、文化、科技、建筑、人造风景、现代传媒、其他社会组织和社会机构等营造的氛围。潜性教育的教育主体之间有一定的关系和运营方式，这种关系和运营方式通常是按照预先设定好的也可以是未经设定而自然形成的游戏规则和行动准则，类似于一种教育性的制度和约定俗成的社会共识，也包含零散却又生动活泼、耐人寻味的社会生活规律，我们将这些教育主体之间的关系、运营方式以及行动准则、制度规范、生活规律的总体等就称为潜性教育的教育模式。上述提及的潜性教育的教育主体、教育环境、教育模式是本书研究的主要对象，三者各自的内在特征、三者之间静态性以及动态变化的关系、三者构成的整体系统的表现等亦是本书研究的对象。

二、潜性教育研究的目的。潜性教育研究的目的或意义是多种多样的，我们不能一一细述，但毫无疑问的是我们提出的潜性教育是立足于当下教育现状的一种原创理论，在深入分析了造成当下教育软弱无力及太过于程式化现状的原因之后，我们提出了潜性教育，所以我们的研究目的仍然是针对教育现状的，是对现实教育不足之处的一种补充和完善。具体可以概括为如下几个目的：（一）厘清各式各样教育类型之间的关系。教育的类型这些年来发展了好多好多，特别在理论描述上，的确显示得无比繁多而扰人耳目。如素质教育、终身教育、道德教育、知识教育、身体教育、能力教育、情境教育、审美教育等等，这些教育之间是有某些内联关系的，我们往往会疏忽掉这些教育之间的内联关系，而使它们彼此孤立和隔阂，从而缺失一个教育发展的系统观和协同观。这种关系究竟是什么？通过对潜性教育和显性教育的研究，我们可以构建出一个系统而和谐发展的教育框架。（二）寻找实现素质教育的方法体系。素质教育作为一种教育目标已经提出若干年了，遗憾的是我们并没有真正实现素质教育的宏伟目标，甚至我们本身对素质教育的诸多内涵尚有纷争和疑惑，具体到受教者，我们并没有感觉到我们现代人比以前的人具有更高级、更优秀的综合素质，素质教育的确是一个值得思考和追求的话题，但找不到一个合适、全面、科学的方式方法是素质教育一直停留在口号上的真正原因。通过对潜性教育和显性教育的深入挖掘，我们或许找到了实现素质教育的路径。（三）完善教育理论和教育实践。潜性教育的提出凸显出了我们对课堂教育、学校教育的显性定位和重新认识，并使课堂外教育、学校外教育得到了它们在教育学上应有的地位。这样的创造和发现无论对教育理论的建设还是对教育实践的纠偏和完善都起到了不可估量的作用。在理论上来看，我们总算提出了一个相对更加完善和科学的教育理论体系；在实践上来说，教育实践中遇到的尴尬和困难或许在潜性教育理念的触动下会寻求到更好的解决办法。（四）有效解决教育遭遇到的困难和尴尬。当前的教育面临着种种的困境和尴尬，如应试教育①依然地位突出，应付考试几乎成为教育的主要目标；教育效率普遍较低，如有效师资的使用率不高、教育的成果转化率不高、教育成本偏高而人才的就业率较低等等；教育资源分配不均造成教育失衡的现象严重；教育的模式和教学方法老套也是比较突出的问题；教育的急功近利性特点比较严重。

---

① 应试教育——毫无疑问就是为了参加和通过考试而实施的教育。此教育是中国教育的大害，必须根除却又很难连根消灭，因为它在中国具有悠久约历史，其最直接的根源当数中国古代的科举制度。科举制度使读书人抱着学而优则仕的官本主义思想，把当官看作学习知识的终极目标。当下的情况同样不容小觑，期中期末考试、中考、高考、艺术等级考试、英语及计算机等级考试、考研、公务员考试、事业编制考试、职称考试一再困扰着今天的中国人，甚至贯穿着中国教育的全过程以及成为当下学生主要的学习动因，这种重技能轻文化、重功利轻素质、重证书轻能力的考试性教育几乎毁掉了整个的中国教育。

三、潜性教育研究的方法。在对潜性教育进行研究的过程中，我们使用了多种方法，这些方法包括：（一）理论联系实际的方法——我们的潜性教育本身就是立足现实的研究，而非纯粹的理论辨析。潜性教育是针对当今学校教育和课堂教育存在的种种弊端而提出来用于弥补和完善现代教育体系的方法论教育，所以是有针对性、目标性和现实性的理论创造；另外，我们的潜性教育的创立不是为了理论而理论，恰恰是要将它用于实践，弥补不足或指导教育发展的理论创新；笔者本人以及课题组其他成员都是长年工作在学校教育第一线的老师，身体力行地感受着中国学校教育多年来发展的利与弊，所以这是一个理论联系实际的研究。（二）田野调查法——我们本就是田野上的跋涉者，勿须做任何的身心准备、无需举行任何仪式，我们就已经天天在跟教育的管理者、教育的执行者、教育的监督者、教育的受教者相处、相交了。本书的第一作者长年担任教师，多年来在讲台上默默耕耘，对学校教育的管理模式以及学校学生的思想认识、学习态度、知识储备、能力表现具有强烈的感性和理性认知；本书的第二作者长年在学校的党政机关任职，对学校的思想政治教育及学校的教育管理模式非常熟悉和清楚。本课题在研究过程中，也调研了许多教育者、受教者，了解了他们的真实感受和想法，整理和阅读了大量学校管理、思想政治教育、素质教育方面的材料和制度，正是基于具有实效的调研数据的掌握，我们才更加坚信了本课题的实际意义和应用价值。（三）文献资料引用法——大量前人的研究和理论的解读是本书观点立论的基础，在本书论点的证明过程中，我们又搜集和阅读了大量的研究成果，将它们用于本书的论据。正式出版的文献资料、学校管理和教育的内部资料以及一些政策性的指导文件、网络特别是以教育作为主要运营内容的"中国教育网"上的众多信息资源和网友心得等都在本书的关注范围。（四）比较研究法——在研究和写作过程中，我们多处使用了比较的研究方法，从而让我们的思路更加明晰、理论表达更加充分、论证更加详实、论点更加中肯。如显性教育与潜性教育比较性的研究让两者相映互辉、更加明白易懂；目标性教育、方法性教育的比较区分在构建教育理论框架的过程中直接明了、十分有效；应试教育和素质教育的比较性研究让两者的缺点和优点显而易见、泾渭分明等等。比较的研究方法方便了我们的研究，相信会让许多相近或相反的概念在刹那之间就能为读者所深刻领会。（五）案例法——在本书的写作过程中，我们引入了大量的教育案例，旨在为了更充分地说明道理、证明观点，同时也能增加文章的可读性和趣味性。这些案例有的来自文献资料、报刊杂志或教育研究报告，有的是经我们亲自调查、分析和整理出来的数据，如在对"潜性教育化"进行研究论述时，我们就引入了民办教育作为个案性的例证来论述潜性教育作为一种教育理念和教育思维模式在实际教育过程中的应用，这样，潜性教育作为一种思维模式和精神理念如何在实际应用和研究中得到很好的理解和贯彻也就变得一目了然、情理得当。

　　研究潜性教育，实际上还需要明白研究它诞生的必要性。毫无疑问，我们对教育的认知有实践中的偏颇，无论是应试、改善生存、谋求职业、证明能力，皆是从小我、一我、自我的角度去看待问题的，有其道理却又都存在天生的残缺。我们以为教育的起点在于释放人性，教育的目的在于激活潜力，教育的过程在于感悟人生，教育的归宿在于超越自我，教育的方法在于内外结合，教育的根本在于潜移默化和自心觉悟。丰富人生是教育内在的立意，服务社会是教育外在的要求，用从小我到大我、从局部到全体、从当下到未来的精神来看待教育就会发现我们不能没有潜性教育、不能不充分调动和运用潜性教育。

第一章

潜性教育的实质与定位

潜性教育是一种无意识或有意识而为之的方法论教育，它不仅仅是显性教育的延伸或补充，恰恰更是与显性教育并行不悖、并驾齐驱的教育。我们可以从潜性教育的起点、潜性教育的目的、潜性教育的过程、潜性教育的归宿四个方面来考察潜性教育的实质，通过对潜性教育实质的认知更能认识潜性教育的内涵。在把握了潜性教育内涵的基础上，我们对其在整个教育体系中进行定位就比较准确了。潜性教育突破并包含了传统认识中的隐性教育，而且它就是要联手显性教育才能共同实现人类素质全面提升和完善的宏伟目标。

第一节 何为潜性教育

潜性教育是相对于显性教育而言的。所谓显性教育，就是按照传统的教育模式由教师授课、学生接受的教育，集中表现为现行的课堂授课模式。在学校里，显性教育主要体现为学校的课程设置、教学目标、按教学大纲来执行教学任务的过程以及老师和学生面对面直接的传与受的教学形式。[1] 当然，除了学校课堂教育模式之外，学校课余生活和校外社会生活中也存在大量显性教育的影子，一言以蔽之，显性教育中教育者的教育意识、教育目的、教育内容、教育手段、教育对象都相当明确，受教育者学习的意识也是非常明显的。如孩子在家中做错事，父母通常要教训孩子，这时的父母与孩子之间的交流方式、交流内容、交流意图是有前提的，即父母要实行教育权对孩子进行纠偏和指正的前提，不同的家长会有不同的言行表现——有些家长直接采取暴力手段体罚孩子，这是显性教育；有些家长直接进行语言的责骂和训斥，这是显性教育；有些家长一针见血地指出错误并陈述种种道理，尽管态度和蔼可亲，但仍然是显

---

[1] 杨芳等：《高校潜性教育理论框架的构建》，《教育理论与实践》2003 年第 12 期，第 4 页。

性教育；有些家长并不急着当场发作或直接对孩子产生言行上的攻击和责难，而是有意识地设定与错误看似无关的生活事件、生活场景、生活细节让孩子去体会或感受到自己某些做法的对与错，并自动纠正自己的错误做法或习惯，当孩子事先并不知道这是一种教育设定时，那么家长的方式虽然属于显性教育，但对于孩子受到的自我教育就是潜性教育，整个教育过程及起到的教育效果也可以成为潜性教育；如果家长和孩子双方都是在完全没有预先设定、无法预知的情况下，通过自然的生活事件、生活场景、生活细节而让孩子受到了身体的锻炼、心灵的震撼、精神的升华，那么对于家长和孩子来说就都是一种潜性教育了。

为了进一步说明问题，我们在此列举一则历史故事，可能更能理解潜性教育。

《史记·滑稽列传》中有这样一个故事：

楚庄王之时，有所爱马，衣以文绣，置之华屋之下，席以露床，啖以枣脯。马病肥死，使群臣丧之，欲以棺椁大夫礼葬之。左右争之，以为不可。王下令曰："有敢以马谏者，罪致死。"优孟闻之，入殿门。仰天大哭。王惊而问其故。优孟曰："马者王之所爱也，以楚国堂堂之大，何求不得，而以大夫礼葬之，薄，请以人君礼葬之。"王曰："何如？"对曰："臣请以彤玉为棺，文梓为椁，梗、枫、豫章为题凑，发甲卒为穿圹，老弱负土。齐、赵陪位于前，韩、魏翼卫于后，庙食太牢，奉以万户之邑。诸侯闻之，皆知大王贱人而贵马也。"王曰："寡人之过一至此乎？为之奈何？"优孟曰："请为大王六畜葬之，以垅灶为椁，铜历为棺，斋以姜枣，荐以木兰，祭以粮稻，衣以火光，葬之于人腹肠！"于是王乃使以马属太官，无令天下久闻也。①

楚庄王要以大夫之礼葬马，众臣劝谏无效，优孟也想谏，但知道直接的劝谏必然招来楚庄王的反感甚至杀身之祸。于是先大哭、后夸赞、再反语、终献计，不但没有让楚庄王反感，反而令楚庄王感觉到了自己的荒谬而更正了自己的初衷。大哭是为了引起楚庄王的好奇和兴趣；夸赞楚国之盛大是跟楚庄王套近乎，让楚庄王打消掉对优孟的戒心；反语指不应用大夫之礼，而应以君王的国葬来葬一匹马是让楚庄王意识到自己的所思所想是多么荒谬、恐令天下人笑

①【汉】司马迁：《史记》，上海辞书出版社 2006 年版，第 795 页。

话；献计是让楚庄王明白人兽有别，当按兽的级别来让马"葬之于人腹肠"。步步为营、层层叠进的优孟显然是想教育楚庄王，是有意识而为之，但楚庄王却是不知不觉中跌入优孟的陷阱并最终通过自己的领悟而更正了自己的错误的。楚庄王无意识中的自我感悟和自我改错就是一种潜性教育，而优孟虽然有意识教育，但使用的教育方法巧妙、隐讳，也算是一种潜性教育的方法。像这样在不知不觉中受教，就是潜性教育。同样在不知不觉中施教也是一种潜性教育：

声色娱情，何若净几明窗，一生息顷；利荣驰念，何若名山胜景，一登临时。①

古之人，如陈玉石于市肆，瑕瑜不掩；今之人，如货古玩于时贾，真伪难知。②

第一句译文是：沉迷于声色娱乐，哪有比得上坐在洁净的书桌和明亮的窗前享受宁静的快乐；醉心于荣华富贵，哪有比得上登高望远赏名山美景来得真实。洁净的书桌、明亮的窗户、无言的书墨之香、无声的窗外阳光一下子就让人彻底宁静下来了，抛却昔日的爱恨情仇、忘却生命的浮沉跌宕，这份舒适安静能得身心当下的修复、感动和珍惜，这环境就是在施潜性教育。高山无语、美景无教，但能让我们在攀登中领略到运动的艰难和征服的畅快，能让我们为山之壮美赞叹、为水之柔秀迷恋、为天地大美所折服，从而洗涤胸臆、感怀自我并开始藐视世间一切肮脏与庸俗，这山、这水、这美景便是在施潜性教育。

第二句译文是：古代的人，就好象陈列在商铺店柜中的玉石，美丽与缺点都不加以掩饰；而今天的人啊，就像地摊黑市上的古玩，真假混杂、莫辨是非。陈列的玉石也罢、地摊上的古玩也罢，何以古人是"瑕瑜不掩"而今人是"真伪难辨"的？无非是古人和今人的所作所为自然而然地显露出了这本质上的相反，两种人的生活和做人、处世和为事让陈继儒也让我们看到和感受到了这质的差别，哪怕古人和今人的言行是生活本身的形象，与教育无关，但我们还是得出了我们心中准确的判断，这生活本身就是在施潜性教育。

显性教育、潜性教育都是无处不在的。上级训斥下属、长辈训斥晚辈、平辈和朋友之间的相互训斥都隐含着显性教育，显性教育未必只限于课堂，它也

---

① 【明】陈继儒：《小窗幽记》，山西古籍出版社 1999 年版，第 151 页。

② 同上书，第 119 页。

隐含在生活中，但课堂是它最为典型的代表。潜性教育同样是无处不在的，甚至课堂上也存在潜性教育，如教师无意识的打扮、无意识的口头禅、无意识说错的话或口吃的表现、习惯性的举止等并不属于教学范畴的事物也可能会产生教育或引导的功能，不管这样的影响对于学生来说是积极的或消极的，它们其实都属于潜性教育的范畴，但潜性教育发挥功效最为广阔的平台仍然是课堂之外的生活化教育。那么，如果要给潜性教育下个定义的话，我们可以这样描述：潜性教育是通过课程设置、教学计划、教学大纲和师生有目的、有意识地对知识实行传与受之外的媒介和方式对学生实施的教育。它没有明显的计划和目的，也没有明确的课程安排，更没有传授灌输的强迫性，但不排除有意识的可能。潜性教育是来自课本教材、宣传说教之外的一种教育，教育者可以无形也可以有形。总体说来，潜性教育实际就是一种老子所谓的"不言之教"，这是教育最自然的状态，所谓"不言之教，无为之益，天下希能及之矣"①，潜性教育很注重自我发现、自我感悟的潜移默化的教育效果。这是一种高妙的教育、至上的教育②，正所谓"大方无隅，大器晚成，大音希声，天象无刑，道褒无名"③ 是也。一言以蔽之，潜性教育其实就是一种勿用教而天下皆可当教者、勿用学而众人皆能自感动的教育，其中"勿用"是一种潜藏的、无意识的、无目的的、附带的利用性，"天下"实为天下万事万物，"自感动"强调受教育者在不知不觉中的自我触动和自我感化的过程。潜性教育的教者可以是人、可以是物，可以有形也可以无形。有形教者又称硬性施教者，日月、山川、江河、一诗一歌、一书一画、一言一行等为硬性施教者；无形教者又称软性施教者，人际关系、社会风气、时代精神、政治形势、人文氛围、民族凝聚力等为软性施教者④。如果针对学校来说，我们在这里将潜性教育可以分为校园半潜性教育和校外潜性教育，其中校外潜性教育又分家庭潜性教育和社会潜性教育。

校园半潜性教育就是在校园内通过课程设置、教学计划、教学大纲和师生有目的、有意识地对知识实行传与受之外的媒介和方式对学生实施的教育；家庭潜性教育就是受教育者在家庭日常生活中无意获得某种知识、技能、经验等的过程或经历；社会潜性教育就是受教育者在社会生活和社会工作中无意获得

---

① 【春秋】老聃著，梁海明译注：《老子》，山西古籍出版社 1999 年版，第 79 页。
② 杨芳等：《高校潜性教育纵横谈》，《大学教育科学》2004 年第 2 期，第 78 页。
③ 【春秋】老聃著，梁海明译注：《老子》，山西古籍出版社 1999 年版，第 74 页。
④ 成乔明：《艺术教育应当重潜性教育》，《教育理论与实践》2005 年第 11 期，第 56 页。

某种知识、技能、经验等的过程或经历。这里的有意识、无意识都是相对的，意识强一点的可能就会是显性教育，意识弱一点的可能有带有潜性教育的过程或效果。

其中，校园内的潜性教育何以称为校园半潜性教育呢？因为，校园作为一个绝对集中的教育场所，充满了教育明示和暗示作用。教师一走进校园就会凸显出一个教育者的明示身份并萌生一个教育者的心理暗示，而学生只要一走进校园就凸显出一个受教育者的明示身份并萌生一种受教育的心理暗示状态。事实上，校园中的一草一木、一山一水都经过了校园管理者的统筹规划，都是为日常教育工作服务的，这就是所谓的教育情境的有意设置。尽管是有意设置，但又能起到潜性教育潜移默化的功能。所以，在校园中，完全与教育工作无关的场景和设施是极其少的，或者说，完全不带教育意图和教育目的的场景、人事是相当少的。而潜性教育强调的就是不带教育意图和教育目的的场景、人事在非教育性的正常活动中给受教育者提供的一种心灵触动、感悟、提高和获得真知的过程或结果。所以，校园中几乎不存在绝对的潜性教育，相对于明显的课堂教育，我们可以把发生在校园内的课外活动和生活场景称为校园半潜性教育。

校园内的半潜性教育是一个系统的教育工程，它主要由两部分构成，即校园的硬件设施和校园的软件氛围。其中硬件设施包括校园自然生态、校园人造景观、校园的建筑样式、校园的教育娱乐设施等等。校园的软件氛围包括校风校歌校训、校园的人文氛围、学校拥有的大师数量、学校老师的素质、校园的人际关系、学生的课余活动等等。其中，校园自然生态包括校园周边和校园内存在的山、河、湖泊、树林等自然环境；人造景观包括人工雕塑、亭阁廊榭、桥梁花坛等；建筑样式不必多说；教育娱乐设施包括体育场馆、微机房、图书资料、娱乐厅等；人际关系包含老师与老师、老师与学生、学生与学生之间的关系。

而家庭潜性教育、社会潜性教育相较于校园中的潜性教育是更加纯粹的潜性教育，可能确确实实没有教育意图和教育目的，却起到了实实在在的教育效果。当然家庭和社会上也存在显性教育，当家长对犯错的孩子、单位管理者对犯错的职员进行面对面直接性教育时就是家庭显性教育和社会显性教育了，这是由社会环境和人物心态决定的。

潜性教育的特征概括说来有如下几个：

一、潜藏性：潜性教育最主要的特点就是潜藏性。无论其教育目的、教育过程、教育效果、实施教育的步骤等可能都不是为了去教育而预先设定好的，当然也可能对于施教者来说是有意设定的，但对于受教者来说却是预先不知的，却受教于无声无形之中。如观赏电影、阅读小说、社交处世、求职谋生等这些行为本身在行为者来说可能丝毫不含教育目的，可能仅是为了娱乐、生存、发展的需要，可在娱乐、生存、发展的过程中，行为者却得到了知识、技能、经验、情感、信息等发面的感触、震撼、提高和进一步完善的可能，这样的一种附带性的教育就是潜性教育。没有预设目的和明显意图的教育过程和教育效果就是潜性教育。

二、自悟性：传统的课堂教育、宣传教育注重教师的传与学生的受，预设的教材、教案、语言等充当了教育媒介，这样的教育迫使学生更多的是被动接受教师的知识。有人把这种教育戏谑为"填鸭式"教育。在这种显性的课堂式教育中学生很难根据自己的兴趣发挥自己对知识学习的能动性。而潜性教育注重学生能动的自学，自学性是潜性教育的第二大特征。在潜性教育中，学生处于主动、体验、融入式的自我教育状态中，生活中的一切场景、人事都有可能充当潜性教育的媒介，情感的震撼、身心的体验、心灵的感悟是接受潜性教育的主要方式。没有任何外力的强迫性说教，却在日常工作生活中接受到灵魂的净化和升华，这就是一种自我感悟的力量，潜性教育充分发挥了这种无处不在的自悟力量。

三、无意识性：这一特点是潜性教育的又一重要特征。这里的无意识性是相对的，也可能这种意识不带有强烈的教育目的，或许主要不是为了教育而去实施的过程。自悟性强调了潜性教育发生、完成的过程，无意识性深刻体现了潜性教育准备阶段受教者的心理状态。潜性教育是建立在"内隐认知"的心理学基础之上的一种教育。内隐认知主要指无意识认知，包括内隐记忆、内隐学习与自动化加工等。内隐记忆是指在无须达到意识状态或有意回忆的情况下，个体已获得的经验自动对当前任务产生易化影响而表现出来的记忆效果。内隐学习是 1978 年由 Reber 通过人工语法学习实验最先发现的，是一种产生抽象知识，平行于外显学习方式的无意识加工。① 在玩中、在生活中、在非教育情境中攫取知识、技能、情感就是一种无意识的教育。

四、深刻性：通过潜性教育学到的知识和得到的感受往往比较深刻。校园

---

① 王笃明：《内隐无意识加工及其在教学领域中的体现与应用》，杨东平编：《毕业论文精选精评（教育学卷）》，西苑出版社 2002 年版，第 69 页。

环境的美与丑在学生心目中可能一辈子都不会忘怀；老师的多少堂课都会被遗忘，而一个老师伟大或卑琐的人格可能会被学生永远记住；学生时代的朋友一辈子是朋友，而学生时代受到的打击也会令人铭记一生；人生中的好多风景都可能被时间淹没，而青年时代受到的一次鼓励、一句夸奖、一段爱情让人回忆起就心领神会。正如胡适的自述："我留美的七年间，我有许多课外的活动，影响我的生命和思想……"① 徐志摩的《再别康桥》更是记录了他对留学英伦一辈子的情愫，杨绛在清华大学发表的第一篇短篇小说《路路，不用愁》是她走上"文学生涯的第一步"②。潜性教育效果的深刻性来自于其教育效果构成了一种长时记忆（Long－term Memory，LTM）③，即在记忆中通常保留一生的知识，它们构成了每个人对于世界和自我认知的全部知识。对于记忆，特别是长时记忆，美国心理学家理查德·格里格（Richard J. Gerrig）等人认为：当你编码信息的情景与你试图提取它的情景很好匹配时，你的记忆能力最大。毫无疑问，当一件事情发生时，你恰好身处事发现场所获得的感受要远比从别人的描述中获得的感受更加真实和持久，这正是由于你获得的编码信息在你大脑中形成了更加清晰而准确的印象，所以以后有类似的情景出现时，你很容易就能前后联系性地回忆起曾经发生的一切。对于亲自经验过的事件所形成的记忆，专家们把它称为情节记忆（Episodic Memories），即单独保存你亲自体验过的特定事件④。"亲自体验"正是潜性教育的本质要求。

　　五、开放性：潜性教育作为一种方法论教育，具有极大的开放性。在人类漫长的教育历程中，潜性教育其实与显性教育一直都作为两个最重要的方法论教育手段推动人类朝着自己的发展目标前进。而智能教育、体育教育、道德教育、审美教育包括素质教育、终身教育其实就是人类的目标性教育，潜性教育可以适用于任何一个目标教育的实施过程中，成为这些目标教育完成的重要方法。另外，潜性教育的开放性还体现在潜性教育可以使用任何形式、在任何时候、任何地方进行教育，这种脱离了传统教育阀域（如学校、课堂、课本、师生对话等）的教育理念和教育模式所具备的超强的开放性无疑使潜性教育更加灵活、生动而充满生命力。施教、受教过程的不确定性，教育效果的多样

　　① 曹伯言：《胡适自传》，黄山书社1986年版，第94页。
　　② 孔庆茂：《钱钟书与杨绛》，海南国际新闻出版中心1997年版，第77页。
　　③ 【美】理查德·格里格等著，王垒等译：《心理学与生活》，人民邮电出版社2003年版，第203页。
　　④ 同上书，第206页。

性等都体现了潜性教育强大的开放性。

第二节 潜性教育的实质

潜性教育的实质究竟是什么？这一个问题的深入探讨对我们进一步了解和把握潜性教育至关重要。要想真正理解潜性教育的内涵，首先需要解决的问题也是潜性教育的实质问题，越贴近潜性教育实质的教育自然其潜性教育的特征越强烈、越明显，反之，潜性教育的特征越微弱、越缺乏。我们从教育的起点、教育的目的、教育的过程、教育的归宿四个方面来探索潜性教育的实质。

一、潜性教育的起点

潜性教育的起点在于释放人性。

人性的规律决定教育的成败。教育要尊重人性，惟有尊重人性，教育才能收到人性的尊重，否则，人性会时时刻刻体现出对教育的反拨。人性是个复杂的事物，起码包含人的知性（观念、想象、知识、印象和记忆等）、情感（恶、德、美、丑、爱、恨等）、道德（正义、非义、忠顺、狡诈、贞洁、淫荡等）三大部分。人性具有天然的固执性，就像穿梭在血肉中的神经网络一样，要想将神经网络从血肉中剔除出来，是根本不可能的。所以，要将人性完全按照后天的设定去扭变哪怕是理直和修复也基本是不可能的。

但激进的教育家并不这么认为，他们往往以为通过教育能改变人性，总寄希望于教育使人性向善、向德、向真、向美，他们做出来的不懈努力的确为社会确立了一种正义、道德的体系，但诚如弗洛伊德的分析一样，他们不过是用"超我"（super - ego）隐盖了"自我"（ego）和"本我"（id）①。仅仅是隐盖，若说是一种虚假繁荣同样不为过，因为人性在本我阶段是种子、是根，在自我阶段是躯干、是枝桠，在超我阶段是花果、是籽实，没有种子、根，没有躯干、枝桠，哪有花果、籽实？试图把天性泯灭，还要开出鲜艳的花、结出香甜的果，的确其结果很难遂人愿。

2011 年，十六岁的张炘炀作为国内最年轻的博士，强迫普通的父母在北

---

① 三我——本我、自我、超我是由精神分析学家弗洛伊德对人格进行分析时所提出来的三种人格的假说。本我是原本的我，欲望、本能控制的我，也可以称为真正的我；自我是社会道德体系控制的我，符合社会公义和行为准则的我，也可以成为公众的我；超我是被从善、牺牲、奉献意识控制的我，舍我成人的我，也可以称为超越社会的我。

京为他买房，否则他就不愿意读博士，一时举国教育界哗然。从十岁读大学起，他就一直被叫做神童、奇迹、天才，可这样一个奇才式的高级人才为何产生了这样幼稚的想法，中央电视台《看见》栏目 2011 年 10 月 16 日播出的《长大要成人》节目中的实况对话如是说：

【解说】和跨越式的升学轨迹相伴的，是超速生长出的迫切感，但现实的窘迫，让张炘炀内心陷入了超出年龄的焦虑，生活在比他大七八岁的成年人中，这个十六岁孩子已经把房子问题视为最大愿望。他说在大学期间，曾经受到过同学的刺激。

张炘炀：当时我抱怨北京的房价高，他们就说，你滚回你老家去。读硕士的时候。

张爸：这是生气的说法，他可能是受刺激了，你说老说这个有意思吗？

【解说】：对于其他未成年人来说，这些还是过早考虑的事情，但在急速的赶超中，来自身边人的刺激几乎全面影响了这个十六岁孩子的内心世界

（纪实：看《非诚勿扰》中孟非出场，鼓掌。这些女嘉宾越来越嗑碜了。）

【纪实】饭桌上张炘炀：这样，我给你们看一段视频和两张照片，这些东西伴随着我硕士期间很久，现在小有成就也可以公开了。小范围，必要地把一些尘封的档案解密。

【解说】：他给我们看的是他和一个女孩拼放在一起的照片，那是他的大学同学，暗恋了很多年，从没敢表白过。硕士论文最艰难的阶段，MP4 里这张小小的照片就是他全部的动力。

记者：她年龄比你大吗？

张炘炀：那肯定的。

记者：大几岁？

张炘炀：这个数（手势：8 岁）不过看起来年龄倒是差不多。

记者：这个会让你觉得难成吗？

张炘炀：恰恰相反，当时我就想就是光明一定会来到。

【纪实】记者：她一直不知道你喜欢她是吗？

张炘炀：每个人都有自己的世界。等到成就再好一些。

记者：成就好一些是个什么标准？

张炘炀：北京户口，买房，找个好工作。

记者：难道你觉得就是说你没有在北京有个真实的工作、户口、房子，那

就没有权利去谈爱情吗?

张炘炀:至少我觉得是这样的。

作为一个十六岁的大男生正是情窦初开的时候,谈恋爱、找个女朋友没有异议,这就是人性;想拥有北京的工作、户口、房子是中国普通公民都向往的事情,人往高处走嘛,这也是人性;要求爸爸妈妈出钱买房也是一个中国年轻人自己无能为力的无奈之举,中国父母承担着子女的抚养、中国父母老了由子女赡养是中国数千年的传统,对中国人来说基本也是不可违逆的人性。再怎么教育,人性是不能根本改变的,张炘炀的人性表现要远比贪官污吏、不法奸商、爱情背叛、友情反目、忤逆不孝来得天真率直得多。但是拿北京房屋的有无当成报复父母的手段,尽管报复心也是人性,但他违背了社会道德的准则,这才是张炘炀受到质询的问题所在。电视节目中的说法能说明一切:

【解说】从小到大,张炘扬深受父亲的影响。小时候,张炘炀是一个天资聪颖的孩子。两岁半时,就在三个月内认识了一千多个汉字。他4岁读小学一年级,6岁升入五年级;9岁直接上高三。

张爸:我做不了大事,唯一的就只能帮帮孩子。把下一代培养好了,让他翅膀硬一点。

邻居:他爸啊,我的天啊,谁也做不到。这世界上都少有。从小走到哪,他棍都写到哪。这么大,小不点,两三岁就会念报纸。他爸功劳大。

【解说】张会祥曾出过一本书,叫做《神奇的学习》,在书中介绍自己培养张炘炀的经验。为了孩子的学习,十几年的时间里,只要孩子在,夫妻俩从来没看过电视,即使是无声电视。也几乎没有在家待过客。

记者:你们俩是为了什么?

张妈:当时就是为了孩子。那时候就想,然后也相互埋怨一些,比如说就是以孩子为中心了,咱们都失去自我了。他爸不这么觉得,他爸觉得这是乐趣。

【解说】在父亲的决定下,张炘炀走上了频繁跳级的读书生活。对于儿时的张炘炀而言,张会祥是父亲又是老师,他们24小时呆在一起。这种几乎没有同伴的封闭式两人教育,使得张会祥不仅是孩子最亲密的人,同时也是孩子发泄压力时唯一的出口。

【解说】:于是,张炘扬要求父母全款在北京给他买房。

记者：但你知道大家听起来，觉得你用这个方式是在逼你父母。

张炘炀：应该说是我父母在自己逼自己。他们为了他们不曾实现的一个梦想，来自己逼自己。

记者：难道你始终认为说你这16年走过的道路只是你父母为了实现自己梦想而走呢？

张炘炀：我也不知道是不是强加的，反正我的梦想也基本上继承了我父母的梦想。

记者：所以你下意识当中是不是有一种感觉觉得说，我不需要为我的生活负责任，是你们要为我负责任。

张炘炀：本来最希望我留在北京就是你们。你们应该为此努力。

【解说】：毕竟只是16岁的孩子，很多张炘扬显而易见的偏激和固执，似乎也和一直被搀扶着的成长有关，在这之下，埋着深深的无力和脆弱。

【解说】：张炘扬的天分和弱点一样明显，他的硕士生导师曾经对他进行过劝诫。

从小的"拔苗助长"使张炘炀的智商超越常人，却使张炘炀的情商、爱商陷入泥潭。张炘炀没有了正常的童年、没有了正常的少年时光，所以他也不会有健康的的青年和壮年，因为他的成长没有遵循他天然的人性，他最初的人性被扭曲、被破坏，他终身的人性就已经不健康了。拔苗助长就是一种强制性的显性教育，而生活和社会的潜性教育在他身上被人为剥夺了，虽然读到了博士，但其言行的结果必然如此。

显性教育或应试教育以扭曲人的天性为特征，以为能去恶存善，效果却往往适得其反，真恶更恶、善变伪善；传统的显性教育受人诟病之处就在于其泯灭人性为乐的病态心理。张炘炀的爸爸如今一定悔不该当初，但为时已晚。

人性是最好的原动力，在人性的自由发挥中受益更令人印象深刻，在人性的天然催逼下人要求自我改变的欲望越来越强烈，所谓"穷则变、变则通、通则久"即为此理。人性的纠偏、更正、约束不仅仅是教育的本义，更是法律的职责、更是社会公德和公义的追求，而教育理应在尊重人性的基础上培育人生更为平等、自立、向上与自我创造的精神和人格。兴趣是最好的老师、天分是最好的阶梯、原欲是最好的教材、为我是最好的理由，建立在这四大根基上的教育才是最科学最坚实的教育，兴趣、天分、原欲、为我正是潜性教育充分利用的动机。

别因为人有原罪①就否定释放人性的教育，人性只有在尽情释放中才知道什么是对什么是错，实际生存中人性与人性竞争的教育效果胜过十万句对与错的口头辩论。在原罪与原罪的碰撞中，人与人之间才真正学会了尊重、学会了自律、学会了奉献，才真正明白了自我中心主义是一种自残的罪过。别害怕释放人性，否则我们的法律就无用武之地了。尊重人性、释放人性、让人性在生活和社会的磨砺中去芜存菁、全面提升才是教育的本义，教育并非要屏蔽本能来改造人，其结果不是人类变异就是教育灭绝。释放人性是否就会引起社会动乱和失去正义呢？英国哲学家休谟（Hume）给了我们回答：

> 人类大部分发明都容易发生变化，它们是依人的心向和喜爱为转移的。它们流行一个时期，随后就被人遗弃。人们也许会担忧，以为如果承认正义是人类的发明，它也必然处于同样的地位。正义的情形不是这样。作为正义基础的那种利益是最大的利益，它适合于一切时间和地点，在社会最初形成时就显现出来了。所有这些原因就使正义的规则成为稳定而不变的，至少是和人性一样是不变的。②

正义是不可能灭亡的，尽管人性永远是自私自利的，因为要想在一个社会中生存下去，人就不能不接受社会群体利益的束缚，这就是一种社会化的潜性教育。

二、潜性教育的目的

潜性教育的目的在于激活潜力。

潜力是人身心上潜藏的能力，原本是生物学意义上的概念，指人并不显露甚至逐渐被遗忘掉的能力和本领，后来逐渐发展扩充为社会学意义上的概念，指个体和群体未被开发出来的能量和力量。我们对人类的大脑做出一个简单的描述，就可以知道人类隐藏的能量是多么的巨大。

科学上早就发现人类的大脑内部有千亿个神经细胞，千亿个神经细胞集聚的力量足以令人敬畏，也令人类难以捉摸。事实上，人类大脑的学习潜能是巨

---

① 原罪——Original Sin，是基督教教义中的说法。基督教认为人具有原罪和本罪两种，原罪来自于祖先即亚当和夏娃罪过的继承和遗传，是人天生带有的罪行。基督教中提及的原罪有数十种之多，它们是人在母胎中就带上的罪过。本罪就是人在今生自己所犯的罪行。

② 【英】休谟著，张晖编译：《人性论》，北京出版社2007年版，第173页。

大的，甚至可能是无限的，一个小孩子在孩童时期接受能力的无穷无尽早已得到明证。现代脑生理学的研究证实，大脑储存知识的能力使人目瞪口呆，而绝大多数人使用的思维能力仅仅是很小的一部分，如果我们能迫使自己的大脑达到一半的工作能力，我们就可以轻而易举地学会数十所大学的课程。前几年，我国开展的旨在开发大脑潜能的教改实验也取得了显著成果，如北京幸福村小学的马芯兰老师用3年时间完成小学5年的教学内容，学生成绩普遍优秀，且负担不重；北京二十二中孙维刚老师，只用一个学期就使其所教的学生学完了初中数学六册书的全部内容；而天津市宁河县任凤乡大坨小学的史建昌老师参加的"中小学生智能开发与学习指导"课题实验发现，利用学生自学能力，10名被实验学生用半个学期就学完了一个学期的内容。国际上的科学家们也同样发现了类似的规律，他们提出人具有巨大的潜能，若是一个人能够发挥一半的大脑功能，就可以轻易学会40种语言、背诵整本百科全书、拿12个博士学位。美国心理学家威廉·詹姆斯（William James）研究发现，普通人只开发他蕴藏能力的10%，与应当取得的成就相比较，我们不过是半醒着的，我们只利用了我们身心资源的很小很小的一部分，甚至可以说一直在荒废；著名的心理学家奥托·克兰伯格（Otto Klineberg）指出：一个人所发挥出来的能力，只占他全部能力的4%，也就是说，人类还有96%的能力尚未发挥出来；世界赫赫有名的控制论奠基人之一诺伯特·维纳（Norbert Wiener）说："我可以完全有把握地说，每个人即便他是做出了辉煌成就的人，在他的一生中利用他自己的大脑潜能还不到百亿分之一。"

潜力无限，我们代代都有层出不穷的创意和金点子，我们从狩猎到农耕、到机械化生产、到自动化生产、到智能化生产，从地面到地下、到水下、到天空、到太空、到月球，从物质到分子、到原子、到离子和质子以及电子和中子，从化工和基础生物技术到纳米技术、克隆技术、转基因技术等等，人类从没有停止过前进的步伐，一代一代的潜能在深入、在扩展、在收获又在不停探索和发现，人类的潜力何处是尽头呢？无人知晓、无人断言。潜力具有多元类型，生物身心潜力是其最基本的两大类型。哲学、科学、艺术、哲学、政治、文化的发展与创新就是心力或脑力的激活与表征；手工生产、简单劳动、物质世界的创造、物理世界的完型、体育运动、自然世界的改造则必须依托体力或物力来实现。心理或脑力、体力或物力就是生物体中的两大潜力。

潜力是潜隐的，必须在激活状态下才能表现出来，否则它们可能永远沉睡在我们身体中而不为我们自身所知。教育应当要洗刷掉蒙蔽在我们身心上的尘垢，清理掉我们身心上的虚饰，拂拭掉我们身心上的慵懒，让我们挖掘掩盖在其下的潜力，并通过潜力的展现创造出改造世界、改造我们共同生活环境的业绩。人类的潜能究竟有多少呢？大致说来应当有六大类潜力：创造性潜力（画一幅画，使用一件工具，做一顿晚餐，侍弄花园内的花草，在一场多人游戏中如何运用战略和战术赢得胜利等都需要创造性的潜力）；社会性潜力（社会性潜力主要指组织能力，即如何在社会生活中调动别人积极性的能力，其中最为典型的能力就是与人相处的能力或人际潜能）；感觉性潜力（身体感官的感觉能力，我们的鼻子有五百万个嗅觉感受器，我们的眼睛可以辨别八百万种色彩，我们的手指也有上万种材质的分辨力，而我们左右脑并用的反应能力足以应对身体所处的所有环境）；计算性潜力（有人认为计算能力是一种天才，并非普通的能力，这种看法显然是错误的，也就是说每个人都具备计算能力，只要受到良好的训练，每个人都可以轻松地实现计算的才能）；空间性潜力（空间才能就是看地图、组合各种形式以及使自己的身体正确通过空间的能力，整个社会活动就是有无数个空间组成的，方位感、距离感、上下感等都是很重要的生存和生活的依据，这些能力也是可以通过训练而能达到深度开发的）；语言性潜力（语言是人类交流最重要的方式和手段，语言的表达深刻体现了一个人的逻辑思维、心理变化和生命感悟过程，语言也是一个人创作业绩、决定成败的关键，一个能说会道的人自然在表达和表现上占到不少的优势）。六大类潜力构成了人的综合素质，这些潜力仅仅依靠课堂教学和学校训练是很难真正达到最佳状态的，更多的时候必须在生活和社会活动中通过实战经验才能获得更为有效的挖掘与提高。

在这里把潜性教育的目的无限压低或无限提高都是言过其实的，把人类的潜力适度或者深度激发出来，这就是潜性教育最贴切的目的。我们的潜能是什么，潜能究竟在哪里，潜能究竟是由说教来完成还是由人的感悟来完成。进一步追问，世界究竟是什么，世界和人是什么关系？下面的故事或许能给我们更多启发：

一个六岁的小男孩特别喜欢听故事，经常缠着要爸爸讲故事。一日爸爸忙于工作懒得理他，小男孩就在旁边像麻雀一样叽叽喳喳地烦，爸爸急了，瞥见旁边有一张印有世界地图的旧报纸，就抓起来撕成十几个小碎片揉成一团往地上一摔说："儿子，你先把这个世界地图拼起来，拼得起来我就给你讲故事。"儿子也不吭声，默默地坐在地上拼起世界地图来，爸爸得意地暗笑，心想：哼哼，看你这小子还烦不烦。可过了几分钟，儿子就叫了："拼完啦，拼完啦，你看！"爸爸回头一看，地上赫然一幅完整的世界地图，完全正确。爸爸奇怪地问小男孩："咦？儿子，你怎么拼的？"小男孩天真地笑着说："地图背面是一个人的旧照片，我按人头像拼不就好了吗，人是怎样的世界就是怎样的呀！"

"人是怎样的世界就是怎样的"，多么深刻的道理。教育当要以人为主，有什么样的人就会有什么样的世界，人和世界就是合为一体的！而这个故事告诉我们潜力并不遥远，潜力就在眼睛里、潜力就在手头上、潜力就在脑子边，潜力从来也没有消失，只要轻轻地一点、缓缓地一触，潜力可能就会醒来，从而创生出一个惊奇的发现、一个精彩的世界。而潜力的唤醒或开发根本不需要过多的道理陈述，因为喜欢听故事、想听故事，六岁的小孩子就能发现了"人是怎样的世界就是怎样的"，没有比生活和兴趣更深刻的教育了。

三、潜性教育的过程

潜性教育的过程在于感悟人生。

接受教育的过程就是对生命、对命运、对人生感受和顿悟的过程。学习知识、技能的智能教育是一种基础性教育，是一种重形、重技、重器的生存教育；而重情、重志、重意的超越教育才能让生命更加丰富、更加厚实、更加完美，超越教育其实就是一种潜性教育，就是一种感悟人生、完善众生的过程教育。

南北朝时期，一个僧侣与觉明禅师同行，他问觉明禅师："什么是禅的精髓？"禅师回答他："禅的精髓就是：照顾脚下。""照顾脚下"，多么幽邃而浅显的道理，人生就是一步一步走出来的，脚下似乎是当下，实际上却是从起点到终点的全过程，照顾脚下就是要关注过程、感受禅机、领悟真谛。事实上，人类在创造"教育"一词时根本没有排斥教育的过程，如英文 Education 就有"抚育、自然生成"的意思，德文 Erziehung 中即有"引导、唤醒"的意味，同样，中文"教育"一词在《现代汉语小词典》上是这样界定的："培养学生新生一代准备从事社会生活的整个过程。"而对"教学"一词也是强调过程的：教师把知识、技能传授给学生的过程①。尽管这些对"教育"的解释各有说法，但有一点是相同的，那就是都强调教育的过程。

人生就是一场旅行，这场旅行起点在于母胎的孕育，终点在哪里谁也无法

---

① 中国社会科学院语言研究所词典编辑室：《现代汉语小词典》，商务印书馆 1980 年版，第 268 页。

把握和判断。如何走好这一场旅行是一门高深的学问，无论是想成就一番大事业还是能平稳地过好普通生活都不是一个简单的事情。在这场旅行中，许多人在中途就倒下了，许多人走上了歧途，许多人浑浑噩噩一生而匆匆收场。究竟该有一个什么样的人生，教育从中起到了至关重要的作用。当然悟性很重要，但悟性的改善不是普通教育能够达到的境地，下面的故事可以说明这样的问题：唐朝大将军郭子仪，曾在平定安史之乱中立过大功，深得唐朝数代皇帝的赞赏和信任，最后被封为汾阳郡王，在朝中德高望重。在封为汾阳郡王之后，几乎是一人之下万人之上的郭子仪依然谦虚谨慎、小心翼翼。他妻妾成群，退休之后每日和妻妾们相伴在一起，享受着天伦之乐，即使朝中官员来拜访，他也领着爱姬侍女们一起和来访官员谈笑风声，大家并不避讳。一日，一个名叫卢杞的大臣来拜见郭子仪。郭子仪让家仆赶紧打扫干净厅堂，并屏退所有陪侍的爱姬，单独接见卢杞。待卢杞退去，家人不解，问其故。郭子仪说："卢杞为人奸诈阴险、妒贤嫉能、心胸狭窄，同时他面呈蓝色、相貌丑陋。如若妇女们见到恐会讥笑他的长相，而他定会记在心中，日后得势，也必然将我们郭家赶尽杀绝。所以妇女们不与他见面可防郭家后患。"后来卢杞果然踏着其他朝臣的鲜血当了宰相，在位期间他最擅长的事情就是陷害、排挤、倾轧、报复曾经得罪过他或他看不惯的朝臣，包括宰相杨炎、张镒、御史大夫严郢、四朝元老颜真卿等人都先后死在他的手上，而唯独郭子仪一家幸免。郭子仪退休后还有一个嗜好，每天都是将郭府的大门敞开，朝臣甚至老百姓都可以自由出入郭府，然后郭子仪和大家觥筹交错、笙歌艳舞。郭子仪是数朝元老、唐室重臣，道理上来说郭府岂是普通人等能自由出入的地方，所谓豪门大户深似海。可郭子仪却让自己的贵府豪宅大敞四开、任人进出。仆人不解，询问其因。郭子仪说："树大招风、名大招嫉。我们若门庭紧闭必然会引起外界的猜测和窥探，外人会以为我们一定躲在屋内腐败享乐。而且每日都有朝臣来访，如若门户闭合，外人定会猜测我收受贿赂、密谋政事。门户大开、清清朗朗，郭府内外皆在众人眼中，行贿不得、谋政不宜，自然可平安稳定，就算偶有朋友宴聚、欢娱活动也属常理，不会招来事端。"如此足见郭子仪非等闲之人，所以郭子仪84岁安然入土，其子孙皆兴旺发达、显贵当朝。人的一生仅仅靠显性教育是很难达到郭子仪的境界的，郭子仪是武状元出身，在京城度过短暂的青年时光之后，一生都戎马生涯、浴血奋战、驰骋疆场，即使到70多岁还带兵打仗，但他没有成为一介武夫，而是成为了一个晚景显赫、智勇双全的谋略性将帅。要知道在盛唐之后著名的将帅能善始善终的并不多。悟性远比教育本身更重要，生活处处是课堂，郭子仪的故事告诉我们真知灼见隐藏在我们身边，要靠我们去领悟。

从形到情、从技到志、从器到意的过程就是对生活艰辛、生命跌宕、人生坎坷的感悟过程。这种感悟既有对眼、对手的归纳总结，亦是对心、对意的锤炼修缮。由技入手，至道终成。技是求生，道是求美；生是基础，美是境界。人生无基础而变得虚幻，人生无境界而变得庸俗。虚幻的人生活不了，庸俗的人生等于没活。技法的归纳总结、手眼的水平提高需要感悟；道识的迁思妙得、意志的境界提高需要感悟。由技入道，由手入心，由生存入境界的过程更需要感悟。感悟同样是一个过程词：由感受、感觉、感知入手终达领悟、醒悟、顿悟的过程，这个过程强调心意、情感、性灵的自我教育和自我升华，是一种强烈、明确、渐发性或突然性的内我自变过程。

今日学校和课堂的教育其实就是一种生存教育，应试的功能不就是为了图生存吗？艺术技法教育、体育竞技教育、作文写作教育、语言表达教育、算术计算教育等等都是为了人能更好的具有生活的本领，再例如高考、考研、考公务员、考各种资格证书包括托福考试、雅思考试等等无不是围绕生存和立身安命的教育模式。故而就业率是当今高校教育考核的重要指标显而易见具有时代特征和现实特征。而我们强调的潜性教育实际是一种超越教育：超越表象、超越物形、超越应试、超越当下、超越生存。其实无论是学校的显性教育还是生活的潜性教育，都强调领悟，虽然显性教育是生存教育，重身体和具象，潜性教育是超越教育，重心灵和抽象，但两者都离不开领悟。只是生存教育的领悟强调技法的不断娴熟，是一种具体生动的感悟，如对舞蹈动作的观赏、对歌唱声音的欣赏、对绘画形象的鉴赏等，通过这些技术层面具象特征的触发而生出心灵的感动、情意的满足、想象的飞扬；超越教育不因为超越生存而不关注生存，其实它也强调生存，但它的生存不是身心物理性的简单存在或存活下去，而是一种身心无比和谐舒服、身心畅达愉悦的肉灵合一状态，它的领悟跟生存教育的领悟也大不相同，它不是对具象形式的接受和领悟，它是去技求意的领悟、是弃智存真的领悟、是绝巧取朴的领悟，如通过对生活日常事件、他人言行得失、社会正常现象的观察和体验而获取到更为深邃的生存之道、生命大理、生活实质、天地精神的感悟，故而超越教育的领悟是一种抽象灵动的感悟。

西汉大学者东方朔就善于惯用潜性教育的手段和方法来让人获得感悟。有一次，汉武帝小时候的乳娘犯了王法，汉武帝要杀她。乳娘和众臣在万般无奈之时向东方朔求救。东方朔只是简单地跟她说了一句话："你只要在皇帝命人将你推出去斩首时一步三回头地望着他就行了，什么话都不用说。"到了斩首那天，皇帝列数乳娘罪状后命人将其推出斩首，乳娘按照东方朔的话，含泪看着皇帝，一步三回头，一副可怜楚楚、依依不舍的样子。此时，东方朔在边上冷冷地说："别痴情了，如今的皇上早已长大了，不再是依靠你的乳汁活命的小皇儿了，你死了这条心吧！"听了这话，皇帝沉默不语，内心想到了小时候乳娘对自己百般疼爱、万般呵护的情景，内心顿时百感交集，一下子心软了，赦免了乳娘的死罪。在皇帝意志坚定、信念已决的时候，东方朔没有强力奏表、勉力劝解，而是摒弃了灌输和争辩的手段，利用引导、触发、润化的方式让汉武帝完成了自我的内心感悟和精神升华，从而改变了决定。这就是一种非具象和抽象灵动的潜性教育、感悟教育。

四、潜性教育的归宿

潜性教育的归宿在于超越自我。

潜性教育的终极目标或归宿在于超越自我、超越当下。唯有超越才有进步，人类的进步正是在一步步的超越中实现的。如果不能超越，教育也就失去了价值。潜性教育追求的释放人性、激活潜力、感悟人生的最终目的都是为了超越。超越就是通过一系列的行为方式突破自我局限性和时空限制，与时俱进地进入到更高更大更强境界的一种活动表现和思维方式。人类的生活方式、行为模式、生命完善无论是量变还是质变都需要通过教育才能实现，所谓的量变和质变实质上便是时空上的后者对前者的超越。超越不是普通的改变，简单的改头换面不是超越，诚如给衣衫褴褛的职业乞丐换上西装领带，他也不可能变成一个真正的绅士，因为绅士的风度、气质、内涵断不是靠换装便能达到的，"犀利哥"① 终究是"犀利哥"，他要很长时间的恢复和适应以及身心的辅导恐怕才能从浪迹街头的意识中超越到真正普通的生活状态。这就像暴发户，一夜之间暴发的人尽管有的是钱，但他终究算不上贵族，因为贵族不仅仅是钱能堆砌起来的，其骨子里的优雅、高贵、骄傲甚至做作终究不是普通人能够短时间学会的，即使一个没落的贵族在破败的外表下也一定掩盖着他优越的气质和

---

① 犀利哥 Brother Sharp——指浪迹在宁波街头的一个乞丐。江西上饶人，原名叫程国荣。犀利哥的形象最早出自蜂鸟网上传的一组照片，同时被网络拍客拍下视频，并将视频传至网上。2010 年 2 月 23 日，因天涯论坛一篇名叫《秒杀宇内究极华丽第一极品路人帅哥！帅到刺瞎你的狗眼！求亲们人肉详细资料》的帖子而使犀利哥迅速走红，被网友誉为"极品乞丐"、"究极华丽第一极品路人帅哥"、"乞丐王子"等。

华丽的洒脱，像曹雪芹和贾宝玉、塞万提斯（Miguel de Cervantes Saavedra）和唐·吉诃德都是没落贵族。张爱玲笔下的白流苏和唐一元、范柳原更是说明了没落贵族与暴发户之间存在着不可模糊的区别、不可调和的矛盾。只有真正质地的改变才算得上是超越。

遗憾的是，传统的显性教育通过灌输往往造成低水平量变上的重复再现，我们是否真正去理解过考研热和公务员国考热，窃以为无非是通过自我的精神折磨试图改变自我人生低水平状态在数量上的重复，如低水平或同一性质职业的不停变换即属此意，我们的大学生在职业生涯的初期所不停地跳槽就是在干量变多、质变少的事情。HP大中华区总裁孙振耀谈及这个问题是这么说的："我总觉得，职业生涯首先要关注的是自己，自己想要什么？大多数人大概没想过这个问题，唯一的想法只是——我想要一份工作，我想要一份不错的薪水，我知道所有人对于薪水的渴望，可是，你想每隔几年重来一次找工作的过程么？你想每年都在这种对于工作和薪水的焦急不安中度过么？不想的话，就好好想清楚。饮鸩止渴，不能因为口渴就拼命喝毒药。越是焦急，越是觉得自己需要一份工作，越饥不择食，越想不清楚，越容易失败，你的经历越来越差，下一份工作的人看着你的简历就皱眉头。于是你越喝越渴，越渴越喝，陷入恶性循环。最终只能哀叹世事不公或者生不逢时，只能到天涯上来发泄一把，在失败者的共鸣当中寻求一点心理平衡罢了。大多数人都有生存压力，我也是，有生存压力就会有很多焦虑，积极的人会从焦虑中得到动力，而消极的人则会因为焦虑而迷失方向。所有人都必须在压力下做出选择，这就是世道，你喜欢也罢不喜欢也罢……对于自己想要什么，自己要最清楚，别人的意见并不是那么重要。很多人总是常常被别人的意见所影响，亲戚的意见，朋友的意见，同事的意见……问题是，你究竟是要过谁的一生？人的一生不是父母一生的续集，也不是儿女一生的前传，更不是朋友一生的外篇，只有你自己对自己的一生负责，别人无法也负不起这个责任。自己做的决定，至少到最后，自己没什么可后悔。对于大多数正常智力的人来说，所做的决定没有大的对错，无论怎么样的选择，都是可以尝试的。比如你没有考自己上的那个学校，没有人现在这个行业，这辈子就过不下去了？就会很失败？不见得……我始终认为，在很大的范围内，我们究竟会成为一个什么样的人，决定权在我们自己，每天我们都在做各种各样的选择，我可以不去写这篇文章，去别人的帖子拍拍砖头，也可以写下这些文字，帮助别人的同时也整理自己的思路，我可以多注意下格式让别人易于阅读，也可以写成一堆，我可以就这样发上来，也可以在发以前再看几遍，你可以选择不刮胡子就去面试，也可以选择出门前照照镜子……每天，每一刻我们都在做这样那样的决定，我们可以漫不经心，也可以多花些心思，成千上万的小选择累计起来，就决定了最终我们是个什么样的人。"① 事实上，学校的显性教育今日所做到的工作基本就是这样的工作，教会了大学生低水平重复自己的人生，而没有教会孩子们超越。

不停要求进步的人才具备前进的动力和活下去的勇气，不想超越、止于当下、满足过往的人即使拥有一定幸福感，实际上已经死了。生者止于歇，行者方无疆。活到老学到老，朝闻而夕死亦无憾即是对行者、生者的鼓励，即是对行者、生者的肯定。既然是行者，行路的过程就是观察和体验的过程；既然是生者，生活的过程就是领悟和觉醒的过程。这就是潜性教育。个体的超越是对自我的不断否定，社会的超越是对群体的不断否定，所谓的超越就是否定加否定之上的临界性的肯定，我们如何来理解临界性的肯定？超越就是一种质变，既然是质变就必须存在两种非同质衔接性的存在，即临界点或临界面的存在。判断超越的依据就是看超越主体是否达到了临界点或临界面并穿越而过达到异质。世间的运动分两向，正向的运动和负向的运动。超越在临界点或临界面上也有两个方向，前进进入前面的质地，折返进入后面的质地。从今天走向昨天是倒退，哪怕是向美好昨天的折返，它也是倒退，因为真正美好的昨天是永远回不去的；从今天走向明天是前进，哪怕是向未知甚至失败明天的探寻，它也是前进。因为时间的浩浩长河只能向前，只要天不老地不荒，世界的变化就只能向前。什么是超越？就是坚持向前永不停息的前进。生活让人"死"一百次不可怕，只要不放弃超越的信念就一定有重生的可能。

潜性教育正是要教会人们树立超越的信念、获得超越的勇气、掌握超越的方法，只要学习者没有放弃活的权利，那么他就时刻在接受生命、生活、人生包括灾难、失败、挫折不断从事的潜性教育。生存逼迫我们必须向前，必须超越自我。

第三节　潜性教育的定位

在基本了解了潜性教育的含义、特征及实质后，我们有必要将潜性教育放

---

① 参见网文《HP 大中华区总裁孙振耀的退休感言》，http：//jonsen. blog. edu. cn/2009/320870. html。

置到整个教育体系中看看潜性教育究竟处于什么样的一种地位，如此我们才能比较准确地清楚潜性教育究竟有多重要。我们通过潜性教育与其他类教育的比较研究来逐渐定位潜性教育。

一、潜性教育与显性教育并行不悖

潜性教育与显性教育都有其历史、哲学的根源。从时间上来看，潜性教育和显性教育一样的古老而富有厚实的生存、发展基础。

首先看显性教育，从三代开始，中国的"礼教"制度就已逐渐成熟起来，用艺术来实施教育无论从目的还是手段来看都是普遍而明显的。《周礼·春官·宗伯》中有记载：凡有道者有德者使教焉……以乐德教国子：中、和、祗、庸、孝、友。以乐语教国子：兴、道、讽、论、言、语。以乐舞教国子：舞云门、大卷、大咸、大盘、大磬、大夏……①。到春秋战国时代的孔子，这种师徒面授的外显教育形式就已经相当成熟了。据传，孔子有七十二门徒，孔子对他们实施的教育主要就是对话问答式的教导模式，《论语》有证：子贡问曰："孔文子何以谓之'文'也?"子曰："敏而好学，不耻下问，是以谓之'文'也。"②《说文》："育，养子使作善也。《虞书》曰：'教育子。'"《小雅·蓼莪》四章："拊我畜我，长我育我。"朱熹《集传》："拊，拊循也；育，覆育也。"③ "圣经贤传，乃古今命脉所系，人物悉赖以裁成。"④ 其中，最后一句话的意思是说，圣贤的经典古籍，都是从古至今维系人类命脉的灵魂，历代的伟人名流皆是阅读这些经典古籍而终成大家的。有意识地教、有意识地读、有意识地培养才能，由此可见中国显性教育的源远流长。

而潜性教育思想在春秋战国时代也已有其萌芽了。"人法地，地法天，天法道，道法自然"⑤，这里没有"明教"，只是"效法"，暗示了人理承法于天地之理，天地之理承法于生命生发之理，生命生发之理承法于自然规律，这样的无教之承法正暗含了一种内潜的教育规律。无独有偶，《中庸·知物篇》也有云："夫妇之愚，可以与知焉，及其至也，虽圣人亦有所不知焉。"⑥ "愚昧"的凡人虽然没有经过系统的学习和培训，但"浅显道理"的掌握也是受

---

① 参见网文《国学经典之周礼》，http：//www. guoxue. com/jinbu/13jing/zhouli/zl_ 003. htm。
② 【春秋】孔丘著，陈国庆等译注：《论语》，安徽人民出版社 2005 年版，第 62 页。
③ 迟文浚：《诗经百科辞典（中）》，辽宁人民出版社 1998 年版，第 1056 页。
④ 【清】王永彬著，琼琼译注：《围炉夜话》，山西古籍出版社 1999 年版，第 81 页。
⑤ 【春秋】老聃著，梁海明译注：《老子》，山西古籍出版社 1999 年版，第 3 页。
⑥ 【战国】子思著，梁海明译注：《中庸》，山西古籍出版社 1999 年版，第 102 页。

生活和人情世故潜移默化的教导和感受实现的，其中生活的影响、身心的领悟不正体现了一种生活自然状态中的潜性教育作用吗?! 真所谓明验了："古之大化者，乃与无形俱生。反以观往，复以验今；反以知古，复以知今；反以知彼，复以知己"① 之原理所在。生活本身就是最好的老师，最好的知识来自于日常的观察和感悟，生活之道即自化之道，纵然无教无学，也能在生命的点滴感知中成就非凡之境，正所谓"不镜于水，而镜于人，则吉凶可鉴也；不蹶于山，而蹶于垤，则细微宜防也。"② 这里的"镜"就是观摩、暗学，这里的"鉴"就是自我对照、自我感知、自我修正，这里的"细微宜防"的真理来自于"蹶"的过程。无师自通不是真的无师，而是非教之师、无言之师，是生活的感悟、生命的觉悟。此乃千古以来的潜性教育。

显性教育和潜性教育一显一潜，都有其心理、生理学的基础。人的认识是有意识的心理活动和无意识的心理活动的统一，理智活动和情感活动的统一，强调个性发展不仅要重视理智活动的培训和教化，而且要通过精神的感化和情感的陶冶，充分调动学生无意识心理活动的潜能，使他们在思想高度集中、精神完全放松的情况下进行学习。③ 显性教育是一种有意识、有目的的智能性教育，潜性教育正是一种无意识、无目的的自然性教育。显性教育强调预先设定好的理性的传与受，潜性教育强调在未知状态下感性的体验和领悟。潜性教育和显性教育可以称得上是一对并行不悖的教育组合，两者区别明显，但又相辅相成。两者互为补充，理应成为当代学校教育体系中齐头并进的两大教育，课堂上不明白的知识需要课后的实践与顿悟（潜性教育），悟不明白的知识又可以寻求老师的解惑（显性教育），缺少任何一方的学校教育都是残缺的。关于显性教育和潜性教育有机组合的使用方法，明代教育学家、哲学家王阳明早就有了明确阐述：

大抵童子之情，乐嬉游而惮拘检，如草木之始萌芽，舒畅之则利达，摧挠之则衰痿。今教童子必使其趋向鼓舞，心中喜悦，则其进自不能已。譬之时雨

---

① 【战国】鬼谷子著，琼琼译注：《鬼谷子》，山西古籍出版社1999年版，第23页。

② 【清】王永彬著，琼琼译注：《围炉夜话》，山西古籍出版社1999年版，第55页。引文的意思是：如果不仅仅是以水作为镜子，而是以别人的生活言行作为镜子，那么自己就能从中发现世事吉凶变化的规律；登山时没有跌到，却被小土堆绊倒了，这说明人们要小心防范生活中的小过失、小细节才能一辈子平平安安、不犯大错。

③ 闫承利：《素质教育课堂优化模式》，教育科学出版社2000年版，第12页。

春风，沾被卉木，莫不萌动发芽，自然日长月化。若冰霜剥落，则生意萧索，日就枯槁矣。故凡诱之歌诗者，非但发其志意而忆，亦所以泄其跳号呼啸于咏歌，宣其幽抑结滞于音节也。异之习礼者，非但肃其威仪而已，亦所以周旋揖让而动荡其血脉，拜其屈伸而固束其筋骸也。讽之读书者，非但开其知觉而已，亦所以沈潜反复而存其心，抑扬讽诵以宣其志也。凡此皆所以顺导其志愿意，调理其性情，潜消其鄙吝，默化其鹿顽，日使之渐于礼仪而不苦其难，人于中和而不知其故，是盖先王立教之微意也。①

王阳明的这段话揭示了"童子"天生的顽性和自然属性："如草木之始萌芽"。要对"童子"进行教育，就必须顺其自然而诱导之，方能事半功倍、效果突出，即"时雨春风，沾被卉木，莫不萌动发芽，自然日长月化"，这是一种潜性教育的实践依据。而真正对童子进行教化的时候，一定要强调显性与潜性的统一合化，其中"歌诗"、"音节"、"礼"、"读书"等就是实施显性教育的方式工具；而"顺导"、"调理"、"潜消"、"默化"则是追求内在、深刻、无形的潜性教育的意趣。人是为尊严和自由而活着的，当代学者于丹教育女儿的做法令人深受启发：

我们的社区经常会举办孩子们的游艺比赛，有一次我女儿去玩，得了很多奖券，可以兑换玩具或是家庭卫生用品。之前她都是换气球的，但那一次她特别犹豫，一个人自言自语地说，"我已经是大孩子了，不要气球了！"那时候正闹"甲流"，她就选了一块洗衣皂。回家以后，她一天十遍八遍地提醒我们："你们洗洗手吧，那个肥皂是我带回来的！"家里的洗手液都不能用，洗手全用她带回来的洗衣皂，那段时间我们全家人的手都特粗糙！但是我们觉得要充分肯定她的劳动，因为她牺牲了自己的气球，她在为我们着想。②

让一个人有尊严、自由地成长，是我们的一种期许。有时我看着女儿练琴、跳舞或者画画，我就很欣慰。我一点都不求她在专业上能有多大成绩，她只要能在里面找到一种快乐的能力，就够了。拥有让自己快乐的能力不会因为没钱而被剥夺，一个人只要一息尚存，就有本事让自己快乐起来。③

① 【明】王阳明：《传习录》，远方出版社 2004 年版，第 127 页。
② 《于丹谈家庭教育：让孩子享受尊严和自由》，《扬子晚报》2011 年 8 月 3 日第 B25 版。
③ 同上文。

我们教育者是否真的像于丹一样做到了尊重孩子、尊重学生的善良和劳动呢？一切显性教育都必须建立在尊重人性、确立尊严、崇尚自由的基础之上才能效果显著，而这种尊重人性、确立尊严、崇尚自由的理念正是潜性教育最本质的特征，也是潜性教育得以实现的过程。

二、潜性教育突破并包含隐性教育

"潜性教育"作为一种思想古已有之，但作为一种独立的概念则是受到隐性教育理论的启发而提出来的。但我们提出的潜性教育又远远突破了隐性教育原生的范畴和意义。其实"隐性教育"一词是中国学术界根据西方"隐性课程"一词引申出来的一种概念，其思想的源头在西方，其概念的集成在中国。

隐性教育是建立在"隐性课程"基础之上建立起来的上位概念。隐性课程（Hidden curriculum）（或译潜在课程、隐蔽课程等）的概念产生于 20 世纪六七十年代。它由菲利普·杰克逊（P. W. Jackson）在 1968 年《班级生活》（或译《课堂中的生活》）（Life in Classroom）一书中最早提出……隐性课程与学科课程（Subject curriculum）、活动课程（Activity curriculum）共同构成了当代课程理论的三种课程形态①。综上所述，我们可以发现隐性课程仍然是作为一种课程被提出来的，而且是与学校显性教育中的学科课程相对应的。"隐性课程"一词在我国出版的《教育大辞典》中对其下的定义是：学校政策及课程计划中未明确规定的、非正式和无意识的学校学习经验，与"显性课程"相对②。同样可见，隐性课程是指正规课程以外的学校文化、校园环境、人格魅力、学习环境、师生关系、人文关怀、本科生活、大学精神等……隐性课程隐蔽于学校各项活动之中，是通过学生的无意识、易受暗示等心理特征，潜移默化地对学生发挥影响作用③。如此说来，建立其上的隐性教育就应该是一种有课程教学基础的教育了，应该是学校教育中的有机组成部分。贾克水等人在《教育研究》上发文，旗帜鲜明地认为隐性教育就是一种学校教育："隐性教育是引导学生在学校教育性环境中，直接体验和潜移默化地获取有益于身心健康和个性全面发展的教育性经验的活动方式及过程。"④ 把隐性教育或隐性课程限定为学校教育组成部分的说法基本已经达到教育界的普遍认同，如"隐

① 李冲锋：《魏书生隐性课程初探》，《教育革新》2006 年第 3 期，第 5 页。
② 参见网文《隐性课程》，http://baike.baidu.com/view/1656520.htm。
③ 杨立明等：《隐性课程对研究型大学本科生综合素质的影响及意义》，《时珍国医国药》2007 年第 2 期，第 347 页。
④ 贾克水等：《隐性教育概念界定及本质特征》，《教育研究》2000 年第 8 期，第 39 页。

性课程是指学校范围内除显性课程之外的，按照一定的教育目标及其具体化的教育目标规范设计的校园文化要素的统称。"① "隐性课程是指对学生在学校、班级的环境里，以无意识的方式对学生的知识、价值观、行为规范、情感、态度等发生影响的全部信息的总和及其动态传递模式。"② "隐性教育是相对显性教育而言的。……它在学校情境中以内隐的方式存在，是正式课程以外的非计划、非预期的教育。"③ "隐性教育是指以校园文化为中心而涵盖社会实践的种种教育。"④ 如此看来，传统的"隐性教育"其实就属于我们在前面提出的"校园半潜性教育"而已，是对学校课堂教育、显性教育所做的课程设置上的补充，尽管它也推崇实践性，但它在整个学校教育中仍然具有明确的计划性和预设性，属于学校整个教育计划、教育规划体系的一部分，只是这一部分的教育课程可能不在课堂上而在课后的生活、生产中去完成而已。

在隐性教育模式里，施教者只是采用了非直接说教的教育方式，但其教育目的和教育对象是预先存在的；受教者虽然没有直接接受知识的灌输和道德的宣扬，但恐怕也是处于教育准备中对知识和道德伦理间接的接受。因为只要身处校园环境，那么施教者的身心状态就已经存在要给学生实施教育的暗示了。诚如一个老师在家庭中或社会上会淡化掉自身的教育者意识而回归了日常生活者的生存状态，放下老师的身段，该喝酒喝酒、该吃肉吃肉、该沉迷犬马声色就毫不隐讳地去享受犬马声色。只要老师一进校园，下意识地就会进入教育者的角色，道貌岸然、神态严肃、一本正经，因为环境迫使他必须扮演起示范者、榜样者来，唯恐让学生窥见了内心的肮脏、庸俗与市侩。校园中的一切人事物无不笼罩着教育的职能和意味。同样受教者的身心状态在校园中实际上也已经做好接受教育的准备了，在校外，学生也可以抛弃一切说教道义，随性表现甚至为所欲为，但一进学校，马上就会变得谨慎、规矩起来，唯恐不小心被校长或老师发现了自己的调皮捣蛋之心，从而使校方对自己给出不利的评价。这就是情境暗示。由于学校是社会最集中、最专业的教育圣地，其在名义上承载着社会最为系统和完整的教育功能，所以其内生和外延的教育性是无论如何

---

① 庞学光：《关于隐性课程的探讨》，《课程·教材·教法》1994年第8期，第10页。

② 陈旭远：《试论潜在课程的概念和结构》，《教育理论与实践》1994年第1期，第39页。

③ 唐卫青：《透过"彼得·潘"现象探讨隐性教育的功能》，《消费导刊》2007年第8期，第176页。

④ 吕绍明：《隐性教育：在把握特性中实现价值》，《湖北社会科学》2005年第12期，第153页。

也无法减弱或排除的，故围绕校园教育展开的隐性教育研究无论如何只能算是一种半潜性化的，而不是真正意义上绝对无意识的教育理论研究，这与我们提出的潜性教育小有相似，却又大相径庭。

我们的潜性教育包含了上述的隐性教育，隐性教育在我们看来不过是校园半潜性教育的主要部分。但真正引起我们提出和研究潜性教育兴趣的则是活生生存在于校园之外的自我经验、自我体会、自我感悟式的生活教育，它主要体现为家庭潜性教育、社会潜性教育，这些实践活动本身与有意识的教育毫无关系，它对人的教化功能可以说是生活、生存、工作、爱情、亲情、友情等本职功能之外的附带功能，这种真实存在却又是附庸和随带性的教育才是我们特别想弄明白的潜性教育，其范围早已远远超越了立足于校园显性教育、为扩大校园显性教育功效而提出的传统的隐性教育。谈及附带性教育，这里不能不多说几句。似乎在杰克逊之前，西方历史上，就有人涉及到类隐性课程或准隐性课程的研究了，他们就是美国著名教育家杜威及其学生威廉·赫德·克伯屈（William Heard Kilpatrick）。20 世纪初，杜威就曾指出："有一种意见认为，一个人所学习的仅是他当时正在学习的特定的东西，这也许是所有教育学中最大的错误了。"由此，杜威提出了一个重要的概念——"附带学习"（collateral learning）。什么叫附带学习呢？就是指与具体知识内容的学习相伴随的，对所学内容及学习本身养成的某种情感、态度的过程，这种过程其实也是一种学习，这种养成情感、态度的过程学习就是附带学习。我们试举一例就能明了，比如，一个儿童在学习唐诗宋词时，必然在记住诗词内容的同时养成了对唐诗宋词的某种态度，这种态度可能是积极的、喜欢的态度，这种态度也可能是厌烦的、排斥的态度，这种态度的养成与唐诗宋词描述的内容无关，可能只与学习的过程带来了快乐还是带来了悲伤有关，如果是快乐的学习，这个儿童可能也会觉得唐诗宋词可亲可爱，如果是悲伤的被迫学习，这个儿童可能也会觉得唐诗宋词可憎可恶，这种态度的养成就是附带学习。杜威强调，附带学习可能比正式学习来得更为根本、更为重要。随后，杜威的学生克伯屈进一步发挥了杜威的思想。克伯屈认为，任何一种学习都应当包含了三个部分："主学习"（primary learning）、"副学习"（associate learning）、"附学习"（concomitant learning）。"主学习"就是指对事物的直接学习，属于直接性的知识传输；"副学习"则是一种伴随"主学习"而来的关联学习，如围绕直接知识产生的相关知识、如围绕传输内容产生的关联内容，这就像一个学习拉小提琴的人最后却成了制作小提琴的人一样，拉小提琴是为了成为音乐家，能制作小提琴却是对小提琴构造无比精通的结果，音乐表演的学习是主学习，对乐器物理结构掌握的学习就是主学习的副学习了；"附学习"则指伴随"主学习"而来的有关情感、态度的学习，正是上面杜威提出的附带学习。有人认为，杜威的"附带学习"与克伯屈的"附学习"已涉及到隐性课程的问题了，是不是就是隐性课程的问题我们暂时可以放一放，但生活本身、生命过程、人生遭遇带有强烈的附带性教育不但是事实，至此实际上也是有切实的理论基础的。

另外，隐性教育的实质其实是显性教育的延伸与拓展，因为隐性教育的发生仍然具有预先确定的教育意图、教育目标，尽管这些意图、目标和方法手段是隐藏的。无论是杜威的"附带学习"、无论是克伯屈的"附学习"、无论是杰克逊的"隐性课程"、无论是我国《教育大辞典》定义的"隐性课程"还是国内学者如今对"隐性教育"的普遍认知和共识，都没有脱离学校的范畴来探讨这些内容，都带有围绕学校和课堂展开的延展性教育的内涵，都带有强烈的计划性、预设性并欲将这些教育实验用来为学校、课堂教育深度服务的企图和渴望。而这一切都不是潜性教育的主要意愿，潜性教育是课堂内外、学校内外、教育内外普遍存在、普适性高的活动，这种活动与主动教育有关，也可能与主动教育毫无关系，它默默存在，却阴差阳错地生发出了教育的效果而已。我们的目的是要对这种现象和过程深入剖析，与学校教育没有内联上的关系，甚至可以摈弃掉学校教育而探讨潜性教育。但本书可能不会放过学校教育，其目的很简单，不过是用学校来做潜性教育的实验和致用对象而已。别无其他！

所以，潜性教育追求的教与学的全部无意识性或局部无意识性在隐性教育中是不完全的，起码传统隐性教育的"教"仍然是有意识、有针对性的，甚至是围绕学校教育展开的。如"所谓隐性教育，是指教育者按照一定的社会目的和要求，通过潜藏的教育性因素间接地对教育对象的思想和个性渗透塑造性影响活动的手段和方式。"[①] "所谓隐性教育，就是指教育者的教育意图，教育目的是明确的、显性的，但采用的教育手段是隐蔽的。"[②] "所谓隐性教育是指教育者立足于长远的观点，以人的培养为目标，按照一定的教育计划和要求，采用灵活的教育形式和教育方法，使受教育者在不知不觉中接受教育，达

① 吴学兵：《隐性教育及其内涵探析》，《中山大学学报论丛》2005年第5期，第63页。
② 李煜：《隐性教育——有效的教育方法》，《广西教育》2003年第26期，第13页。

到教育目的的过程。"① "所谓教育目的的潜隐性是指教育者把教育目的巧妙地隐藏在受教育者不可或缺的经济文化活动、日常活动和喜闻乐见的活动之中……"② 由此可见，隐性教育仍然是一种经过精心设置的有意识实施的教育，起码从教育者的角度来说是有意而巧妙为之的意图性较强的教育活动，应当来说是属于有意识施教而无意识受教的半潜性教育，应当是潜性教育的一种类型。潜性教育包括无意识施教或无意识受教或施、受教皆无意识的状态，学校内、家庭中、社会上的一切情境、人事、活动未必都含有教育意图，但都可能带来很好的教育效果，虽不是为了教育但只要产生了施、受教过程或效果的人事、活动都可以归入我们潜性教育的范畴。

如此看来，潜性教育不但不同于传统的隐性教育，而且是远远突破并包含了隐性教育、更为广义的大教育。隐性教育是为教育的完善而人为地特别创造出来的，潜性教育是生活自然演绎而附带生成的；隐性教育强调人力预先的埋设，潜性教育强调生命流动的自然萌发；隐性教育是校园中的谦谦君子，潜性教育是校园外的江湖英豪；隐性教育带有一半潜性教育的特质，潜性教育思想却包含了隐性教育的理念且更为广阔。

三、潜性教育旨在实现素质教育

谈到素质教育，大家并不陌生。因为，我们就这个问题已经争论好多年了。素质本是心理学的一个名词，它是指人先天具有的某些解剖和生理的特性，主要是人的先天感觉器官和神经系统方面的特性以及运动感官的特性。我们通常所说的一个人的素质，主要是指一个人的政治思想素质、道德素质、业务素质、身材素质、心理素质等③。关于素质是心理反映的认知相信大家不会有过多疑惑，但素质一词最初出现在生理的解剖学上可能大家不是太明白，事实上，一个人的素质在其作为胎儿生活在母腹中的时候就已经逐渐孕育了，新名词"情绪胎教"就是从生理学的基础来对人进行素质培育的。从某种意义上说，诞生聪明健康的小宝宝在很大程度上取决于父亲。特别是在情绪胎教中，准爸爸所起到的作用非常大。情绪胎教，是通过对孕妇的情绪进行调节，

① 贺波彬：《浅谈隐性教育与思想政治工作》，《云梦学刊》2003 年第 6 期，第 96 页。
② 于大海等：《论隐性教育的特点及其功能》，《黑龙江高教研究》2006 年第 5 期，第 71 页。
③ 王宝根：《高校素质教育纵论》，东南大学出版社 1999 年版，第 237 页。

使之忘掉烦恼和忧虑，创造清新的氛围及和谐的心境，通过妈妈的神经递质①作用，促使胎儿的大脑得以良好的发育。如果孕妇在妊娠期情绪低落、高度不安，孩子出生后会出现智力低下、个性怪癖、容易激动等状况②。由此可见，心理素质的确是无法与生理基础截然分开的，孕妇的胎儿教育体现了医学、生物学上深邃的解剖理论，一个人的素质基础最初竟然来自于母腹中的生心理环境，生理往往是心理重要的基础，反过来心理也会影响到生理的状况。今日的素质教育已引申为一个人全面发展成长的内涵，教育动态性权数的加重已经突破了先天的禀赋和感官的知觉，更多的理论研究把后天各方面能力的培养与成长变化都并入了其中，而人类在后天生存的过程中，接受教育最好的老师就是自然生活和生命成长的全过程。

英国哲学家和社会学家 H. 斯宾塞（Herbert Spencer）就曾深刻地揭示了自然生活对人进行教育最为有效的内生机制：要注意儿童错误行为的自然反应都是固定不变的，直接的、毫不迟疑的和逃不掉的。没有威吓，只是肃静地严格地执行。孩子被针刺了手指，接着就会痛，再刺就再痛，永远如此。在和无机的自然打交道中，儿童所遇到的是这个毫不动摇的坚持性，既不听辩解也无法申诉；很快他就承认了这个严肃而善良的管教，非常谨慎，决不再犯……人们是由于从实验中得到了关于自然后果的知识才能够使自己不走错路③。从斯宾塞的认识中我们可以准确无误地领悟到，潜性教育是促进人类素质不断提高的重要的教育方法。美国社会心理学家班杜拉（Bandura）在研究一般学习时也提出过两种基本学习方法：实演学习和观察学习。实演学习是指个体以直接经验为基础的学习，观察学习是以人类普遍经验为基础的学习。观察学习这种方式为个体自我教育、终身学习提供了一定的可能。这种可能通过个体自主意识和主体能力的参与，通过对现实榜样的示范观察与个体自主意识、主体能力的结合后，便会使个体的自我学习与教育成为现实④。班杜拉是从主体在学习行为中的定位对学习做出的分类，主体成为学习实践活动中的主角并获得了个

---

① 神经递质 neurotransmitter——在化学突触传递中担当信使的特定化学物质，简称递质。神经递质是生物化学的重大发现，指由神经末梢分泌的化学组分，如乙酰胆碱等，这种化学组分可使神经脉冲越过突触而传导神经信息，是一种神经活性物质，充当神经信息传递的媒介。重要的神经递质和调质有：A、乙酰胆碱。B、儿茶酚胺。C、5 – 羟色胺（5 – HT）。D、氨基酸递质。E、多肽类神经活性物质。

② 都市：《情绪胎教可决定宝宝智力》，《扬子晚报》2011 年 8 月 3 日第 B34 版。

③ 【英】斯宾塞著，胡毅译：《教育论》，人民教育出版社 1962 年版，第 92 页。

④ 容中逵：《论班杜拉社会学习理论的现实教育意义》，《高教论坛》2002 年第 6 期，第 130 页。

人性的体验行为就是实演学习，主体作为学习实践活动的旁观者并通过观察获得了普遍经验就叫做观察学习。其实，不论是实演学习还是观察学习，都是以潜性教育为主要方法手段的——实演学习重亲身经验实践；观察学习重自主意识的参与观察，而潜性教育重视的就是非灌输的自悟性、主体性。

素质教育作为现代学校教育的一个终极目标的身份基本是确定的，与之配套，我们提出的潜性教育其实就是实现它的一个重要方法。也就是说，素质教育是学校教育的总目标，而潜性教育正是实现这一宏伟目标的主要手段之一。潜性教育是从方法论的角度入手总结出的一种教育，它属于方法论教育，创建和使用它的目的是为了最终实现素质教育①。而潜性教育必须配合显性教育才能实现素质教育的总目标。如果落眼学校教育而言的话，我们可以重点谈谈学校如何实现素质教育，拿高校来说，高校作为社会的一分子并不是割裂于社会机构之外的独立单位，它仍然要借助家庭和社会的力量才能实现自身素质教育的总目标，所以对高校大学生的潜性教育应该包括校园半潜性教育、家庭潜性教育、社会潜性教育，对高校大学生的显性教育应该包括校园显性教育、家庭显性教育、社会显性教育。这样，我们就可以用图来表示高校应当是如何实现素质教育的宏伟目标的：

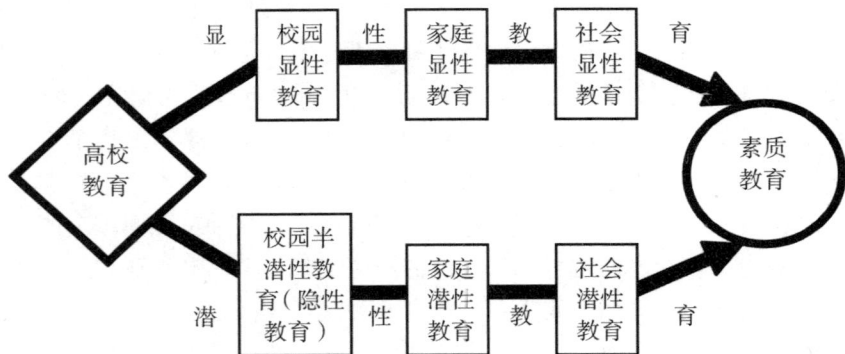

图 1－1　高校教育目标示意图

高校实现素质教育总目标的方法手段可归结为根本的两条：潜性教育、显性教育。它们是方法论教育的两个粗线条，同时它们又是由校园教育、家庭教育、社会教育汇聚而成的。传统的学校教育太注重显性教育而偏废了潜性教

①　杨芳等：《高校潜性教育纵横谈》，《大学教育科学》2004 年第 2 期，第 80 页。

育，这就是我们的素质教育为何举步维艰的根本原因所在。潜性教育与显性教育是实现高校素质教育的两乘并驾齐驱的马车，缺少其中任何一个都不是完整的现代化的高校教育。大学教育的成功与否不仅在于课堂教学质量之高低，还在于高校内外整体声誉、关系和实力之优劣。而校外绝大多数的教育资源都是一种潜性资源，如何利用好这些潜性资源，培育出一个良好的大学生全面成长的潜性教育之大环境是值得我们深思的大问题。其实所有的学校包括小学、中学和大学的素质教育模式都应当是如此的。素质教育为何要依赖潜性教育呢？我们仍然要先弄清素质教育的本质含义。

素质的含义有狭义和广义之分。狭义的素质概念是从生理学和心理学意义上去探讨的概念，即"遗传素质"。《辞海》中解释说："素质是指人或事物在某些方面的本来特点和原有基础。在心理学上，指人的先天的解剖生理特点，主要是感觉器官和神经系统方面的特点。是人的心理发展的生理条件，但不能决定人的心理内容和发展水平。"① 这是"素质"狭义上的典型解释。广义的素质指的是教育学、文化学意义上的概念，指"人们在实践中增长的修养。如政治素质，文化素质"②。我们这里所说的"素质教育"中的"素质"，指的自然是广义素质。从《辞海》中的界定，我们可以发现素质是特指人身心系统的综合表现，身心作为一个系统或者体系所表现出来的综合能力要求各个环节、各个方面都要没有缺陷，也即全面发展的人，其中包括身体素质、智力素质、政治素质、道德素质、文化素质、心理素质等等。事实上，对于素质的构成，学术界现在已经取得了一定的初步共识：素质由三类八种构成，三类是自然素质、心理素质、社会素质；八种是身体素质、心理素质、政治素质、思想素质、道德素质、业务素质、审美素质、劳技素质。三类包含八种，八种从属三类。因此，所谓"全面提高"，就是要使这八种素质都能有所提高，达到一定要求，不容许重此轻彼，或重彼轻此③。其实，西方对人类的智能也曾有过八种认识。

哈佛大学教育学院认知心理学教授豪沃·加德纳（Howard Gardner）曾对人类的潜能进行过深入研究并概括出人类所具有的八大潜能：语言潜能、音乐潜能、逻辑数学潜能、视觉空间潜能、肢体运动潜能、人际合作潜能、个人内

---

① 辞海编辑委员会：《辞海》，上海辞书出版社 2002 年版，第 1606 页。
② 同上。
③ 参见网页 http://www.fqqz.com/qz/d100/suzhi/zonghe/000361.htm。

省潜能和自然观察潜能。这八大潜能就像潜藏在人体内的支撑人类生存和发展的能源，又像人类共同拥有的基因，孩童时已然具备。虽然每个人都具备各方面发展的潜能，但每个人又都会有潜能发展中的"软肋"。

上述对八种素质和八大潜能的开发固然重要，但一个人的时间和精力亦是有限的，每个人要想将自己的特长充分展现，就无可选择的要牺牲或者忽略掉其中某些薄弱的潜能。而所谓的素质教育就是要充分激励人们各方面的潜能，使人能在正常状态下达到全面发展的可能。毫无疑问，真正能使人全面发展的素质教育仍然是一种理想化的教育目标，它能否真正实现或在多大程度上实现取决于人们的教育方法是否科学、教育过程是否顺畅。结合八大素质和八大潜能，我们可以将素质教育理想化的总目标分解成五大类子目标教育并配以相应的代表性潜能，素质教育目标分解图如下：

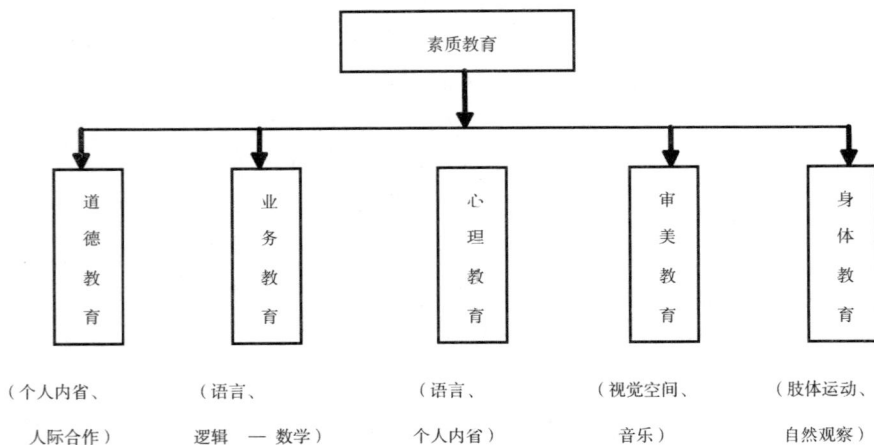

图1-2　素质教育的目标分解图

从图1-2我们可以发现，道德教育、业务教育、心理教育、审美教育、身体教育等等其实都属于目标性教育，它们重视对人类身心各方面潜能的开发，而它们又必须通过生活能力、工作能力、处理各种事务能力的过程和效果而表现出来。实现这些目标性教育的手段多种多样，如说教灌输、生活实践、榜样示范、自我观察、自我设问、内省感悟等。但无论何种教育手段和教育方法，都不外乎两大类：显性教育、潜性教育。这两大教育方法论不仅仅是实现诸多目标性教育的法宝，同样是实现素质教育总的理想化目标的重要法宝。

素质教育不同于其他任何子教育，它是一种集合式、全面式、完整式的总目标性教育，它强调创造人类的身心健康、全面发展、各方面趋向完善，其实就是一个不折不扣的完人教育。一个人的全面发展是长期、全局、宏观以及非功利的教育理念，它追求的是人的全面独立、持续发展、逐渐完善的教育过程和教育方法，所以，仅仅靠课堂上的显性教育是远远不够的，因为纵观人的一生来说，人们生活在课堂之外、生活在社会上的时间更为长久和集中。所以，真正的全面素质的提升不能不突破校园和课堂的束缚，融入社会大宇宙、生活大熔炉中方能获得生机和希望，而社会教育、生活教育的主体就是潜性教育。

功利性很强的应试教育是素质教育的天敌，素质教育这一目标能不能实现、能不能坚持下去，就看素质教育是否可以冲破应试教育的藩篱、就看我们能否真正削弱应试教育的统治地位，还我们自身一个公正、科学的教育理念。我们可以比较一下素质教育和应试教育，看看两者究竟有何区别：（一）素质教育的目标在于提高国民素质；而应试教育的目标是为应试而教、为应试而学，在此目标导向下，学生们可能会获得某些方面的浅层次提升，特别是死记硬背能力的提升，但这是以牺牲其他方面提高为代价的，用不着说全面发展和拥有多么高的创新能力和开拓精神，就是应试本身也是按照既定模式和特定的答案标准来衡量正确与否的，这严重扼杀了学生的天性和怀疑精神。（二）素质教育以提高国民素质为目标，而且是提高全体民众的整体素质为目标的，这样就必然要求教育面向全体学生、面向每一位未来的国民；而应试教育则把目光紧紧盯在少数升学有望的学生身上，对大多数学生轻描淡写地实施教育、以完成教学任务为主，根本不在乎大多数普通学生学到了什么、需要什么、又将走向哪里，甚至有些老师和学校还不惜将正常儿童扣上"弱智"的帽子，使其的成绩和进步不列入全校的分数统计系统。这种照顾少数、残害多数的教育是有害无利的，它不但不能使全体国民的素质有所提升，甚至可能会使全体国民的素质有所下降。（三）素质教育为了提高国民素质，往往鼓励教育者发挥创造精神，从学校或社会实际出发设计并组织科学的教育教学活动，旨在促进受教育者在自主学习活动中将外部教育影响主动内化为自己稳定的身心素质；而应试教育则使教育者跟着考试指挥棒亦步亦趋，在教学方法上以灌输、说教为主，学生也陷入无休止的被动接受之中，无论是教还是学都由此变得僵死和呆板。综上所述，素质教育不但要严防应试教育的侵犯和控制，还应当要及时学会使用显性教育、潜性教育两条腿走路，真正让自己获得站立的力量，走出自己的生路。

应试教育是重事重态的教育，过于强调物理的硬性条件，而丧失了文学的软性条件；素质教育突破了事和态的牢笼，追求的是情、理、事、态的完整统一。朱光潜先生在《谈文学》一书中形象地讨论了情、理、事、态的区别和关系，值得我们玩味。他说：

宇宙间一切现象都可以纳到四大范畴里去，就是情理事态。情指喜怒哀乐之类主观的感动，理是思想在事物中所推求出来的条例秩序，事包含一切人物的动作，态指人物的形状。文学的材料就不外这四种。因此文学的功用通常分为言情、说理、叙事、绘态（亦称状物或描写）四大类。文学作品因体裁不同对这四类功用各有所偏重。例如诗歌侧重言情，论文侧重说理，历史、戏剧、小说都侧重叙事，山水人物杂记侧重绘态。这自然是极粗浅的分别，实际上情理事态常交融贯通，事必有态，情常寓理，不易拆开。有些文学课本把作品分为言情、说理、叙事、绘态四类，未免牵强。一首诗、一出戏或一篇小说，可以时而言情说理，时而叙事绘态。纯粹属于某一类的作品颇不易找出，作品的文学价值愈高，愈是情理事态打成一片。①

朱光潜是在讨论文学问题吗？我看未必。他说，"宇宙间一切现象都可以纳到四大范畴里去"，自然教育不外其述。"情指喜怒哀乐之类的主观感动"恰恰映合了我们的潜性教育；"理是思想在事物中所推求出来的条例秩序"，这句话稍复杂，需要分而述之，其"推求"的过程也是潜性教育的推行过程，其中"事物"不外世间万事万物、生活人生乃至浩森宇宙，向"事物"中求思想、求真理，其做法才是教育的真谛，才是追求人由物化的真教育，这也正是素质教育的本来要义，但如若抓住"理"和"条例秩序"不放并强使受教者抛弃"事物"的接受就成了显性教育和应试教育了，所以这句话暗含了潜性教育、显性教育是实现素质教育的两种方法手段，但执"理"的教育便是显性教育和应试教育；"事包含一切人物的动作"、"态指人物的形状"原指客观世界的真实存在，倒也是尊重真相的本来面目、汲取真理的教育，颇有"道法自然"的含义，可惜的是教育却要拘泥于"事"、"态"的本身而摈弃人格内心的创造和感悟，不得已下滑成了失去生命活力、临近死亡的应试教育。所以说，拘泥于"事"、"态"的应试教育摈弃了"情"的流淌、"理"的"推求"，从而也毁灭了素质教育的伟大理想。

---

① 朱光潜：《谈文学》，广西师范大学出版社 2004 年版，第 36 页。

第二章

潜性教育的思想渊源和现实意义

潜性教育是建立在中西方古代哲学思想、西方隐性教育思想以及一定的现实基础之上萌发的一种教育理念，而西方隐性教育则成为我们提出潜性教育概念直接的催生剂，尽管隐性教育仍然是对学校显性教育的补充和完善，但这样一种理念和认识仍然是先进和值得人们关注的。潜性教育的思想其实古代就已经相当成熟了，中国古代的潜教思想虽然比较零散，但却充满睿智，西方的潜教思想已经有一定的系统性和延续性，只是一直以来没有成为一个独立的、完整的教育分支，特别在现代功利性价值观的冲击下，更是很难在今天脱颖而出并获得它应有的历史地位，这造成了现代教育的种种尴尬。建立在隐性教育的启发以及种种社会的、心理的现实基础之上，潜性教育的破壳而出其实还是顺应时代潮流的一种必然选择，它突破了学校重知识传授的教育理念和实际做法，追求的是在生活和社会的磨练中获得人的完善、生命的独立和完整。

第一节　潜性教育思想探源

潜性教育作为一种方法论教育不是无中生有杜撰出来的，潜性教育思想其实自古就有，早在春秋战国时期的古代哲学思想中就处处闪耀着潜性教育思想的光辉。而捕捉到古代哲人的教育思想之光辉并使用"潜性教育"一词来概括之实在是受到了西方"隐性课程"思维的启发而进一步融汇贯通提炼出来的一种知识体系。

一、古代哲学中的潜教思想

潜性教育作为一种新的方法论教育，并非是无源之水、无本之木，其思想源远流长、蕴涵着中华古老而朴素的哲理。早在春秋战国时代便有潜教思想之萌芽：如老子就明确提出过"不言之教"，也就是强调教育者无声无息、顺人之天性发展的教育理念，所谓"圣人居无为之事，行不言之教，万物作而弗始也，为而弗志也，功成而弗居也"①，这堪称中国最早明确潜性教育观的论述，这是一种高妙、至上的教育思想，同时也是老子用"无为"去处事，用"不言"去施教，任凭万物生长发展而不人为地去为它确定始点和理想的教育；而老子随后的"不行而知，不见而名，弗为而成"②的成才观进一步赞扬和肯定了学习者的自觉行为以及符合人性发展规律的自我感悟、自我完善、自我实现才是人之生命圆融贯通的最高境界。教与学不是对立的关系，特别是教方不能总是居于统领地步、总是限制和约束学的一方，惟有尊重受习者的天性、兴趣并触发其主动求学才是启蒙教育的优等表现，所谓教要因学而动、因学而变，即现代我们常说的因材施教，方能成就教育的大事。关于这一点，早于春秋时代的古籍《易经》"蒙卦第四"之中有详细的点拨：

蒙：亨。匪我求童蒙，童蒙求我。初筮告，再三渎，渎则不告。利贞。
《彖》曰：蒙，山下有险，险而止，蒙。蒙，"亨"，以亨行时中也。"匪我求童蒙，童蒙求我"，志应也。"初筮告"，以刚中也。"再三渎，渎则不告"，渎蒙也。蒙以养正，圣功也。③

"蒙"卦之义讲的就是启蒙教育，它要求教育不仅仅有学校教育，还应当有社会教育，两者结合并交融是最好的教育模式，且教育要维护儿童固有的淳朴的心灵，仅仅改变其顽劣之性，而非一股脑儿地彻底扭变，同时要诱发儿童学习的自觉性和主动性，避免强制的灌输。美国富有盛名的银行街家庭中心近三十年来一直努力为半岁至四岁的儿童创造一个家庭式的友善环境。这里没有钢琴培训，没有外语录音带，也没有数学作业。然而这里有舒适的大椅子让孩子们坐着读书，有厨具让他们做饭。孩子们（每班大约 12 个）可以自由到其他教室去玩，就像在家里一样自由自在④。这就是一种"匪我求童蒙，童蒙求我"的尝试。我们的潜性教育正是立足学校中的学习者提出该如何搞好和利

①　【春秋】老聃著，梁海明译注：《老子》，山西古籍出版社 1999 年版，第 5 页。
②　同上书，第 85 页。
③　《易经》，梁海明译注，山西古籍出版社 1999 年版，第 22 页。原文译文：《蒙》卦，象征蒙昧，但是能够亨通。并非我去求人家学习，而是人家求我教导。初次真诚提问必须予以解答，再三乱问是态度怠慢，怠慢就不解答。启蒙应当坚持正道。《象传》说：蒙昧，好比山下危险，明知险处不能停留而又没有走开，这就是蒙昧的表现。所谓蒙昧而能亨通，说的是启蒙条件成熟，上面支持，下面做得正确。所谓并非我去求人学习，而是人家求我教导，指的是童蒙主动，教者乐意。
④　《极富特色的国外幼儿园》，《扬子晚报》2011 年 8 月 3 日第 B38 版。

用社会教育，以弥补学校显性教育强行灌输之缺憾的问题。

仅次于孔圣人的中国儒学之尊——孟子也将人之德育过程看作是受教育者自我修养和教育者启发引导以其"明人伦"的过程。孟子从其性善论出发，把德育过程看作是受教育者"存心养性"、自我修养的过程。孟子认为，人的本性是善的，人生而有"不学而能"的"良能"和不虑而知的"良知"。孟子在受教育者的自我教育方面特别强调反思和自省的纯主观的体验。除孟子外，中国古代还有许多教育家、教育论著把德育过程看作是受教育者自我修养的过程。墨子主张受教育者要严格要求自己、修养自己；《中庸》主张"修身为本"，提出了"慎独"的概念；朱熹提出"修身"、"省察"的主张。重视德育过程中受教育者的自我修养可以说是中国古代教育家德育过程思想的基本特点，同时亦是中国古代德育无比尊重受教育者能动的心性活泼之传统。从古人的意识中我们可以清醒地认识到德育忌讳外力强迫，所以我们提出的潜性教育中最重要的特征之一——自我感悟、自我修炼与自我提升的自悟性也与中国禅学提倡的"此法即心，心外无法。此心即法，法外无心"①之佛偈相印证对接上了。当然，如有人真达到"知不言之辩、不道之道"之境地，则此人必定是"注焉而不满，酌焉而不竭"的"天府"了②。事实上，不仅仅是强调"无为而治"的老庄哲学推崇潜教思想，也不仅仅是相信"人性本善"而归顺本性教化的孟子通晓潜教思想，就是强调中国礼仪需要说教传承的孔子也非常精通教育的有效方法，并在他的教育实践中总有意无意贯彻着潜教的威力：

子路问强。子曰："南方之强与？北方之强与？抑而强与？宽柔以教，不报无道，南方之强也，君子居之。衽金革，死而不厌，北方之强也，而强者居之。故君子和而不流，强哉矫！中立而不倚，强哉矫！国有道，不变塞焉，强哉矫！国无道，至死不变，强哉矫！"③

---

① 觉真：《悟彻人生——佛教智慧观》，宗教文化出版社2002年版，第157页。此佛偈强调人心皆佛境，佛界即人心，人人心向之、心念之、心悟之，人人皆能成佛。

② 《庄子·齐物论》中说："故知止其所不知，至矣。孰知不言之辩，不道之道？若有能知，此之谓天府。注焉而不满，酌焉而不竭，而不知其所由来，此之谓葆光。"陈鼓应将之译为：一个人能止于所不知的境域，就是极点了。谁能知道不用语言的辩论，不用称说的大道呢？若有能知道，就够得上称为天然的府车，这里注入多少都不会满溢，无论倾出多少也不会枯竭，不知道源流来自何处，这就叫做潜藏的光明。

③ 【战国】子思著，梁海明译注：《中庸》，山西古籍出版社1999年版，第98页。

　　子路与老师孔子的这一段对话非常有意思，可谓是话中含话、意中有意。子路问孔子："怎样才能算得是强呢？"孔子没有立即回答子路什么是"强"，也没有直接硬生生地强行阐释什么是"强"，而是反问了子路一个问题："你问的是南方的强呢，还是北方的强呢？或者还是你认为的强呢？"这样一个反问将一个非常理论化的、艰涩的问题化成了"绕指柔"，即具体的、个案性的阐述，大大简化了叙述和理解上的困难。随后，孔子就自己假设的个案、例证作了比较性的解释："用宽容温和的方法去教化别人，对于蛮横无理的人也不加以报复，这是南方人的'强'，君子就属于这一类；经常枕着刀枪、穿着盔甲席地睡觉，上战场毫不惧怕，拼杀而死也不后悔，就是北方人的'强'，性格强悍勇武有力的人属于这一类。所以，君子善于在人际间协调，又决不随波逐流，那才算得是'刚强'！君子信守中庸，独立而不偏不倚，那才算得是'刚强'！国家政治清明，遇艰难不变志向，那才算得是'刚强'！国家混乱，社会动荡，君子到死不改变品德和信念，那才算得是'刚强'！"孔子避实就虚的回答就像在打太极拳一样，所谓近取诸身、远无不及，正是孔子教育方法中的潜化思想和潜性实践。孔子拿南方人和北方人完全相反的"强"做比较，分出了以柔克刚之强和以刚克刚之强，从而让子路一下子深刻体悟到了强者之间的高下之分，这远比滔滔不绝的理论证明、逻辑推理来得更加感性、直接、准确和便于理解。孔子并没有止于南北强的排列，由此自然而然推导出了君子之强、国家之强，一切至此都显得水到渠成、顺理成章。正所谓"听君一席话，胜读十年书"，大概便是这种经历吧！孔子还做出了自己的价值判断，看来他是欣赏"宽容温和"而"不偏不倚"的君子之强的。这正是潜性教育极力追求的境界，即不是板着面孔教训人，而是以"宽容温和"的态度求得"不偏不倚"的教育效果，诚如有伯伦之鸡肋①而无来护之卓荦②。显性教育却以咄咄逼人之势呈现出类似北方"强悍勇武"之姿态，往往只能换来矫枉过正、过刚易折的结果。换句话说，显性教育是一种"逞强"的"强"，潜性教育是一种"示弱"的"强"。孔子采取的触类旁通、启发暗示、循序渐进、

_____

　　①　"伯伦之鸡肋"：晋代刘伶，字伯伦，曾与俗人发生冲突，其人抓住他的臂，要教训他，他说："鸡肋怎么挡得住你的老拳。"那人于是作罢。此为温、巧智、宽容的君子之强。参见【明】萧良有、【清】杨臣诤著，李捷译注：《龙文鞭影》，远方出版社2004年版，第120页。
　　②　"来护之卓荦"——卓荦，即聪明的意思。隋朝来护儿，幼时很聪明，读到"高柔豹饰，勇武有力"时说："大丈夫当如是，为国灭贼，以取功名，安能区区事笔砚乎？"此即崇尚北方之豪强。同上书，第121页。

引导领悟的教育法正是潜性教育的精髓，如此这般，才能真正达到"静中观物动，闲处看人忙，才得超尘脱俗的趣味；忙处会偷闲，闲中能取静，便是安身立命的工夫"① 式的教育之最高境界，也才能真正实现老子的无为之教、自然之教。

　　同样在西方，早在两千多年前，哲学家柏拉图（Plato）就强调用音乐和其他艺术来美化生活并使美化后的生活感化人的教育主张。柏拉图在他自己设计出的教育计划中指出：作为未来统治者的儿童，无论是男孩还是女孩，17、18 岁前，都得致力于体育与音乐的学习；随后是算术、几何、天文学及音声学（音乐的数学理论）；30 岁时，选出优秀者再学习关于"善"的科学——辩证法（或哲学）。用文学向他们介绍人类伟大的事情；用音乐揭示他们想象中的美与善的真谛；使他们的生活象音乐那样有"节奏"、有"旋律"，充满"和谐"；"使他们的行为优美；使受到正确教育的人具有高尚的灵魂；使他们具有敏锐觉察艺术或自然中的遗漏或错误的能力"……②虽然在柏拉图的教育计划中，他在极力强调和构建一种系统的教育体系，强调有计划的传与受的教育模式，但他的教育计划依然通篇折射着潜教思想的光芒——1. 强调音乐教育的本身竟然与东方同时代的孔子提出的"诗性"教育异曲同工：重感性审美，轻理性灌输；2. 在青少年之前就加强"体育与音乐的学习"说明培训自身的感受力、领悟力和审美力是一切教育的基础，这是一切未来理性知识和工作技能学习的基础；3. "使他们的生活象音乐那样有'节奏'、有'旋律'，充满'和谐'"说明柏拉图已经意识到了生活环境对一个人潜移默化的影响是多么的重要，因此一种优美、和谐的生活环境才能造就一种高尚而优雅的人格；4. "使他们具有敏锐觉察艺术或自然中的遗漏或错误的能力"正是潜性教育强调的要培训学生高超的观察力、体验力、丰富的情感以及使学生持有一种活跃、积极的求知精神和求学状态。柏拉图的学生亚里士多德（Aristotle）进一步把音乐教育与人的心灵紧密结合，提出音乐教育之所以能成为道德教育的最佳利器乃是建立在与人心相通基础之上的：音乐不仅符合人生最高目的，而且使人心畅神怡，得到放松与休息；因为音乐中的和谐与节奏与人类心灵的"和谐"与节奏存在着一定血缘关系；因为音乐能反映出愤怒和温和、勇敢和节制以及一切互相对立的品质和其它的性情，所以音乐对于人的性格、心灵和

---

① 【清】佚名著，李捷译注：《增广贤文》，山西古籍出版社 1999 年版，第 138～139 页。
② 转引自马东风：《音乐教育史研究》，京华出版社 2001 年版，第 271 页。

道德品质能产生一定的影响①。看来亚里士多德明确感受到了音乐教育的潜性功能不仅在于其不露声色的感性化，更在于其本身具有"与人类心灵的'和谐'与节奏存在着一定血缘关系"的特质，这里，音乐不是一种硬朗的说教和固执的灌输，而在于柔性的感动和情绪的渲染。用生命感动和情感体验完成的教育就是一种潜性教育。

另外，亚里士多德还把道德分为心智和理性两个方面，认为心智方面的道德以知识为基础，是可以教授的，而理性方面的习惯都是不能教授的，只能在生活中形成，即生活习惯的养成可能决定理性思维的习惯。随后法国著名思想家卢梭（Rousseau）提出的生活化的"自然教育"（后面详述）即与亚里士多德的"生活习惯"一脉相承。著名的教育学家杜威更明确地提出了"教育即生活"的命题。"教育即生活"是对一般的教育特征的普遍概括，自然包含对德育过程特征的概括，因为"离开了参与社会生活，学校就没有道德的目标，也没有什么目的。"② 此外，俄罗斯作曲家、教育家、钢琴家安东·鲁宾斯坦（Anton Rubinstein）也指出："教育的主要方面恰恰在于，使人和生活发生千丝万缕的联系，从各个方面向他提出对他有重大意义的、富有吸引力的任务，因而被他看做自己的、必须亲自解决的任务。这比什么都重要，因为道德上的一切缺陷，一切越轨行为的主要根源，都是因为精神空虚造成，当他们对周围生活漠不关心，冷眼旁观的时候，他们对一切都会满不在乎……"③ 在鲁宾斯坦看来，教育过程如果割断了与生活的联系，势必造成受教育者思想品德以及人生观、世界观、价值观发展的缺陷，只有根植于生活才有生命力，才能促进受教育者各方面素质全部的健康发展。再如，德国文化教育学家爱德华·斯普朗格（Eduard Spranger）认为："教育决非单纯的文化传递，教育之为教育，正在于它是一种人格心灵的'唤醒'，这是教育的核心所在。……教育的最终目的不是传授已有的东西，而是要把人的创造力量诱导出来，将生命感、价值感'唤醒'。"④ 从先哲柏拉图的音乐启蒙教育计划、亚里士多德的理性德育需"在生活中形成"到卢梭的"自然教育"、杜威的"教育即生活"再到这里所说的生命感、价值感的"唤醒"，我们不难发现，其中有关传统的显性教育其实在西方理论界是呈弱势状态的，起码，前代哲人们从来就没有放弃过对

① 参见上书，第 271～272 页。
② 赵祥麟等：《杜威教育论著选》，华东师范大学出版社 1981 年版，第 101 页。
③ 【苏联】马里延科著，牟正秋等译：《德育过程原理》，人民教育出版社 1985 年版，第 65 页。
④ 冯现冬等：《唤醒教育与语文新课程》，《课程·教材·教法》2005 年第 11 期，第 26 页。

潜性教育的探索，即强调那种重体验、重实践、重参与的自我教育、心灵感化、生活教化。换言之，在西方教育的整个体系中潜性教育思想其实一直是占据重要地位的，隐性教育理论在西方出现而没有在东方出现其实是有其坚实的理论基础的。事实上，欧美国家的教育要更加随性、自由、活泼和人性化一些，断不像中国的教育如此重视书本知识、课堂知识和需要考试的知识。在美国，小学生拥有最轻松快乐的时光，他们可以在课堂上放声大笑、也可以任意向老师提出自己各种各样稀奇古怪的问题，他们没有教科书、不用做家庭作业，所谓的学期考也就做一些轻松的主观调查题或主观判断题，特别是人文类课程，一般只要写一篇小报告就搞定，没有限定的标准答案，孩子们每天背着空空的书包蹦蹦跳跳的去上学，又蹦蹦跳跳地回家。美国教育培养的是孩子的创造力、怀疑力、实践力和自学能力，寄希望的是孩子们融入社会之后依赖自身获得真理，这正是我们潜性教育的真谛。在中国，可以说从小学一年级开始，孩子们的书包就满满的、沉沉的，几年小学上下来，孩子们可能会背坏好几个书包，多数孩子的眼睛可能要近视、腰背可能会遭到不同程度的损伤，这样获得的"知识"真的有那么重吗？起码我们可以问一句，这样获得的知识真的管用吗？

伟大的电影大师卓别林（Charlie Chaplin）成长的一生就是潜性教育、自我教育成功的典范：

卓别林是一个伟大的天才艺术家，他由于家庭贫苦，所以读书不多，但是，他勤奋好学，所以，在从事电影工作后，自己编写剧本，他能导演，又是个天才的演员，能给电影配制音乐并能设计歌舞，可谓电影界的全才。①

他是个自由的学习者，其伟大的成就最后也以最成功的潜性教育的方式感动和教化着世界人民：

他是世界上人们热爱的艺术家，他用他的喜剧和悲哀的语言，早就向全世界的人说话了。全世界的人——黄种人、白种人、黑种人、棕种人——都懂得他的语言。他那双奇妙的眼睛随便一动，他的眉头皱一皱，肩头耸一耸，全世界的人都懂他的意思。他那根小手杖，那双大皮鞋，他的脸，他的眼睛在全世

---

① 【英】鲍荻夫著：《卓别林（下）》，时代文艺出版社1996年版，第1035～1036页。

界的人看来，都很会说话。他在沉默的时候，也就是他最雄辩的时候，他直接向世界上每一个人说话，让人们把他的无声的语言翻译成他们各自的语言，再配上他们各自的民族背景，这样他就跟一切人心心相通了。①

卓别林这样的电影艺术大师之所以有如此高深的艺术成就，不能不归功于数千年来西方潜性教育思想、潜性教育模式的成熟，而其深厚的艺术成就再次把西方潜教思想推向了极致，用自己的表演和无声的表情实证了潜性教育不是西方的专利，而是全世界人们最为痴迷、最为赞赏的教育方式。

东西方古老的潜教思想都是我们提出潜性教育的思想源头，但若要在现当代的教育实践、教育理念中寻求潜性教育的支持和案例，当然要向西方教育去请教更靠谱一些。

二、西方隐教思维的启发

除了有古代哲学作为潜性教育的思想渊源，西方隐性教育思想成为了我们潜性教育理论诞生直接的催化剂。自 1968 年美国学者杰克逊首次正式提出"隐性课程"以来，隐性课程越来越成为各国教育界关注的热点问题。但西方没有正式提出"隐性教育"的概念，唯有中国人演化出了这一名词，所以我们这里才称"西方隐教思维"。另外，我们在经过研究后发现西方的隐教思维其实仍然是针对学校教育的一种补充性教育理念，而且隐教思维仍然强调教育者有目的、有意图设置的一种人为的暗示性、引导性教育。如隐性课程是指学校（含班级）社会关系结构以及学校正规课程有意或无意地传递给学生的价值观、态度、信仰等非学术性知识②。隐性课程是指教育者通过环境影响，以非计划的、非公开的、有意或无意的方式传递给学生教育经验的总和③。隐性课程是学校通过教育环境（物质的、文化的、社会关系结构的）有意或无意传递给学生的非公开性的教育经验④。隐性课程是学生在课堂内外无意间习得的，由教师以特定方式呈现的文化序列⑤。对于隐性课程是否有计划和是否有意识，存在对立观点的一个原因是静态看待显性课程和隐性课程的关系，还是

---

① 【英】鲍荻夫著：《卓别林（下）》，时代文艺出版社 1996 年版，第 1036 页。
② 唐晓杰：《西方"隐蔽课程"研究的探析》，《华东师范大学学报（教科版）》1988 年第 2 期，第 54 页。
③ 赵正铭：《潜在课程论析》，《西南民族学院学报》2000 年第 8 期，第 144 页。
④ 靳玉乐：《潜在课程论》，江西教育出版社 1999 年版，第 33~34 页。
⑤ 傅建明：《隐性课程辨析》，《课程·教材·教法》2000 年第 8 期，第 57 页。

动态看待二者关系。从静态角度，则可能会强调隐性课程的非计划性和无意识性；从动态角度，认为"隐性"、"显性"是一个模糊概念，"隐性"可以在一定程度上"显性化"，从而有可能认为隐性课程兼有计划性，隐性课程中的主体学习可以是有意识的①。1968 年，杰克森首次创立"隐性课程"时是这么解释的：

> 杰克森（笔者注：即杰克逊）用"潜隐课程"② 一词来描述在大多数教室舒服生活的学生必须掌握的规则、常规和法规。学生也必须学会对付伴随学校学习经验而来的耽搁、拒绝和打断。耽搁常常在以下几种情况下发生：在礼堂等待、在走廊等待、等待上演、等待上课、等候教师变得成熟有用、等待请你回答问题。因耽搁而浪费的时间加起来数目是十分惊人的。一些孩子用大部分时间来应付耽搁，而大多数人在这点上几乎要花其一半时间。发生拒绝的情况有以下几种：学生之间的谈话遭到禁止时、禁止提问、不能从事所选择的活动、由于没有时间而没有上台表演的机会等。而打断常常发生在：活动中间铃响时、护士到达检查头发时、别处需要这种设备时、或者在讨论过程中教师被叫走等情况。1971 年杰克森总结道："对大多数学生的一些时间和一些学生的大多数时间来说，教室近似于一座无从逃避的监牢。"面临规则、常规和法规3R③ 的限制及随之而来的耽搁、拒绝和打断，学生不得不谋求生存的策略。杰克森指出，避免或减少同教师正面接触这样一些策略必然会以减少正规课程的有效学习为代价。这些策略包括"推辞"、对学校讲道理不再抱什么希望、"假装"、表面参与。一个更积极的策略是"耐心"，关于这点有些孩子在入学以前就已受到了很好的训练，而有些孩子却会因此发生障碍。④

至此，我们可以十分肯定的说，杰克逊最初研究隐性课程的动机就是探寻学校课堂教育内外非显性课程的发生规律和应对方略，中心是学校，教育主体是学校的部分生活，教育对象是学生，教育方式涉及到说教和提问之外的

---

① 王光明等：《关于"隐性课程"研究的迷茫与抉择》，《中国教育学刊》2003 年第 3 期，第 24页。

② 潜隐课程，实际上就是某些学者所说的"隐性课程"，这里译者翻译成"潜隐课程"。

③ 西方国家的 3R 学习定律：阅读（reading）、写作（writing）和算术（arithmetic）。

④ 【英】罗兰·梅汉著，卢真金译：《潜隐课程概论》，《外国教育动态》1991 年第 1 期，第 37 ~ 38页。

"耽搁"、"拒绝"和"打断",教育目的是要学生培养"更积极的策略"即"耐心"。这真切地应合了本书提出的"校园半潜性教育"。受隐教思维的启发,我们认为人的学习或人类绝大多数的知识、技能、情感、思想的进步和发展是在日常生活和社会活动中通过有意或无意的体验、感受、思考、总结而获得的,如若没有学校、没有教师、没有教育这些东西的存在,人类各方面的知识、科技、意识依然要一往直前、永不停歇。我们提出的潜性教育与学校、教师、教学计划有关,但绝不是学校、教师、教学计划的延伸或补充,某种意义上说,家庭性、社会性潜性教育可以是超越学校、教师、教学计划的随性式的体验和感悟。教育可以随处进行、随时发生,教育可以潜入人类生活的方方面面对我们每一个人发生着潜移默化的种种影响,诚如"孟母三迁"貌似一种生活化的日常事件,可对孟子来说却潜移默化地敦促了其一生的成功。生活即教育,这正是我们潜性教育生发的现实基础!真知灼见往往来自生活的经验,远比空泛的课堂教育要深刻数百倍,一个年轻妈妈对育儿经的记述使我们能深刻地体会到这个道理:

悲剧之所以撼人心魄,不是因为惨烈,而是制造悲剧的人一再地重复不幸。就在两天前,伤疤还没好透的妈妈再度忘记了过往的疼痛。在太太家逮到一锅覆盖着猪油的骨头汤就给笑笑灌了一大碗,撑得小朋友晚饭都不吃。第二天早上他起不来床,问他怎么了,说是饿死了。脑子不转玩的妈妈牙都不给他刷就塞下去一碗牛奶半个粽子,直吃得他躺倒沙发动弹不得。此时我仍不知悔改,还叫他来帮忙干活,结果小朋友半路上就把牛奶和粽子都吐还给了我——暴食和空腹之后的肚子遇上难以消化的粽子,铜肠铁胃也受不了啊。可是所有的道理我都必须在犯过错误之后才幡然醒悟,可怜的笑笑,是一只身不由己的小白鼠。

对于这种无心之过,笑笑作为受害者至今还依稀有记忆。未来他也许还记得,最好他忘记,想起妈妈的时候满心都是发腻的甜蜜。而我则需要一遍遍地反省,养育一个孩子,光凭着母亲的天性和爱心是否足够,细心、耐心、常识是否同样重要。①

生活是最忠诚的老师,永远不会欺骗你,永远也不懂得虚伪,断不像瞻前

① 道道:《养个孩子不容易啊》,《扬子晚报》2011 年 7 月 5 日第 B15 版。

顾后的言语和自以为是的教科书那样给人以华丽的上当受骗。经历、记忆、反省、修正、提高，这就是生活总是以"撼人心魄"的"悲剧"让人经受凤凰涅磐般的煎熬的过程。生活境界即教育境界，人生境界即艺术境界。丰子恺先生在谈及其学艺时，就认为"写实主义"（类似显性教育）远不如"自然主义"、"浪漫主义"、"理想主义"、"象征主义"（这些都类似潜性教育）来得活泼、新鲜和可人①。种种前人的经验都表明我们应该要拓宽视野，把教育全力越出校园和课程学习的樊笼，把人的全面实现融入更大的自由空间去，真正发挥人自身主观能动性去感知生命、体会艺术、提升素质，真正在生活中去直接或间接捕捉"感时花溅泪，恨别鸟惊心"、"无可奈何花落去，似曾相识燕归来"的人、物与共的灵感爆发，多多去体会"静故了群动，空故纳万境"、"随缘生兴，触物成化"的天人合一的艺术至境。这种感动、这种真情、这种修养、这种人生的艺术岂能靠说教与灌输所能生发，人自身在这种自我创造性过程中首先必须沉醉、消融直至化我、忘我、无我，一切意识化为风轻云淡直至无影无踪方能与天地万物的真相、真理、大规律、大知识轻轻地点触，进而羽化②。除了艺术教育要重视潜性教育之外，其实任何一种教育都应当不能偏废潜性教育，如德育就忌讳外力强迫，同样追求的是自发地效法自然。效法自然是儒家德育的特色，这使传统德育不仅效法人，主张"见贤思齐"，而且效法天地，提倡"寄情万物，皆以养德"。效法自然使儒家德育慧思独运、理趣盎然，例如，在中国德育史上出现了松竹梅"岁寒三友"和梅兰竹菊"四君子"等独特的文化现象，并分别创造出了松文化、竹文化、梅文化等。效仿自然使心灵融进自然、自然锲入心灵，人与自然融合为一，使人生修养进入了诗性的审美境界③。所以，我们的潜性教育定义的诞生直接受益于西方隐教思维的启发，但大多数中国学者延伸出来的隐性教育的本义与我们潜性教育的内涵又不可同日而语。为了区别于众说纷纭而又没有定论的隐性教育，同时也为了尊重"隐性教育"本身的立意和学术的独立性，我们在2003年正式提出了"潜性教育"的概念，以区别于隐性教育，虽然"潜"、"隐"仅一字之差，且字义还基本相近，但是事实上，两者之间的意境已经相去甚远，不能混为一谈。潜性教育是欲去校园的、去预设的、去课程性的、去明确的教育动机的，

---

① 参见丰子恺：《艺术修养基础》，湖南文艺出版社2000年版，第37~38页。

② 成乔明：《艺术教育应当重潜性教育》，《教育理论与实践》2005年第11期，第57页。

③ 孙迎光：《松文化与诗性德育》，《江苏大学学报（高教研究版）》2006年第2期，第34页。

而隐性教育恰恰生发于校园教育、带有课程性预设、带有强烈的教育动机和教育目的，起码生发于校园、生发于课堂甚至生发于教育管理者和教师的校园行为而又以在校学生为主要教育对象。潜性教育更为强调生活化的自然感悟、更为强调社会事件对人的自然点触、更为强调不带教化目的的自然育化、更为强调非校园世界给人类的自然训练，即是杰克逊提及却未曾深化下去的"有些孩子在入学以前就已受到了很好的训练，而有些孩子却会因此发生障碍"的研究。这种教育思维已远远突破了原先的隐教思维，充其量隐教思想直接点化并促生了潜性教育理论，但它已被潜性教育理论包含并溶解。潜性教育是一种更为广阔的方法论教育，更为注重在校园之外、人的生命成长全过程中受到的非课堂性的教育，而隐性教育以补充思维诞生于课堂教育，是为提升课堂教育的效果服务的，仍然应当说是课堂教育有机组合的部分。所谓青出于蓝而欲胜于蓝，两者有种延续、发展的内联关系，但青毕竟不再是蓝、蓝也并不是青。

要想区分我们潜性教育和隐性教育的区别实在是有些困难。关键是潜、隐二字是非常相近的近义字，要想把这两个字区别开来诚如把一麻袋混合的绿豆和红豆区分开来一样繁琐。潜和隐在绝大多数字典上是互证的近义词。如"潜"的解释是：（1）隐在水面下的活动；（2）隐藏的；（3）秘密地[1]。"隐"的解释是：（1）藏匿，不显露[2]；（2）隐藏不露；（3）潜伏的；藏在深处的[3]。今天甚至有人将潜隐连用，来表示这两个字是一致的并列含义。如卢真金在翻译 The hidden curriculum 时，就翻译成了"潜隐课程"；医学上有一种病症就被称为"尿潜血"或"尿隐血"[4]，两词完全互用；植物学上也存在一种病毒叫"潜隐病毒"，如"苹果潜隐病毒"（Latent Virus）[5] 等。那么"潜"、"隐"是否就像今人混用程度之深一样，毫无区别呢？细细究来，尚有可商余地。

汉代许慎《说文解字》论"潜"："涉水也。一曰藏也。一曰汉水为潜。

---

[1] 《新华字典（1990 年重排版）》，商务印书馆 1990 年版，第 367 页。

[2] 同上书，第 528 页。

[3] 中国社会科学院语言研究所词典编辑室：《现代汉语小词典》，商务印书馆 1982 年版，第 660 页。

[4] 尿隐血——又称尿潜血。试纸阳性反映的是血红蛋白和肌红蛋白尿液中含有较多的红细胞，俗称血尿。正常人尿液中无红细胞，或偶有微量红细胞（每高倍镜视野 0～2 个）。在剧烈运动、重体力劳动或久站后，尿中可出现一过性微量红细胞，这种情况属正常，没有临床意义。

[5] 刘福昌等：《苹果潜隐病毒（Latent Virus）研究——Ⅱ. 苹果品种和矮生砧木潜隐病毒鉴定》，《植物病理学报》1989 年第 4 期，第 193 页。

从水暜声。"清代段玉裁《说文解字注》注"潜"："释言曰。潜，深也。方言曰。潜，涵，沈也。"中国最早的词典《尔雅》论"潜"："潜，深也。"造字本义是指：吸足气沉入水下，靠憋气和慢慢吐气来达到呼吸平衡。

汉代许慎《说文解字》论"隐"："隐，蔽也。"《尔雅》论"隐"："隐，微也。"清代徐灏《说文解字注笺》论"隐"："隐之本义盖谓隔皁，不相见。"造字本义是指：为逃避世俗的纷扰和贪欲的诱惑而匿居山崖洞穴，开荒生产、自给自足、修心养性、持守本色。在各类古文献中，"隐"的意思就是隐藏、视觉隔离。诚如徐灏所谓的"不相见"之状态。

从两个字造字的细微差别上来说，"潜"强调纵深的藏，与水息息相关，用水之深来形容"潜"的本质含义，如潜泳、潜水、潜流、潜伏皆有视觉纵深上的藏而广度上不作要求；"隐"强调横向的藏，着重借其他物体而遮蔽自身的本质含义，如隐形、隐约、隐盖、隐蔽皆有视觉横向广度上的藏而纵深上不作要求。

其中"潜"字带有强烈的潜者的主动性，让人似乎感受到潜的过程清晰、动作明确，具有可感知的主观意愿上深入某种环境的意味。杜甫《春夜喜雨》："好雨知时节，当春乃发生。随风潜入夜，润物细无声。"一个"潜"字道出了"好雨"随风可感可触的动作形象，很是逼真。"坐看红树不知远，行进青溪忽值入。山口潜行始隈隩，山开旷望旋平陆。"[1] 一个"潜"字表现了弯弯曲曲深入复杂山口的动作过程。"潜心默祷若有应，岂非正直能感通。"[2] 一个"潜"字让人感受到将心境潜沉下去的变化过程。这里的"潜"字断不可换成"隐"字，否则就丧失了主体呈现出来的清晰的动感。而"隐"字具有被遮蔽、被隔离的横向景深的意蕴，在被隐的对象上具有明确的被动性隐身的感觉，带有强烈的被动性淹没、阻隔、消融的意思，动作和过程被弱化、朦胧和模糊的状态感加强，多了一种雾里看花的臆测性。如"圣代无隐者，英灵尽来归。"[3] "清溪深不测，隐处惟孤云。"[4] "携取旧书归旧隐，野花啼鸟一

---

[1] 【唐】王维：《桃源行》，【清】蘅唐退士编，梁海明译注：《唐诗三百首》，远方出版社2006年版，第55页。

[2] 【唐】韩愈：《谒衡岳庙遂宿岳寺题门楼》，同上书，第43页。

[3] 【唐】王维：《送綦毋潜落第还乡》，同上书，第7页。

[4] 【唐】常建：《宿王昌龄隐居》，同上书，第14页。

般春。"① "明月隐高树，长河没晓天。"② "别业居幽处，到来生隐心。"③ 这些诗句中的"隐"字更强调一种想象上隐约、模糊、朦胧的意境，是一种时空状态上的呈现，不追求藏匿的动作变化，省却了过程的展现，换成"潜"字不但讲不通，也少却了诗意的空灵。所以，"潜"强调动作、过程、变化，是一种动，明确的动态暗示；"隐"强调状态、形象、表面，是一种静，朦胧的静态意味。

如此看来，"潜"、"隐"虽有内通之处，却也隐藏着细微而不可忽视的差别。故我们认为"潜性教育"与"隐性教育"在字源上、字义的韵味上来说有不可磨灭的差别。隐性教育带有强烈的不确定性、朦胧性、想象性和臆测性，一个隐字让教育的施教者、被教者、教育效果被人为地蒙蔽和隐盖了，形成了横向空间阻隔、不可预见甚至不可知的感觉。潜性教育带有施教者无声潜入被教者身处时空的动作展现过程的感觉，潜性教育带有被教者无意识地深入和沉入施教环境的过程的感觉，潜性教育带有教育效果无声无息进入受教者内心深处和情感世界的感觉，教育的过程感、深度感、互动感立马清晰起来，教育过程和教育实施的立体感立刻凸显出来，不但强调了潜藏性、深入性和潜移默化的效果，而且具有了无比生动的活泼性和真切的可感知性。教育需要强调诗性、美性、空灵性、模糊性，但教育更要具有可操作性、可实施性，其过程必须是相对清晰的，其动作必须是比较明朗的，否则任何教育就失去了其真切的实用性和意义。基于这样的认知，我们才没有延续"隐性教育"的称谓，而是扩充、变通、更正为了"潜性教育"，并吸收和包含进了隐性教育的主体含义和价值观。事实上，生活、工作、社会、人生、命运是生动活泼而真切存在的，无论愿不愿意，每个人都无时无刻不在经受着这广博的世界实实在在的教育，这个教育过程虽然是潜移默化、有教无类、大化无形的，但生活的本身就是一场充满硝烟的传授学习的过程，社会本身就是一个荆棘密布的课堂，人的成长就是终身受教的系统动作，这个过程、这个课堂、这个动作又是清晰明朗、步步深入的，任何人如果不明白这个道理，要么就粉身碎骨，要么就虚度终身。所以潜性教育虽与隐性教育惟一字之差，却比隐性教育更加准确、更加明白、更加深刻地总结出了生活教育、自我教育、自然教育、生命教育、社会

---

① 【宋】陈抟：《归隐》，【宋】谢枋德，【明】王相编，王仁铭译注：《千家诗》，山西古籍出版社，1999 年版，第 120 页。

② 【唐】陈子昂：《春夜别友人》，同上书，第 156 页。

③ 【唐】祖咏：《苏氏别业》，同上书，第 161 页。

教育、成长教育、过程教育、终身教育生生不息、化虚为实的内涵及本质。

卢真金在翻译"隐性课程"的时候其实已经意识到了这个问题,所以,他最初是将"隐性课程"翻译成"潜隐课程"的:"The hidden curriculum,在我国有几种译法,译成隐蔽课程,或潜在课程。我认为,the hidden curriculum一词,既有不以人的意志为转移的、客观存在的潜在成分,又有反映人们的主观愿望和意志、人为地隐蔽起来的主观成分,二者都是潜隐课程的不可分割的一部分。译成潜隐课程,才能充分全面地反映潜隐课程的复杂性及其影响的潜移默化性。"① 他把"潜"概括为"不以人的意志为转移",是"客观存在的";他把"隐"概括为"主观愿望和意志"与"人为"的"隐蔽",这种概括还是很有意思的。他的解释只能说明一点:"潜"作为客观存在必须要有主动插入人心的过程才能实施教育,反而是需要强调动作和过程的,是一种动;"隐"是一种人的身心感官感受到的被他物遮蔽的状态,尽管是主观意愿,是渴望自身被隐藏的意愿,但并不一定强调过程,隐藏起来的效果和形象恰恰才是被关注的结果,故而是一种静。一动一静正和我们对"潜"、"隐"的比较结论相契合。但"潜"、"隐"并用说明了卢真金在谁能概括和包含谁的问题上还处于摇摆,或者他当时并没有认真地进一步去研究两者的本质区别。"潜"强调事物的主观动作性,是过程的展现;"隐"强调事物的被动阻隔性,是静止的状态。绝对的动每时每刻都包含着刹那间的静,整个的过程一定包含着所有的片段,而不可能相反。所以"潜性教育"要比"隐性教育"更能准确展示卢真金在翻译"潜隐课程"时懵懂的直观和学术的敏感,只是卢真金的懵懂和不可知感让他点到为止,并没有深入研究下去。这个世界的以讹传讹真的是非常可怕的,卢真金尚算有比较周全思考的翻译却被国内学者舍本求末、不求甚解地改头换面成了"隐性教育"并广泛流传。本书如能纠偏历史,以正视听,实在是意外的收获。

第二节 潜性教育生发的现实基础

任何理论的提出可以仅有思想上的源泉,但该理论若要进一步发展和成长还需要获得现实的基础,现实基础包含实践性的体制、物质保证以及当代理论

---

① 【英】罗兰·梅汉著,卢真金译:《潜隐课程概论》,《外国教育动态》1991 年第 1 期,第 35 页。

的同构。体制性、物质性的保证为该理论的成熟提供了赖以生存的社会环境，当代理论上的同构为该理论的成长提供了旁征博引的根据，如此方能避免该理论带有天生的隐疾甚至成长为异端邪说，起码在成长过程中不致过于孤单而陷入自生自灭的泥潭。丧失了体制上和物质上的保证，丧失了当代或置疑、或支持的学理根基，一个全新理论就失去了生命力，起码失去了存活下去的空间。故我们的潜性教育无论作为一种理论还是一种实践都同样是建立在现实和学理基础之上的。

一、社会环境是潜性教育生发的天然土壤

对于人之个体来说，完美素质的养成特别是道德品行、生存能力、知识体系的完善是要花一辈子来慢慢实现的，对于社会之群体来说，国家、民族的全面发展是要花几个时代来慢慢积累的。所谓"积土成山，风雨兴焉；积水成渊，蛟龙生焉"①，教育就是终身的事业。于是，一切有关身心方面的教育必须仰仗终身教育即终身的修行方能获得正果，这就为学校之外的家庭、社会教育提供了坚实的现实基础。

学校教育其实是非常短暂的，从进幼儿园开始到大学毕业走出校门，多数普通人在学校内的生活多则二十年、少则几年不等，而在校学习过程中，仍有断断续续长达几年的假期生活即校外生活，所以，正规的课堂教育在一个人一生的漫漫长途中屈指可数，一个人完美的素质之养成和人格之完善不能全指望学校时光，更不能指望课堂说教，而应该要寄希望于贯穿生命始终的全部时光和整个人生成长过程。生活本身、社会实践不仅仅是为了实施教育而存在，可能还有其他更为主要的功能和职责，但它们却对人毕生的成长和觉悟提供着源源不断的灵感、体验、启示和教育素材，其教育效果的深刻、教育影响的久远、教育方式的隐蔽使家庭生活、社会生活成为当之无愧的潜性教育生发的天然土壤。一篇《早教》的小短文正说明了教育无处不在，生活本身就是一部教科书，而教育效果深刻久远：

双休日，超市收银处，排起长队……有个孩子坐上一架小飞机，妈妈陪在一边，像母鸡一般张开双手，很小心地护佑着，生怕他太兴奋了摔出来。孩子问妈妈，自己乘坐的是什么航班，妈妈说"好了好了"。孩子问飞机飞往哪

---

① 【战国】荀况著，廖名春等校点：《荀子》，辽宁教育出版社1997年版，第67页。

里，妈妈说"吵死了吵死了"。时间到了，孩子不肯下来，说这是国际航班，目的地还没到呢，要妈妈继续投币。妈妈厉声说："这孩子是不是有病啊。下来！"妈妈最后一句话说得很大声，排队的顾客大概都听到了，孩子"哇"一声哭起来。

边上一个孩子是爸爸带的。骑的是大马。那爸爸胖胖的，戴副眼镜。爷俩的对话很有意思。

"儿子，你的马是在草原上吗？""不是。""是在高山上？""不是啦。""我知道了，是不是奥运会的赛马？""我比奥运赛马帅多啦。""那么是天马了，天马行空对不对？""爸爸你太有想象力了，天马是神话里的。你没看见吗，我的马很高大，是红色的，我每天喂它吃草。我是一个骑兵哎。爸爸你忘了？我长大是要当骑兵的。"坐这些小游乐机的孩子，最多四五岁吧。四五岁孩子，已经见多识广。这不稀奇，如今城市的家庭，流行早教，识字，算术，英语，器乐，跆拳道……门类繁多。

可是我们在超市里看到的一幕，才是真正的早教吧。早教渗透在孩子成长路上的点点滴滴，不是吗。[1]

小孩子的教育最主要是要培养他的耐心和想象力，爸爸妈妈跟小孩子的相处和交流直接会影响到小孩子长大成人之后的身心理素质和价值观。妈妈的严厉呵斥轻者让孩子"哭"，重则在孩子心理上留下一种阴影，他会害怕妈妈，以后跟妈妈会不敢交心，不敢轻易发问，妈妈儿童时期的这种严教方式也可能会让孩子长大后变得内向、口拙而沉闷。引文中爸爸的交流方式就很棒，是一种循循诱导、启发式的交流，孩子还会由此感觉轻松、快乐、敢于想象和表达。社会上、生活中的常态行为无不是教育，这种教育更为广泛、深刻而富于生活情趣，是的，这"才是真正的早教"，不但"早教渗透在孩子成长路上的点点滴滴"，而且生活常态、生命成长式的潜性教育渗透在我们每个人成长路上的点点滴滴。作者想要表达的正是我们的潜性教育。潜性教育包含着环境教育、生活教育、生命教育，而且主要是一种非学校的环境教育！当然，潜性教育巨大的开放性并没有使它完全排斥校园教育，我们在本书的开始部分也提到，校园中也隐藏着大量的潜性教育，从校园这样一个既定的教育目标、教育功能来说，我们认为它们是校园显性教育的延伸和拓展，所以称之为"校园

---

[1]　莫小米：《早教》，《扬子晚报》2011 年 7 月 5 日第 B4 版。

半潜性教育"。关于这一点，英国学者罗兰·梅汉提出过自己的警醒：

把潜隐课程理解为学校教育的形式或核心，使之与正式课程内容相对应，这种理解实在是太狭隘了。它使我们对正式课程的潜在方面的理解更加困难，并漠视人们为追求优等而进行的有选择地忽视正式课程中的部分内容这个自我欺骗过程的存在。

对潜隐课程的反应值得注意。正如上述所提出的那样，许多课程理论家或者忽视它或者没有认识它。但是也有些人则过分抬高潜隐课程的作用，不考虑正规学校教育的地位，倡议建立"一个非学校化社会"。①

梅汉反对"非学校化社会"式的潜隐教育是对的，学校里毕竟也隐藏着潜隐教育，但梅汉没有认识到潜隐教育的主体、主流、主力仍然应该在社会中、生活中而不是在校园里，这却是他对潜隐课程阐释中的短板。所以我们提出潜性教育时没有排斥学校，而是兼顾学校和社会两大领域，分出了社会潜性教育和学校半潜性教育，这也是对梅汉理论的有机吸收。

世界上许多伟大事业的成就者都是一些资质平平的人，而不是那些智商超群、背景强势的人。我们怎样解释这个现象呢？我们处处可以见到一些人取得了远远超过他们实际才智的成就。很多人感到疑惑不解：为什么那些看上去智力不及我们一半、在学校和大学里排名末尾的学生却取得了巨大成功，在人生的旅途上把我们远远地抛在了后面？其中的一些人尽管在学校里曾被别的同学嘲笑，但是他后来却能专心于一个领域，耕耘不辍，最终达到目的地。尽管智力平庸，但他想方设法保持领先，一步一步地积累了自己的优势，而那些所谓智力超群、背景强势的人却仍在四处涉猎，毫无目标，最终一无所获。人们都会信任一个坚忍不拔、意志坚定和远大目标的人。不管他做什么事情，还没有做到一半，人们就知道，他一定会赢。因为每一个认识他的人都知道，他一定会善始善终②。这除了得益于坚韧不拔、专心的品质外，还是社会潜性教育的伟大成果。学校教育或显性教育决定一时，社会教育或潜性教育决定一生！在当今的国际教育界，不能不提到美国最引人注目的培训大师安东尼·罗宾

---

① 【英】罗兰·梅汉著，卢真金译：《潜隐课程概论》，《外国教育动态》1991年第1期，第39页。

② 【美】安东尼·罗宾著，王荣博编译：《实际上你行》，时代文艺出版社2004年版，第206页。

（Anthony Robbins），1993 年 Toastmaster International 将他评为"全球五大演说家"，1994 年他获评杰出人类活动家与"布莱恩·怀特公正奖"，1995 年他当选为"美国十大杰出青年"，同样在 1995 年，他被授予"美国十大杰出青年"中的最高奖项"金锤奖"。如今，安东尼·罗宾已经是一位白手起家、事业成功的亿万富翁，是当今最成功的世界级潜能开发专家。他协助职业球队、企业总裁、国家元首激发潜能，渡过各种困境及低潮。其中，他曾辅导过多位皇室的家庭成员，被美国前总统克林顿（Clinton）、英国戴安娜王妃（Princess Diana）聘为个人顾问；曾为众多世界名人提供咨询，包括南非总统曼德拉（Mandela）、前苏联总统戈尔巴乔夫（Gorbachev）、世界网球冠军安德烈·阿加西（Andre Agassi）等。安东尼·罗宾的著作在全球已有十数种译本，受益者不计其数，主要著作有《激发个人潜能Ⅱ》、《激发无限的潜力》、《唤起心中的巨人》、《巨人的脚步》和《一分钟巨人》等，这些著作在全球许多国家都成为了最佳畅销书。可就是这样一名获得巨大成功的教育家和人生导师，自己的智慧、能力与体悟却基本都是从生活中自学得来的，年轻时的安东尼·罗宾也是一名贫穷潦倒的人，在 26 岁时仍然住在仅有 10 平方米的单身公寓内，洗碗盆也只能在浴缸里洗，生活是一团糟，人际关系也非常恶劣，当时的前途十分暗淡。他没有放弃信心、放弃希望，而是选择了向生命发问、向生活追寻、向一切可能的环境学习和自我挖掘、自我完善，最终他获得了独立和尊严。这正是潜性教育改造人、成就人的魅力所在。

学校教育更多地是将目标放在心智开发的智识性教育上，而对于学生的实践力、意志力、情感力的开发和完善常常无能为力。从大学毕业到走完一生，如果活到七十岁，那么家庭生活、社会环境对一个人的影响会长达五十年左右，在这五十年左右的时光里，人要接受社会、社区、集团、单位、家族、家庭、亲戚、朋友的熏陶和自我教育。其实，社会、社区、集团、单位、家族、家庭、亲戚、朋友的熏陶和自我教育并不是学校教育的延续，而是比学校教育更加成熟、强大、持久和深刻的终身教育，一个人完美道德、高尚人格、出色能力的养成虽然是从学校教育起步的，但终究要依赖社会、社区、集团、单位、家族、家庭、亲戚、朋友和自我实践去验证、发展并最终修成正果。教育从一开始就是人类生命状态、生活环境不断发展的结果，我国原始社会的教育主要有两方面的内容：（1）关于创造和使用劳动工具，从事渔、牧、耕稼生产经验的传递与训练；（2）关于改进居住条件以及与自然灾害搏斗的经验的传递与训练①。教育天生的这种寄寓在生命环境中的特性最终催生了我们重视环境、利用环境甚至依赖环境而感化人、塑造人的潜性教育。

一直以来，中国的教育特别是学校教育都是"唯分数论"的，2011 年，教育部已经意识到"唯分数论"的不足和局限，这种考试分数至上的教育严重影响了真正社会人才的选拔和判定。云南、海南的高考生今年在高考中除了拿到分数单，还同时拿到一份"高考成绩分析单"，最终目标是"整合考试，建立不唯分数的评价体系"。"高考成绩分析单"重在"分析"上，这个被命名为"云海工程"的分析工程将对高考成绩进行更为深入的数据挖掘，进一步分析高考成绩与学生的个人背景、学习行为、校本成绩、中学教学、教育投入等多个因素之间的关系，建立纵向的学科能力量表来进行增值评价，加大对学生进行发展性评价的力度；进一步分析考生的能力、兴趣和胜任力，把这些因素与高校开设的专业进行匹配，为考生提供多维度的评价信息和更为科学的专业选择参考；充分利用其他评价方式收集到的可靠信息，来校验、补充通过考试手段所作出的评价②。尽管这是为了弥补学校教育、改革应试教育所作出的努力和尝试，却深刻体现了教育部门对显性教育单线选择人才的不满和积极要求多线选拔人才的决心与努力。"云海工程"在学校教育中增进了个人背景的考察，注重学生能力、兴趣和胜任力的评判，恰恰体现了对潜性教育的认知和尊重。教育部考试中心主任戴家干的话表达了这个深层的意思："人们将不再单单凭几个分数来判断一个学生是不是人才，'人各有才、人尽其才'的绿色人才观将逐渐代替'千人一面'的黑色人才观。"潜性教育与显性教育联手合作、互渗互动的教育体系、选才模式正是贯彻绿色人才观的有益尝试。

二、人的心理特质是潜性教育生发的内在机缘

如果说社会环境为潜性教育的成长提供了强大的外在基础，那么教育者和学习者的心理特质就为潜性教育的成长提供了必备的内在机缘。西方著名心理学家弗洛伊德（Freud）曾认为人在睡梦中会将"前意识"从"潜意识"中释放出来，从而达成自己的愿望。他是这么解释前意识（Preconscious）的：感觉刺激后，精神装置会留下一些痕迹——我们可以把它称为记忆痕迹，和这有关的功能则称之为记忆。如果我们坚守让精神程序附在系统（笔者注：精神活动复式的身心构造）上的假说，那么记忆痕迹必将使系统发生永久性的变

---

① 全国教育学研究会：《论教育的本质和职能》，人民教育出版社 1979 年版，第 71 页。
② 《高考"唯分数论"走出改革第一步》，《扬子晚报》2011 年 7 月 5 日第 A2 版。

化……另一方面，我们的记忆力——包括那些深印在脑海中的——都是属于潜意识的，它们能被提升到意识层面，但无疑它们能在潜意识状态下施展其活动。被形容为我们的"性格"的乃是基于我们印象的记忆痕迹①。弗洛伊德的这一理论创造无疑给我们的教育产生了两个方面的启示：人类的教育有无"前教育"？人类的教育有无"潜教育"？答案毫无疑问是肯定的。人在儿童、少年时期形成的道德品行、行为习惯、精神意识、价值判断通常会深刻地影响一辈子，儿童、少年时期的道德品行对于一个成熟时期的人来说就是一种依附在精神系统中的"记忆痕迹"，教育的"记忆痕迹"会使人具有很高的学习领悟力和学习自觉性，使人时刻处于身心的灵敏状态，一个从未有过教育"记忆痕迹"的人是不可能具备超强的自学觉悟的。那么，依靠教育"记忆痕迹"而不是依赖别人的说教来延续和维持自身学习的劲头和接受能力的教育就是一种"潜教育"或"潜性教育"。教育要充分发挥人脑的记忆功能，将这些"记忆痕迹"尽量多地储存在"潜意识"里，从而让"潜意识"在日常生活中发挥作用，使人的生命感觉在自由状态下自警地、自觉地、习惯地处于不断感知、思考和吸收知识、技能和思想觉悟的状态中。

有趣的是，佛家所说人有"九识"（眼识、耳识、鼻识、舌识、身识、意识、末那识、阿赖耶识、阿摩罗识：这里的"识"大致上就是感觉、认识的意思）也涉及到了许多重要的生命求知的内在现象，前六识好理解，我们日常生活中皆常用，其中"意识"又称"心觉"，后三识就相对复杂了。"末那识"是自我主体当下的法门识，像门一样平常紧闭，一旦打开，人就能在内心观照到无穷无尽的景象；"阿赖耶识"实指储存在人生命中的各种信息的种子，类似于一种生命的记忆或灵魂的设想，这种信息主要来自于前世的生命痕迹即转世前事件信息的记忆及未来的设想，也即末那识打开后看到的世界；阿摩罗识指众神之识，清净无垢的佛性识，看天下皆为一相、虚实平等，为梁朝真谛法师在八识基础上所设，玄奘大师却认为第九识属于第八识，勿须存在。从佛家的认知上来看，人的生命心相和行相是很复杂的。有人认为弗洛伊德的"潜意识"观等同于佛家的阿赖耶识："法相宗的第六识用于思考，其实就是意识层。第七识是末那识，容易生执著心，其实可能就是潜意识，因为感情往往产生于潜意识。至于第八识阿赖耶识，可能属于集体潜意识，但或许又是

---

① 【奥地利】弗洛伊德著，赖其万等译：《梦的解析》，作家出版社1986年版，第430～431页。

'万世一系'式的集体潜意识。"① 笔者以为有误，弗洛伊德的"潜意识"不过是佛家"意识"的一种，是一种精神世界的思维状态，指一种潜藏着的、发源于本能和欲望的意识而已，当止于佛学"唯识论"的第六识。其中佛洛伊德是从研究个体生命的意识世界提出的潜意识，实指还是从生心理发生学的角度去判断的；荣格（Carl G. Jung）② 从研究群体生命的生存状态、精神世界提出了"集体潜意识"，是从社会学、社会心理发生学的角度去认知的，无论是佛洛伊德还是荣格皆是关注人当下的精神和心理世界，包括这种当下精神和心理的变化。而佛家提出的末那识、阿赖耶识已经超出了个体乃至社会群体的精神范畴，进入的是更为广博的自然生命延续和世道运转的境界，前世、今生、来世之间的延续性、循环往复性导致当下所有生命的生存选择，尽管是对人的劝业、劝善之说，实际是对自然世界进化过程前因后果的认知和探寻，着重对物理实相、精神虚相、生命延承、三界③转换、六道④本质的因果往复、螺旋上升、轮回前进的深入论证，生理学、心理学、哲学、社会学、人类学、宗教学的集体发力导致末那识、阿赖耶识不再是纯粹心理学、分析学的成果，而是立足于对世界本源、生命内核发现之后提出的宇宙观、生命观、世界观。之所以将"潜意识"与"阿莱耶识"对照论说，是因为它们都包含了一种过去式对当前式、当前式对未来式储蓄信息、暗示启发的功效，具有相同的功效不表示它们就是同一种事物、同一个事情，不过是理通事异的现象而已。

　　当然，潜意识强调了意识的记忆价值，阿莱耶识也强调了生命和物理世界对信息的储存功能，这两者相通的道理应当来说具有对教育非常重大的启示性，何况人的心和身是这种储存、传递最主要的载体，教育也必须依赖身心才能完成，所以，潜性教育的心理特质可以显而易见：就是要利用意识和生命痕迹、记忆传承的道理实施内在的觉醒和顿悟。学校教育应该要注重于这种记忆方法的挖掘教育、记忆痕迹的存储教育、潜意识的激活教育和生命感悟的修行教育，从而使学生具备超强的自学能力和自学素质，而这恰恰是学校教育最为

---

① 参见《读＜金刚经＞所得》，http：//www. niwota. com/submsg/5050756。

② 荣格——瑞士心理学家、精神分析医师，是分析心理学的创始人之一。

③ 佛学三界：有人称天界、人界和地界。实际在梵语世界是指欲界、色界、无色界。欲界（梵kāma－dhātu），即具有淫欲、情欲、色欲、食欲等有情所居之世界。色界（梵 rūpa－dhātu），色为变碍之义或示现之义，乃远离欲界淫、食二欲，而仍具有清净色质等有情所居之世界，就是指五颜六色的物质世界或物理世界，众生及众生所居之世界。无色界（梵 arūpa－dhātu），唯有受、想、行、识四心，而无物质之有情所住之世界。即指修心忘我、禅定无我、空处化我的世界，四大皆空可谓无色界。

④ 佛学六道：指三善道和三恶道。三善道为天、人、阿修罗；三恶道为畜生、饿鬼、地狱。

薄弱的环节。

我们要培养学生视、听、感受和观察事物的能力，要多从各种生活现象中去感知和观察，而且要善于把切身感受贮存在自己的记忆里①。"培养学生视、听、感受和观察事物的能力"的意义要远远大于灌输给学生有限的知识和科学结论，传给学生有限的知识是一时的，培养起学生自由获取知识的能力是一生的，只有具备了获取知识的能力和欲望，一个人才会在离开了学校之后还能一如既往地自我修炼、终成正果。因为人一生中的绝大部分时光是在学校之外的自我生存状态中度过的。谭知先生在其博客中发表的一篇短文很有启发：

今日下午，一个工人，走进我屋，一番言谈，知道他不但是老家的，而且是"专业的"。见了我打的天花板线槽，一针见血地说，太窄，太浅，敷不了线。言毕，他戴上口罩，搬来人字梯，拿上切割机，"三下五除二"，须臾，在我看来，坚若磐石的钢筋混凝土就如切豆腐般轻而易举的在他手下变宽，变深。而后，老乡说了一句让我匪夷所思却意味深长的话："吃狗屎，也要讲级别。"呵呵，我想这就是专业的"下里巴人"版本吧！"三百六十行，行行出状元。"所以，最真的学问，还是来自劳动，来自民间。你看《诗三百》不也是民间采风而成！当老乡收拾工具，拿出湿毛巾一擦，脱下工作服，换上口袋里的生活装。一个伟岸清爽的男人就站在身旁，想想前几日自己回家仍是"煤窑工"的那个熊样，不感慨才怪！我赶紧掏出一张红色"中国人民银行"，感激地递给他。

"拿回去，如果是要收钱的话，我是不会给你干的，都是老乡，况且你父亲和伯父和我们一直都要好！就是你这个户型，昨天我打了一家，工钱是九百块！快拿回去！"

我怔了半晌，收回了手。

呵呵，我这人吧！最爱感慨，这不，遇贵人了吧！②

"最真的学问，还是来自劳动，来自民间"，这纯朴的结论相信谭先生今日一定更加理解了，他掏出"中国人民银行""感激地递给"装修师傅是学校教育的结果：人要懂得知恩图报、礼尚往来，也是社会的一种功利性常识，他

---

① 李璞珉：《心理学与艺术》，首都师范大学出版社1996年版，第285页。
② 谭知：《装修日记（三）》，http：//shanyuanmeiweng. blog. edu. cn/2011/711484. html。

以为付钱可求得一种非欠的心理。但真正的教育是让他在这一刻知道：人间还有钱买不来的真情在！所以谭先生"怔了半晌，收回了手"，他被感动了，才发出了"我这人吧！最爱感慨，这不，遇贵人了吧！"相信这是他的心里话，他明白了世间的道义和真情究竟有多么的令人感动和温暖，这种教育一定会成为他生命中难忘的记忆，时刻会激励和提醒他，这就是生活的潜性教育。

关于梦，按照弗洛伊德的理论，梦的解释需要从显性梦境回溯到潜性梦境。对使用梦的分析来理解和治疗患者问题的心理分析学家而言，梦揭示了病人的无意识愿望，以及附加在那些愿望上的恐惧和病人用来处理导致愿望和恐惧之间心灵冲突的特征性防御①。从中，我们同样可以受到启发：第一，学校教育就是要通过显性教育回溯到潜性教育——即通过训练学生有意识掌握知识的能力从而激活学生"无意识"自我学习的愿望；第二，学生依靠自己"无意识愿望"获取到知识、技能和思想觉悟的学习过程就是一种潜性教育，而学校教育同样要教会学生一种思维方式——如何处理好通过建立在"无意识愿望"基础之上的潜性教育获得的知识与通过建立在有意识学习基础之上的显性教育获得的知识之间"冲突的特征性防御"。换句话说，无意识愿望的心理特质是潜性教育生发的内在机缘，而学校的显性教育真正要做的就是如何激发学生的这种内在机缘并教会学生如何协调好无意识愿望与有意识学习之间的辩证关系。我们的学校教育往往只注重既定知识内容的传授，而疏忽学生心性的培养、忽视心性本质和思维方法的培育，这种舍本逐末的教育法注定不可能培育出完美的人，因为人的所作所为往往要受到心境和思想的影响，正所谓：

　　若不思万法，性本如空，一念思量，名为变化。思量恶事，化为地狱；思量善事，化为天堂。毒害化为龙蛇，慈悲化为菩萨，智慧化为上界，愚痴化为下方。自性变化甚多，迷人不能省觉。念念起恶，常行恶道。因一念善，智慧即生。此名自性化身佛。②

① 【美】理查德·格里格等著，王垒等译：《心理学与生活》，人民邮电出版社2003年版，第147页。

② 【唐】慧能著，钟明译注：《坛经》，山西古籍出版社1999年版，第127页。译文是：倘若一个人不思量世间物象，那么自己的本性就如同虚空，如萌生了一个观照的念头，那本性就会变化。思量恶事，就化为地狱；思量善事，便化为天堂。恶毒之念会化为恶龙毒蛇，慈悲之念便会化为菩萨，智慧之念会化为天堂，愚昧之念会化为地狱。自性的变化种类很多，迷失自己本性的人不能察觉。倘若每个心念都生出恶毒来，那么这个人就会时常陷入恶道。如果能翻然回头生一善念，那么他的心中就会生出智慧。这就叫做自性化身佛。

懂得思量不够、懂得思量什么不够、懂得如何思量也不够，只有三者全部具备，人才会真正获得向上的自性和智慧，并善心如流、善行如风、"自性化身佛"。学校教育一味注重告诉学生思量什么，而生活本身、大千世界才真正教会了人时常要思量、如何去思量并让思量化为自觉行为、日常行为，从而指引身行言语、成就高尚人格。

三、现当代教育理论是潜性教育生发的充足营养

除了自然的社会环境和内在的心理机缘，任何一种全新理论的诞生与发展还必须能得到现当代相似理论的佐证，现当代相似理论之间具有比较接近的思想认识和经验判断，基本能够构成彼此间相辅相成的支持关系，我们称其为现当代理论的同构。尽管同构理论未必完全相同，或者存在出发点、研究深度、思维视角或结构体系上的差别，但它们的基本定位、基本思路、基本认识主体存在一致的交叉和覆盖，这就是同构理论的本质特征和内在联系。潜性教育就得到了现当代同构理论成果一定程度上的支持和佐证，这些支持和佐证就像不可或缺的发酵剂，慢慢推动着潜性教育走向完整、走向系统化的成熟。

在讨论现当代潜性教育同构理论的一开始，我们必然会回顾到两百多年前法国杰出的思想家、民主主义者让·雅克·卢梭（Jean–Jacques Rousseau）的"自然教育"观，这是现当代同构理论最为耀眼的、共同的根基。卢梭在其名著《爱弥尔：论教育》中提出"自然教育"，这一思想一直吸引着后世理论家们的兴趣和关注，毋庸置疑，现当代潜性教育的同构理论甚至堪称是"自然教育"思想在现当代的进一步发展与完善。卢梭认为人在长大的过程中所需要的东西全都是由教育赐予我们的，他将教育按施教者不同分为三种（笔者注：成长过程中的施教者不同）：或是受之于自然，或是受之于人，或是受之于事物。我们的才能和器官的内在的发展，是自然的教育；别人教我们如何利用这种发展，是人的教育；我们对影响我们的事物获得良好的经验，是事物的教育①。随后，卢梭重点论述了生活的自然教育是人品道德养成的最高模式：在自然秩序中，所有的人都是平等的，他们共同的天职，是取得人品；不管是谁，只要在这方面受了很好的教育，就不至于欠缺同他相称的品格……生活，这就是我要教他的技能②。如何从生活中接受教育，卢梭认为"活动"与

---

① 【法】卢梭著，李平沤译：《爱弥尔：论教育》，商务印书馆1978年版，第7页。
② 同上书，第13页。

"感受"是两个最重要的利器：生活，并不就是呼吸，而是活动，那就是要使用我们的器官，使用我们的感觉、我们的才能，以及一切使我们感到我们的存在的本身的各部分。生活得最有意义的人，并不就是年岁活得最大的人，而是对生活最有感受的人。虽然年满百岁才寿终而死，也等于他一生下来就丧了命，如果他一直到临死的那一刻都过的是最没有意义的生活的话，他还不如在年轻的时候就走进坟墓好哩①。卢梭的思想无疑告诉了我们生活实践是最有价值的老师，这个老师不仅是无教之教，而且是贯穿人一生的感受之教。这种无教之教所依赖的感受实际就是学习者的"自然的禀赋"：毫无疑问，只要学生有了自然的禀赋，即使老师没有那么慎重地选择他所读的书籍，即使老师没有使他在读书之后对书中的东西进行一番思考，他这样学来的东西也可以变成一种实用的哲学，它同你们用来把学校中的青年的头脑弄得一团混乱的种种空泛的理论相比，还是踏实得多和有用得多的②。

南京红山森林动物园就联合大学生、小学生经常搞一些夏令营的自然教育活动，得到社会的好评。2011 年夏天，"自然之友"成员、南工大环境工程专业在读博士生陆曦告诉记者，"灯诱"的原理主要是利用特定波段下昆虫的趋光性，通过高压汞灯发散的紫外线来吸引昆虫。果然，短短几分钟，大量的蚊虫，苍蝇等常见昆虫聚集起来，一些较少见的隐翅虫、瓢虫、稻缘蝽等昆虫也来了。据红山动物园工作人员介绍，夏令营活动招募对象都是 8 至 12 岁的小朋友。通过发现自然、了解自然来增加他们对生活的热爱，培养独立生活能力，让小朋友们通过参与活动了解到更多的科普知识。"灯诱昆虫"是活动中的一部分。整个夏令营过程将对孩子们实行统一管理安排，分出小组并挑选出组长，完成动物探秘、自然探秘以及环保教育三个阶段。最后还将评选夏令营之星③。这种教育就是潜性教育（自我观察、自我感知）和显性教育（学校与社会统一筹划的教育活动）结合的方式，也是卢梭自然教育理论的实践，收效一定会远远强于生物课堂的简单理论说教。

进一步突破并发展了自然教育观的当代著名教育学专家鲁洁教授提出了社会性的"生活教育"，她认为以生物进化论为哲学依据的卢梭、夸美纽斯（Comenius）等人倡导的自然教育仅仅是尊重了人类成长的自然规律，而忽视

---

① 【法】卢梭著，李平沤译：《爱弥尔：论教育》，商务印书馆 1978 年版，第 15 页。

② 同上书，第 338 页。

③ 马海燕等：《萤火虫"美人心计"吃蜗牛：记者夜探红山动物园里的"仲夏夜之梦"》，《扬子晚报》2011 年 7 月 5 日第 A46 版。

了人类追求理想和发展的社会性目标，即人并不是一种单纯的自然存在物，他的生存与发展并不是自然规律盲目起作用的结果①。（任何人）在与外部世界的关系方面，不是如其他生物那样对自然界的简单适应，而是按照他的目的去改造客观世界以适应自身的需要，在与自身发展的关系上，同样也不是如同其他生物那样的自然成长，而是通过教育这一有目的的对象性活动，主动地选择、支配发生于人自身的自然规律，使它为实现教育的目的——人的理想发展而服务②。显然，鲁洁教授提出的"生活教育"已经超越了卢梭"对生活"的"感受"，鲁洁提出的"生活教育"是一种带有超越现实性和时代规定性的自我未来实现的理想性教育：教育赋予人以现实性的规定性，是为了否定这种现实性，超越这种规定性。一切现实的规定性只能是规定人的现在，而不是要决定他的未来③。培养一种理想与现实相统一的人，超越意识与超越能力相统一的人。这才是教育之宗旨④。超越性的培养，究其实质也即是人的主体性的发展⑤。教育虽然存在一种外部施加影响的过程，但是其主题却应是促进、改善受教育者主体自我建构、自我改建的实践活动的过程⑥。由此可见，鲁洁的"生活教育"不是一种被动的"感受"，而是更为彻底和自由性的"自我建构"和"自我改建"。卢梭发现了自然"感受"的生物基础，而鲁洁发现了自我超越教育的社会性机制，她在谈论德育时提到：道德产生于生活⑦。最初的道德表现为与生活融为一体的风俗习惯，在风俗习惯中人们感受到好的生活应当是什么样的。最初的道德教育也是以生活来示人以德，以生活自身来规范人的行为，而不是进行道德说教，灌输道德戒律⑧。生活化的课程反对的是一切不真实的假大空。真实，是一切教育的灵魂……⑨显然，鲁洁的自我建构式的超越教育和追求真实的生活教育自然不是依赖传统的课堂显性教育的自我"超越"和生活教育正是潜性教育思想的充分体现。著名演员濮存昕在谈到生活对自己成长的时候说："我经历的痛苦、挫折让我的表演可以从中得到借

---

① 鲁洁：《超越与创新》，人民教育出版社2001年版，第330页。
② 同上。
③ 同上书，第338页。
④ 同上书，第339页。
⑤ 同上。
⑥ 同上书，第369页。
⑦ 同上书，第299页。
⑧ 鲁洁：《超越与创新》，人民教育出版社2001年版，第299页。
⑨ 同上书，第317页。

鉴。我不是什么都行的人，很多事我做不来。在学演戏之前，我曾经很平常、很有问题地生活过，我似乎是在喊口号式地生活着。别人谁也不理我，那时候我很糟糕，胸怀大志而没人理，到了三十岁还活得忍气吞声。"①"对一个演员来说，舞台是人生的延伸，但同时，人生也同样是舞台的延伸，两者之间密不可分。事实上，每个人在面对他人的时候，不管他是否愿意承认，都或多或少带有表演的成分在内。"② 生活本身就是一个舞台，我们每天其实都在演戏，既然要面对各种各样的观众，同时我们又是别人的观众，就必须时刻让自己在生活中保持清醒、保持风度、保持接受和表现的双向交流，生活就是一个人生的课堂。这正是生活教育立足的内生动因。鲁洁的"生活教育"暗示了潜性教育的指导思想和观念定位：立足生活，通过对理想的追求超越自我，同时还要把由生活教育出来的自我还于生活。

华东师范大学教授叶澜在主持"新基础教育"的课题研究中提出了"生命教育"，这是证明我们潜性教育合理性的又一重要性同构理论。叶澜教授认为人的生命是教育的基石，生命是教育学思考的原点。在一定意义上，教育是直面人的生命、通过人的生命、为了人的生命质量的提高而进行的社会活动，是以人为本的社会中最体现生命关怀的一种事业。然而，长期以来，在学校实践中，经常可以感受到的是为事务而操劳，对学生考分、评比、获奖等可见成果的关注，忽视、淡漠的恰恰是学生和教师在学校中的生存状态与生命质量的提升③。生命的成长发展与当代知识观的两种转变有关。一是从静态向动态的转变，原来的知识是现成、结论性的，现在的知识是一个过程，是形成中的，需要个体生命主动调动自己的体验去活化和内化。二是公共知识与个人知识的相互转变，在个人知识生产力的提升中，在个体参与的社会创造性的实践活动中，通过个体的创生而丰富或改变公共知识的结构，由此知识与生命就有了内在的联系，书本世界与生活世界就有了内在的联系。这个联系的过程，就是生命如何在实践中主动运用自己的各种经验、体验，让知识活化的过程④。让"现成"的、"结论性"的知识"活化"、"内化"为生命的有机组成部分，看来唯有依靠"个体生命主动调动自己的体验"，"个体参与的社会创造性的实践活动"去完成和实现，这恰恰与我们的潜性教育的内涵不谋而合。叶澜的

① 鞠健夫：《明星面对面》，江苏文艺出版社2004年版，第128页。
② 同上书，第124页。
③ 叶澜：《回望》，广西师范大学出版社2007年版，第155页。
④ 叶澜：《回望》，广西师范大学出版社2007年版，第156页。

"生命教育"启发了潜性教育的运行过程和实施步骤：知识"活化"、"内化"为生命有机组成部分的过程，重点在于对知识的自我"体验"和"参与"，并要使用思想和精神的转换功能，将获得的知识和体验落实到实际行动中来，从而提升自我的言行达到更高的状态、体现更高的魅力。生命教育和潜性教育都重在体验和转化、顿悟和修行。戴尔·卡耐基（Dele Carnegie）是一个善于用内力转换生命体验和知识的人，在自己的书中他记述了这样一件事：有一天，我在纽约第 32 街和第 8 道交口处的邮局里排队等候寄一封挂号信。那位柜台后面的营业员显然对工作感到不耐烦——称重、拿邮票、找零钱、写收据——年复一年都是同样单调的工作。所以我对自己说："我要让那位办事员喜欢我。而要让他喜欢，我显然必须说些好话——不是关于我自己，而是有关他的。"我又自问："他又有什么值得让我称赞一番的呢？"有时，这实在是个难题，尤其是对方是一个陌生人时。但是，称赞眼前的这位职员似乎并不让我感到困难，我马上找出可以称赞的地方了。当他为我的信件称重时，我热切地对他说："我真希望能有你这样的头发。"他抬起头，半惊讶地看着我，脸上泛出微笑："啊，它已经不像以前那么好啦！"他谦虚地应答。我告诉他，虽然它可能已没有原来的美观，但仍然状况极佳。他十分高兴，和我谈了一会儿，最后说道："好多人都称赞我的头发。"① 卡耐基先生告诉了我们应当如何将我们的知识转化为实际行动，人人都希望被别人称赞、被别人重视，这个知识我们很明白，但往往很少有人做到如此，实际交往过程中，人与人的关系过度紧张、人与人的争端很容易就被点燃源于我们不懂得尊重和称赞对方或者说源于我们将知识转换成实际行动的能力弱。卡耐基先生告诉我们在实际交往中，要多想一想、多问自己几个为什么、多设定一下自己的处境、多理解一下别人的困难，然后要适时地找到合适的点夸赞一下对方，夸赞的话一定要说出来、一定要让对方听到，同时态度要诚挚、让自己处于谦卑的位置，这样才显得自然而不做作。多想、多自问、多理解、多说、多谦卑而诚恳，这就是卡耐基先生对生命体验和生命知识的转换、贯彻之道，很值得我们去学习和思考。

南京师范大学教授孙迎光立足孔孟儒学，提出了"诗性德育"：诗性德育不仅适用于学生在校的修身，而且适应于他们在未来的市场经济中的建设，市

---

① 【美】戴尔·卡耐基著，马燕编译：《人性的弱点（全集）》，中国商业出版社 2004 年版，第 102 页。

场经济离不开诗意①。学生离开学校在未来的市场经济建设中如何还能做到修身养性呢？这就必须靠我们提出的潜性教育了，或者说孙迎光教授立足孔孟儒学提出的"诗性德育"与我们提出的潜性教育不谋而合、互为佐证，而且同源同流。所谓以玉比德、以竹修身、以松喻人，潜性教育正是立足于这种诗性的自然感化、强调感化的动作和过程的实践之上而超越了隐性教育的。孙迎光教授早就提出了道德教育要走出课堂、走出校园，实现其自然生活化的终身理想：教育者需要回应道德教育中的一对基本矛盾，即专设德育课的时空有限性与日趋复杂多元的生活世界的道德要求之间的矛盾。通过课堂讨论，我们达成共识：只有将道德教导和道德学习紧密结合，借助道德学习的生活化、开放化、终身化，才能看到道德人格持续成长的充分希望②。"生活化"、"开放化"、"终身化"正是潜性教育的理想，可以这样说，孙迎光教授的"诗性德育"恰恰点化了潜性教育的本质特征：像诗人一样地热爱生活、关注生命，像作诗一样地打造人格、丰富内涵，追求像诗一样美的活泼性格和浪漫情怀。这个过程是艰难甚至是痛苦的，但这份理想却是人区别于动物的本质。潜性教育和诗性教育一样是一种富有人格魅力和人文关怀的艺术化的教育，要的就是有一颗空灵之心、一个妙趣之魂在生活中探得真知、在天地间获取灵性，正所谓是"满室清风满几月，坐中物物见天心。一溪流水一山云，行处时时观妙道"③ 的情趣和敏悟。

　　虽然卢梭没有明确提到隐潜的教育概念，甚至他尚没有自觉地发现潜性教育与显性教育究竟有何关联，但他的"自然教育"思想在当时乃至近现代无疑是一种生活隐潜教育振聋发聩的先声。而鲁洁明确扩展了"生活教育"的内涵，使潜在的"生活教育"的意境上升到了更高的理想化、超越性的层次，从而为潜性教育提供了指导思想和观念定位。随后，叶澜的"生命教育"准确地揭示了生命成长与当代知识互动内化、相互促进的科学规律，提出了重"个体生命"的"体验"向"个体生命"的"实践"转换的教育理念，从而揭示了潜性教育的运行过程和实施步骤。孙迎光教授提出的"诗性德育"精彩地点明了潜性教育的本质属性，即是一种艺术性的、自由的、活泼的教育。

---

　　① 孙迎光：《竹与修身——德育的"另类"言说》，《江苏大学学报（高教研究版）》2005 年第 3 期，第 31 页。
　　② 孙迎光：《以玉比德——诗性德育的一个专题》，《江苏教育学院学报（社会科学版）》2006 年第 4 期，第 35 页。
　　③ 【明】洪应明：《菜根谭》，金陵刻经处 2009 年刊印，第 23 页。

至此，潜性教育在当代同构理论的烘托下呼之而出也就成了历史的必然、自然的结果。

第三节　潜性教育的现实意义

作为一种教育思想，潜性教育自古有之，而作为一种明确的教育理念到今天才被提出来实在有其时代性的原因。可以这样说，潜性教育的诞生是当下时代的需求，是顺应了时代潮流并将独领风骚的一种教育理念和教育模式，同时，潜性教育也是最重要的方法论教育之一。从教育范围来说，它与学校教育相对应，从教育理念来说，它与显性教育相对应；从教育性质来说，它与强制教育相对应。三组对应相辅相成、相得益彰。潜性教育融入了学校、家庭、社会等各个领域和层面，与人们以及学校内学生的生活息息相关并时时刻刻、潜移默化地影响着人们的身心，所以潜性教育是推进人不断进步和完善的终身教育。特别对于离开了学校、跨入社会的人来说，潜性教育将成为最重要甚至是唯一的教育思想和教育方法伴随人走向生命的终点。大致说来，人在幼儿时期的教育主要来自家庭和父母，此时的潜性教育比显性教育比重大；进入小学、中学、大学的这个十多年时间内，人受到的教育是潜性教育和显性教育并行，其中显性教育处于绝对高的地位；大学毕业后参加工作了，人受到的教育主要又是以潜性教育为主、显性教育为辅。所以"潜——显——潜"交替领风骚正是人一生受教育的主体模式。其中，第一个"潜"以家庭教育为主、"显"以学校教育为主、第二个"潜"以社会教育为主。

而对于一个人终身的学习理念、学习习惯、学习能力、学习水平的奠定来说，关键性的基础工作仍然来自于十多年的学校教育，毕竟学校显性教育的威力和社会认可度一直超越了占据生命绝大多数时光的潜性教育。所以从这个意义上来说，我们首先围绕学校来开展潜性教育研究也具有很重要的意义：第一，不希望这十多年的学校生活和学校教育因自身的偏颇而荒废了广大青少年；第二，我们需要审视一下学校教育是否真的教会了人们需要的学习理念、学习习惯、学习能力和学习水平，这也是检验学校价值最重要的依据；第三，在掌握学校知识的时候，能否掌握了学习和思考的方法直接决定了今后一辈子的生存和发展，如果学校没有教会孩子们潜性教育即独立学习的方法和能力，那么学校知识的呆板记忆还是会被社会冲击得七零八落。

一、潜性教育顺应时代潮流

相对于个人来说，潜性教育是人最重要的自我教育、自我学习的本领；对于社会来说，潜性教育是一个社会赖以生存和发展的基石，或者说社会生活天生就是潜性教育的素材。潜性教育是一种广义的教育，它泛指一切有目的或无目的地影响人的身心发展的社会实践活动，相较而言，狭义的教育主要是指学校教育，即教育者根据一定的社会要求和受教育者的发展规律，有目的、有计划、有组织地对受教育者的身心施加影响并期望受教育者发生预期变化的活动方式，这也是学校教育局限的一面，受教育者没有太多的主动权，主动意识主要掌握在教育者手中。注重社会教育的潜性教育远不是如此，它是社会环境包括社会生活、社会工作、社会意识形态、风俗习惯等通过一定的教育或非教育媒体和人们自觉的接受行为表现出来的一种可见可感的客观存在，这种客观存在对孩子甚至成人都会带来不可忽视的甚至是终身的影响作用，当然，这些影响可能是消极的也可能是积极的，但从中得益或从中受到伤害其实都会对人的心智、观念、言行发生改观，所谓"化悲痛为力量、变逆境为顺境"也就是指当人们受到生活不公正待遇时对自我的一种适应性、强化性的调整，能调整自我就是一种受到教育的反应。如果在社会潜性教育中贯注进适度的、良好的显性教育元素，那么潜性教育将会起到更大的作用，如成立一些社会组织或团体、营造一些社会氛围和社会精神理念，尽量引导和培训人们控制消极影响、发挥积极影响，那么人们在潜性教育中的获益将会更大、更正面。反之，消极影响可能也会占上风，因为孩子包括某些成年人的选择辨别能力有限，消极的东西则很能切中人们的弱点并影响他们的成长。综上所述，我们可以明白潜性教育不是与显性教育毫无关系甚至是对立的，两者绝对不能割裂或对立看待，要懂得利用两者的教育合力，进行适度整合，才能真正达到的教育的目的、创造完人。

只有充分领悟并熟练掌握了潜性教育，才能在自我不断思索、学习和总结的基础上建立起正常的社会秩序和生活秩序。在中国的传统道德观中，道德乃"修业之本"、"树人之道"、"立政之基"正是建立在一次又一次的自我经验和领悟之上才被古代人破解的社会生存密码，在这里，潜性教育充当了很重要的教育和学习方法。而作为一种理念的导向，潜性教育还直接影响人们是否能正确理解"道德"的内涵并顺利获取正确的道德意识和从事值得称颂的道德活动。加强公民的潜性教育，特别是加强学生的潜性教育，建立完善的社会潜性教育制度，培养公民特别是学生的潜性教育理念，是事关社会主义市场经济建设和现代化建设能否顺利进行的重大问题，也是具体落实"完人教育"方略的基础工程。所以，潜性教育理应成为社会以及学校各项教育工作的新课题，具有迫切而重要的意义。

（一）潜性教育是社会主义市场经济的内在要求

潜性教育被作为公民基本教育方法提出来，是建立社会主义市场经济体制的迫切要求，市场经济在呼唤潜性教育。市场经济是人类文明的一种形式，要求有相应的社会经济体制和经济运营模式以及经济道德作为基础。社会主义市场经济的发展同时也包含着社会主义经济道德上的自律，它要求人们学会自觉地履行自己应尽的责任和义务，同时要求我国的市场制造者、指挥者、运营者、监督者"摸着石头过河"，既然没有现成的经验和教材拿来借鉴，那么学会体验、领悟、思考和总结就成为社会主义市场经济不断稳步推进的基石。所以潜性教育必须作为一种和社会主义市场经济相适应的公民自我教育建设的重要任务来加以强调。中国的市场经济发展 20 多年来有了长足的进展，但潜藏的经济诈骗行为也称得上是风起云涌、防不胜防。今天的市场经济诚信已经成为了社会的公害，电视导购、网络营销、房产开发、证券及股市、食品危机、权钱交易中的种种恶劣事件如瘟疫一般腐蚀着这个社会和时代，让人手足无措、信心动摇。或许有人会说我们的市场经济起步晚、缺失经验、需要成长过程，但既然市场经济是人类共有的文明，那么我们是否应该加大向市场经济发达国家的学习和借鉴呢？对于中国来说，虽然市场经济是西方的舶来品，如何建设市场经济理应继续向西方讨教，可西方国家由于制度上的差别，常常是不愿将他们的经验对中国和盘托出，也就是说，建设和发展中国特色的社会主义市场经济是缺乏现成的老师和教案的。当然，这也有中国自身的原因，中国是一个人情世故盘根错节的国度，过分的保守和封闭习惯也使中国丧失了许多向西方师长学习的机会和愿望。市场经济是法制经济，也是信用经济，法制是契约的基础，信用是市场道德的基础，而中国现代化的法制和现代化的市场信用都很薄弱，没有老师、没有教案，这一切缺失了的社会基石就要求中国要靠中国人民自己来自我摸索、自我育化、自我提升和自学成才。所以，潜性教育才成为社会主义市场经济条件下法制建设和经济道德建设的重要法门，是社会主义市场经济发展的内在要求。

潜性教育的缺失会直接导致市场信用、经济道德、公平竞争的危机。著名经济学家厉以宁认为，一个国家信用体系的崩溃不仅仅会造成经济上的损害，还将对整个社会体系造成深远的影响。当下的中国市场经济中商业欺诈、假冒

75

伪劣产品、虚假广告宣传比比皆是，这些丑恶的现象使讲诚信的企业和善良的消费者屡屡蒙受损失，企业之间、企业和消费者之间经过长期努力建立的稳固的信任关系被打破，破坏了市场经济的基础，动摇了投资者的信心。市场经济秩序混乱的实质是潜性的自我教育的缺失，人心浮躁、价值分裂、道德败坏、功利盛行，秩序混乱也就是必然的结局了。由于过分依赖显性教育，所以改革开放过程中，我们直接、全方位地引进了西方现成的许多做法，在向西方这个老师做有限的求教和学习的时候，我们也毫无防备地将他们的许多糟粕一起学来了，特别是西方功利主义的价值观严重冲击了中国"以德治国"、"以德修身"的优良传统。所以，我们在充分向西方学习先进的经济理念的时候，也一定要加强自身的鉴别能力和提高自身的悟性，特别可以通过与西方的跨国贸易亲身体验、积极领会、认真思考市场经济的实质是什么、公平竞争的内涵又是什么、西方成熟的市场拥有了哪些经验、又存在什么样的弊端、我们应该如何在我国特有的文化背景和价值体系中建设市场经济。而这一切都必须要求我们充分发挥潜性教育的方法手段。如果你告诫一个生意人弄虚作假是不道德的，最好不要去弄虚作假而触犯道德和法律，他一定觉得你神经有问题，或者他会拿短暂的眼前利益来反驳你并告诉你商人就是要赚钱的；如果这个生意人因弄虚作假被工商部门逮住并被强迫交了一笔数额巨大的罚款，他一定会有切肤之痛，从而会适度收敛自己的欺诈意识和欺诈行为，就是潜性教育的功效：在深刻的体验中成长！

（二）潜性教育是构建和谐社会的重要方面

党的十六大报告指出："我们要在本世纪头二十年，集中力量，全面建设惠及十几亿人口的更高水平的小康社会，使经济更加发展、民主更加健全、科教更加进步、文化更加繁荣、社会更加和谐、人民生活更加殷实。"党的十六届四中全会又进一步发挥和发展了这一思想，提出了一个全新的重要概念——和谐社会。并且指出：形成全体人民各尽所能、各得其所而又和谐相处的社会，是巩固党执政的社会基础、实现党执政历史任务的必然要求。因此，加强党的执政能力建设的一项重要任务，就是"坚持最广泛最充分地调动一切积极因素，不断提高构建社会主义和谐社会的能力"。社会主义和谐社会的特征有如下几点：全体人民各尽所能、充满创造活力；全体人民各得其所、利益关系得到有效协调；社会管理体制和社会服务网络不断健全；稳定有序、安定团结、各种矛盾得到妥善处理。

构建社会主义和谐社会同建设社会主义物质文明、政治文明、精神文明是有机统一的。要通过发展社会主义社会的生产力来不断增强和谐社会建设的物质基础，通过发展社会主义民主政治来不断加强和谐社会建设的政治保障，通过发展社会主义先进文化来不断巩固和谐社会建设的精神支撑，同时通过和谐社会建设来为社会主义物质文明、政治文明、精神文明建设，进而为建设社会主义小康社会创造有利的社会条件。而建设社会主义物质文明、政治文明、精神文明是万万离不开教育的，特别离不开潜性教育。要让全体公民真正领会和谐社会的伟大理想不能仅仅靠有意识的、强制性的教化、灌输和宣传，更要充分让全体公民去亲身体验、切身感受和谐社会的宏伟蓝图，让全体公民在日常生活、正常工作中真真切切领悟到和谐社会的魅力和可能给自己带来的切身利益。构建和谐社会，仅仅依靠法律和制度规范当然是远远不够的，我们认为必须借助潜性教育的力量，可以说，潜性教育为构建和谐社会提供了良好的教育土壤。法律和法规其实就是一种显性的社会教育，它规定了人们该做什么、不该做什么，而且采取了对公众强迫灌输和要求公众无条件服从的做法。从满足大多数人的需求和尊重大多数公民意愿的基础上来说，依法治国、依法办事是最好的选择，但实际的社会生活要复杂得多，法律法规再完善，都会有漏洞、都能被某些不法分子找到弱点、钻了空子，这其实就是一种显性教育体现出的不足。刘功润在博文《"钻法律空子"怎能成为卖点?》中有如下一段论述，发人深省：

近日读到《报刊文摘》转载的一则报道：广州不少培训机构推出了新"卖点"，把培训重点集中在替"企业方着想"，开设"问题员工的降职、降薪，未违纪员工辞退"等"技巧班"，教授企业"如何规避"劳动合同法。一家培训机构的工作人员透露，这类辞退技巧班现在非常火爆，3月初一个培训班计划招生120人左右，短短几天，报名参加培训的企业老总、人力资源经理与人事主管就达到了总人数的3/4。

伴随《劳动合同法》的实施，如何规避法律规定、如何钻法律的"空子"，竟成为一些培训机构的卖点。这到底是一种商业常态，还是一种危险信号？笔者以为，无论如何，这都像是不和谐的音律，这种做法更值得商榷。

当然，存在即有特定的合理性。培训机构也可以义正词严地说，我们"培训班讲的是依法规避"，是尊重法律、践行法律，完全是培训市场驱动下的一种正常的商业行为。确实，在我国所遵循大陆法系的法治观念和原则下，强调的是有法必依、执法必严、违法必究，"法不禁止皆可为"、"法不禁止即权利"、"法无规定不为罪"。因此，钻法律的"空子"也就显得"合理"又"合法"了。

但是，法治之外难道就不要规制、不要价值评判了吗？情理、公德、善意、良心应该甚至更需要成为一种引导和标准。西方有一种审判制度，是遵循"自由心证"的，即法官在拿不准事实的情况下，可以在一定的范围内凭其良心作出判决，这有点像我们的"自由裁量权"。所谓公道自在人心，在很多时候，尤其在法律的空档，人心自有判决。①

钻法律空子不是什么稀奇事，再严密的法律都有漏洞，为了利益和躲避责任，许多人一定会铤而走险、以身试法，碰到钻法律空子成功的人，法律也是毫无办法的。但刘功润最后一段话的表述尤为重要，因为它涉及到了显性教育之外的潜性教育，就是法律之外有社会的"价值判断"、有"情理"、"公德"、"善意"、"良心"的存在，西方的"自由心证"、中国的"自由裁量权"，东西方共存的"公道自在人心"、"人心自有判决"正是社会潜性教育体制对法律所做出的补充和完善，对一个人历史性的盖棺定论不仅仅依据的是法律，更多情况下依据的是人类共存的"价值判断"和自在公理。

社会是人们交互作用的产物，是人类以物质资料生产活动为基础而相互联系的人类生活的共同体。一个社会要和谐发展，必须借助潜性教育的力量。而在人类的教育体系中，潜性教育对社会的和谐发展最有价值。潜性教育可以最大限度地减少社会生活中真理、思想、知识传播的各种内耗和摩擦，减少真理、思想、知识社会化传递的风险和代价，使社会的教育成本大大降低。因为潜性教育减少了真理、思想、知识和技能的传播环节，可以使社会公民在正常的社会交往和日常生活、工作、处事行为中直接领悟和掌握到真知。诚如当你告诉一个小孩子火是多么地烫和危险，他可能毫不在意或无法体会，但如果小孩子的指头被火焰灼一下，那他一下子就明白了火是多么的危险和让人疼痛，这样的真知就会深刻地印在他的脑海中而起到了你打多少个比喻也可能收效甚微的作用。这就是一种实践性的潜性教育，其教育效果的深刻和准确是独树一帜的。

---

① 刘功润：《"钻法律空子"怎能成为卖点？》，http://epaper.xplus.com/papers/dsck/20080318/n133.shtml。

二、潜性教育促进完成教育使命

教育的使命究竟是什么？窃以为当是普遍提升绝大多数或全体公民的整体素质吧！起码大众教育应该是如此。而所谓的精英教育当是少部分各行各业的专家所必需经受的专业教育，而专家的综合素质同样应当不能低于大众，否则这样的专家也不可能成为合格的专家。

素质教育就是突破技能教育和专业教育的全面教育。有学者对全国各省、区 10 所大学 19 个专业 1000 名大学生的学习态度进行调查时发现，认为对学习有时或常常刻苦钻研的学生占 76.18%；而对学习有时或常常感到厌烦的学生也高达 63.79%；有 51.62% 的学生认为完成任务主要是出于责任心；有 28.16% 的学生认为是规定所迫；而出于兴趣学习的学生仅占 20.3%；只有 22.98% 的学生认为平时能主动学习[1]。事实上，笔者在给学生上课时也发现，绝大多数大学生只注重技能性学习，而对理论性课程的出勤率和兴趣都非常低。在与他们的交谈中，我察觉到了他们的真实想法，他们认为来听不太感兴趣或对求职不太起明显作用的理论课还不如花点时间多背背英语单词、多学习计算机操作，将来可以多考几样证书，这些证书将会增加他们求职获胜的砝码。这种重技术的教育究竟能给学生们带来什么呢？HP 大中华区总裁孙振耀退休时陈述了自己的真知灼见：500 强的 CEO 当中最多的是销售出身，第二多的人是财务出身，这两者加起来大概超过 95%。现代 IT 行业也有技术出身成为老板的，但实际上，后来他们还是从事了很多销售和市场的工作，并且表现出色，公司才获得了成功，完全靠技术能力成为公司老板的，几乎没有。这是有原因的，因为销售就是一门跟人打交道的学问，而管理其实也是跟人打交道的学问，这两者之中有很多相通的东西，他们的共同目标就是"让别人去做某件特定的事情。"而财务则是从数字的层面了解生意的本质，从宏观上看待生意的本质，对于一个生意是否挣钱，是否可以正常运作有着最深刻的认识。[2] 如果你不想做管理者，技术好就够了，但它只是吃饭的工具，如果想成就更宏伟的事业和人生，跟人相处倒成了最重要的资本。一个跨国大公司的区域总裁的退休发言令人很容易想到传奇人物比尔·盖茨（Bill Gates），当初如

---

[1] 胡启先等：《当代大学生社会心理问题及其对策》，江西人民出版社 1999 年版，第 85～152 页。

[2] 参见网文《HP 大中华区总裁孙振耀的退休感言》，http：//jonsen. blog. edu. cn/2009/320870. html。

果他没有及时从哈佛退学进入社会，他还会这么传奇吗？

人都是为利益驱使的动物，这种原生性的生命特征固然会阻碍人性的完善，但又怎么能随随便便受到指责呢？认真想一想，在短短的四年学习生涯中，大学生所付学费如此昂贵，但也可能预示着毕业就是失业，他们自然就会受利益驱使而抓紧有限的时间多做些有助于提高自身竞争力的工作了。我们其实无心也无理由把这一切都归咎于学生的急功近利，这是学校教育的苍白无力之处。既然就业不景气，公民的素质也没有上去，这样的学校教育当然令人寒心。

即使学校教育再失败、再不合理，人性的发展依然要全面完善，知识的构成依然要科学合理，在校内缺失的理论知识、道德培养、素质提升不能就这么不了了之。换句话说，在现代的教育形势下，大学生的终身教育就显得尤为重要，在学校内、课堂上缺失的理论和认知必须在课后或离开学校之后继续补起来，否则就只能沦落为职业的工具、技术的傀儡，又何能真正体会到生命的自由与高扬！怎么补？靠环境、靠自己、靠生活、靠体验、靠感悟，工作以后即使再回炉接受学校的教育，也不过是走马观花、浮云飘过，哪有全职学生时代的激情和专心。如果仅仅依赖学校教育或者就此丢掉了离校后的再教育，"完人教育"就成了一句套话。既然脱离了显性教育后还要继续接受教育，那么潜性教育就成了现代素质教育得以实现和成就的必由之路。因为潜性教育的主体就是自我教育、体验教育、实践教育、生活教育和情感教育，无意识性、感染性、生活性、开放性、持续性是其主要特征。无论是中国还是外国，特别是当下中国，教育使命的最终完成，潜性教育当仁不让。

三、潜性教育促进人的完善

所谓人的完善就是成才和成人同时实现。成才，通常就是指成为一定社会中具备从事物质文明、政治文明和精神文明建设的素质，并以创造性劳动为社会发展和人类进步做出贡献的人。现代社会所需"才"的素质包括身心素质、品德素质、智能素质、文化素质等等，这就涉及到了"完人"的概念。所谓"完人"不是指全部完美、半点缺陷都没有，那样的人永远不存在、也不会出现，人是活的、多变的，所以对与错、好与坏、完美与缺憾永远只是相对的、有局限的，这里所指的"完人"不过就是指前述综合素质全面发展并达到一定高度的人才，或各方面素质和软硬指标基本都属于上等且没有明显人格缺陷的人才，虽然这又谈何容易，但恰恰是许多历史伟人、历史名人追求的方向。人的完善不仅仅指人在生心理上的成熟和专业技能上的成就，即成才；它更强调一个人要具备正确的世界观、人生观和价值观，对社会有用且品德高尚，即成人。品德和人格修养是最重要的完人指标，是人才的灵魂和统帅，它们决定着人才发展的方向和动力。所以，成才内含成人，成才也必先要成人，否则不成人的才永远不能算作真才。成才是从技能学习和专业掌握的程度上来说的，成人是从道德品行、综合素质、内在修养上来说的，成才的基础就是成人，所谓的"完人"应当就是指既成才又成人的人。

在现实生活中，家庭、学校、社会等无不表现出对成人与成才之间辩证统一关系理解的偏差。重智育轻德育、重专业学习轻人格塑造、重物质生活轻精神生活都是十分普遍的现象。这种偏差被家长、老师自觉不自觉地传递给孩子，根植在他们心里，造成的结果是许多学生只知道学习知识，不知道如何做人，所谓用一好遮百丑来作为生活的指标。高校里经常也有这样的情况，有的学生脑袋聪明，学习刻苦，成绩在班级里数一数二，平日里参加了各种竞赛并且获奖，可是他在班级里的人缘却不好，同学们都不怎么喜欢她。为什么？用同学们的话说，他虽然学习拔尖儿，可不愿意帮助同学，明明知道的知识就是不告诉你，对别人总似乎看不上眼，处处刻意或渴望超过别人，而没有团队合作意识，或者，在同学面前特别爱卖弄。结果，在班干部、学生会干部的竞选和入党群众大会上中屡屡栽跟头，同学们就是不选他。由此我们可见坚持成人与成才的辩证统一关系是多么的重要，它关系到每一位学生的健康成长，只看重一时的成绩，而忽视学生的心灵成长，终将害了他们。社会上以才耀人的人很多，而以德服人的人就少了很多；以专业才能获取名利的人很多，以高尚的精神奉献社会的人就少了很多；以权谋私、徇私枉法的人很多，大公无私、德才兼备的人就相当少，这些不良现象并没有引起我们学校教育的警醒，相反却被许多师生视为正常的社会现象，这就是我们一味仰仗校园显性教育的可悲下场。知识可以靠显性教育实现，心灵的成长就主要靠潜性教育来实现了。显性教育和潜性教育是拉动人完善发展的两匹马车，两匹马车并驾齐驱、缺一不可。

潜性教育是趋向于艺术教育的一种诗性和音乐性的教育，它拒绝枯燥干瘪的说教，也不是孤零零针对技能和专业实施的教育，它看重人的思想、道德、灵魂全面的提升和完善。大教育家孔子就曾提出"兴于诗，立于礼，成于乐"[1]，这句话暗含了一国、一民族乃至天下之太平、兴旺、发达当起于艺术

---

[1] 【春秋】孔丘著，程昌明译注：《论语》，山西古籍出版社1999年版，第81页。

境界（诗境）、归于艺术境界（乐境），当然，一切教育、一人之精神境界亦是从诗境的起步往乐境的追求。这就是我们所说的潜性教育的本质内涵。孔子自身也是以此来规范自己艺术活动之追求的：

　　孔子学古琴于师襄，十日不进。师襄子曰，可以进亦。孔子曰，丘已习其曲矣，未得其数也。有间曰，已习其数，可以益矣。孔子曰，丘未得其志也。有间曰，已习其志，可以益矣。孔子曰，丘未得其人也。有间曰，有所穆然深思焉；有所怡然高望而远志焉。曰，丘得其为人，黯然而黑，几然而长，眼如望羊，心如王四国，非文王其谁能为此也。①

　　学习技法远不如得其精神、获其精神尚不及得其人格品藻，孔子通过学习老师的艺术技法进而真正追求的是老师的精神境界和人格品藻，从而达到自己精神人格的进一步升华。而一个人的精神境界和人格品藻是不能言传的，或者是不能仅仅靠语言来表达，能用语言概括出来的精神和品藻也肯定不准确、不完全，语言永远是表面的，只有一生的言行和所作所为方能体现出一个人的精神境界和人格品藻。所以，要学习一个人的精神和品藻就必须通过长期的观察、相处、体会、品鉴才能得其真相和全相，即只有用潜性教育才能实现精神的感染和品德的传承。孔子追求的不是成才，而是成人。

　　成人就是要成为"社会人"，成才充其量只能是成为"职业人"。一个职业人的利处只是对社会的某个方面、某个职业可能有贡献；一个社会人的利处就是处处都能体现为社会、为他人服务的意识和努力。对整个社会有重大影响和决定性因素的不会是某个职业方面的顶尖人才，而是全社会公众的整体素质和修养。举个例子来说，阿尔弗雷德·伯纳德·诺贝尔（Alfred Bernhard Nobel）发明了现代炸药，他一生致力于炸药研究，获得近80多项的专利，发明的炸药种类近400种，大家千万不要因为炸药的危害性而认为诺贝尔是个科学疯子、变态狂人、恐怖分子，事实上，诺贝尔因为家人在一次工厂的爆炸事故中身亡而下了对炸药进行研究的决心。诺贝尔研究炸药的根本目的不是要炸死别人，而是要研究爆炸物和爆炸事件的规律，从而让人们有效地控制它和使用它。他生前有两句名言："我更关心生者的肚皮，而不是以纪念碑的形式对死者的缅怀"、"我看不出我应得到任何荣誉，我对此也没有兴趣"，由此可见他

---

　　① 【西汉】司马迁著，韩兆琦译注：《史记》，中华书局2007年版，第119页。

是一个人道主义者、同时也是一个淡名泊利者。他一生中对各种人道主义和科学的慈善事业捐款十分慷慨，把大部分财产都交付给了信托，特别是设立了后来成为国际最高荣誉的奖金——诺贝尔奖金。诺贝尔不但是人才，更是一个真正意义上高尚的人。但事实情况是，诺贝尔这个"才"被无限放大，而诺贝尔这个高尚的"人"却被抛弃。今人素质的低下、贪欲的膨胀、视他人生命为草芥的人格导致了今天的炸药丧失了它的造福功能，而成为危害人类的手段和工具。发生在上个世纪末叶，即 1999 年 3 月 24 日开始的北约对南联盟的代号为"盟军"的军事打击行动中，北约动用了几乎所有现役的、代表当今最先进水平的武器装备，包括了以"导航星"全球定位系统、"大酒瓶"电子侦察卫星为代表的空中侦察与监视系统；以 B－2、F－117 为代表的隐身武器；以 BGM－109C"战斧"巡航导弹、AGM－88"哈姆"高速反辐射导弹、"联合直接攻击弹药"（JDAM）为代表的中远程精确打击武器；以及以 E－8C 联合监视和目标攻击雷达系统、EA－6B"徘徊者"电子战飞机为代表的电子战武器在内的高技术武器装备①。在这场世纪之战中，美国动用的武器装备和弹药种类就多达 17 种②。炸药成了今天社会最为主要的不稳定因素之一。特别是美国，拥有当今世界最强大的军事力量，却屡屡拿炸药轰炸他国，所以 2009 年当美国总统贝拉克·侯赛因·奥巴马（Barack Hussein Obama II）获得诺贝尔和平奖时受到了全世界众多民众的揶揄也就不足为怪了。成才不能决定世界的格局，成人才能决定人类生存的环境，而且历史只有真正掌握在多数爱好和平的人手上才能真正决定人类的命运。

成人要远比成才重要，一个完善的人要远比一个完善的才要重要得多。目前，未成年人犯罪已成为一种越来越突出的社会问题，严重影响到了社会安宁。据悉，未成年人犯罪总数占刑事犯罪总数的 70% 以上，其中 14 岁至 18 岁年龄段的又占到未成年人犯罪总数的 70% 以上，有 70% 的少年犯因受网络色情暴力内容影响而诱发盗窃、抢劫、强奸、杀人、放火等几类严重犯罪。这些未成年人之所以选择网络游戏，一个非常重要的原因是在现实生活中受到了挫折，无论这种挫折是来源于家庭、同伴，还是学校，他们试图通过虚拟的网络来实现自我的成就感和自我的满足感。而在网络缺乏规范和限制的情况下，一旦不道德的网络行为转化为一种真实行为时，就会对社会产生危害。作为成

---

① 钟华等：《科索沃战争中北约所使用的武器》，《国防科技参考》1999 年第 2 期，第 4 页。
② 同上文，第 9～12 页。

年人，可以通过理智和判断力来克服这种不道德的行为，避免虚拟行为真实化。但是，作为未成年人，他们很可能会被激情和眼前的欲望所征服，直接模拟网络行为，试图将网络行为真实化。可以说，对于未成年人而言，当他们还不具备深思熟虑和自我反省能力时，随意模仿网络行为，或者受网络行为引诱，就很容易导致犯罪行为。那么，是什么因素把未成年人推向网络，推向虚拟世界？是什么因素使得他们放弃现实世界的行为规范，而遵循网络世界的行为规范呢？很显然，是教育——家庭教育、学校教育和社会教育。解铃还需系铃人，教育社会化失败产生的问题，最终还是需要通过教育来彻底医治。未成年人犯罪增多，未成年人生活网络化和虚拟化，是"成才"教育的产物，是缺乏"成人"教育的结果。在我们的教育越来越世俗化的今天，教育越来越成为一种功利的今天，"成才"成为背负在孩子身上的千斤重担，当学习成绩离"成才"的标准相去甚远且受到歧视时，孩子们可能会选择自由的虚拟世界，继而选择与现实世界相对立的价值、规范和行为方式。教育在"成才"目标的导向之下，忘记了它最初的"成人"目标，结果教育的功利化反而危害了教育本身的功用。要避免更多的未成年人犯罪，我们需要转变教育观念，不仅家长需要转变，学校需要转变，整个社会也需要转变。"成人"是我们教育的首要目标和最重要的目标，能够"成人"也就离"成才"不远了①。教育的实质不是为了创造才，而是为了拯救人！

---

① 李文钊：《从成才教育走向成人教育》，http://www.china.com.cn/review/txt/2005 – 11/23/content_ 6039152. htm。

第三章

学校潜性教育和社会潜性教育的比较

当代潜性教育的现状可以从学校潜性教育和社会潜性教育的现状两个方面来考察。那么学校潜性教育的现状又是怎样的呢？总体看来，学校潜性教育的现状并不理想，主要表现为潜性教育的理念不明确、教学与实践相脱节、潜性教育资源在锐减。而造成学校潜性教育状况不佳的原因大抵有三个：扩招带来的弊端、功利教育的冲击、休闲时代的误导。所以潜性教育的实施就不可避免地主要由社会来承担。社会潜性教育的现状利弊并存，但整体形势要优于学校，因为社会潜性教育资源异常丰富、潜性教育过程清晰完善、潜性教育效果相对显著。但如若将学校显性教育与社会潜性教育配套、结合实施，那么我们整体的教育质量和教育效果一定会有一个质的飞跃。

第一节 学校潜性教育的现状

从整体上来说，学校教育对学生的培养还是效果显著的，毕竟学校教育在全球范围内足有千百年的历史①，这么长时间的积淀为学校教育的稳定发展提供了众多有益的经验。拿大学的思想政治教育来说，中国当代大学生的思想政治素质基本还算是稳定、健康的，同时大学生的政治鉴别能力也在不断增强、政治取向还算务实积极，他们关心改革开放、关心社会主义市场经济，他们乐观向上、思想进步、追求真善美，这是中国学校教育长期熏陶的结果。但是，

---

① 世界上最早的学校据考古学家考证发现，当是苏美尔（在今伊拉克东南部幼发拉底河和底格里斯河下游）的"泥版书屋"（e－dub－ba－a：意思是分配泥版的屋子）。"泥版书屋"是法国考古学家安德烈·帕罗特（Andrea Parrott）于20世纪30年代在两河流域上游的名城马里发现的。校舍包括一条通道和两间房屋，大间房屋长44英尺、宽25英尺，小间面积为大间的1/3。大间和小间内均发现有多排石凳，另外还发现有很多类似于学生作业的泥版。据考古学家推断，这所学校大致建造在公元前3500年左右，堪称人类最早的学校。

在全球化融合的国际社会背景下，多元文化盘枝错节、相互冲突，商品经济的影响犹如浪潮一般汹涌而至，也使当代大学生在价值取向上出现了多元分化的可能。总的说来，当代大学生的价值观更为现实、更为功利和凸显自我。在这样的时代环境中，学校教育遭遇到了更大的挑战，特别是其潜性教育（即上文提到的学校半潜性教育）呈现出来的状况越来越不如人意，大致说来存在三个方面的不良症状：潜性教育的教育理念不明确、教学与实践相脱节、潜性教育资源在锐减。

一、潜性教育的理念不明确

如今的学校潜性教育遭遇到的最大困难就是教育理念非常不明确，说白了就是学校还没有意识到学校本身应当或者一直潜藏着的潜性教育资源，甚至还没有出现潜性教育这样的理论认识。自我们于 2003 年首次发表关于潜性教育的文章以来，潜性教育理论的成长至今不过才九年时间，在这九年间，有些研究者已经注意到了我们提出的这一理论，我们发表的系列文章也在被反复引用①，但这个理论目前来看仍然是在小范围内流传，被学校教育研究者、管理者全面重视、大面积讨论恐怕还需要更长时间的酝酿。当然，一种新理论的提出不是为了哗众取宠、引人注目，所以我们有信心、有耐心地坚持将这一理论成果做下去、发展下去，甚至其准确性和应用性的论证还得靠后人来发展和完善它。在这样的情况下，学校潜性教育的目的究竟是什么、学校潜性教育对大学生的成长究竟起什么样的作用、学校潜性教育与学校显性教育究竟要怎样配合等各种各样的问题可以说都尚是学校教育的空白点。

（一）缺乏宏观的整体性教学规划。长期以来，学校过分重视课堂课后的显性教育而严重忽视了课堂课后的潜性教育，从而造成宏观的整体性教学规划不完善、不全面、不均衡。学校尽管在意识上强迫自己要将学生的综合素质教育放在一个中心的位置上并试图培养出符合社会需求的、全方面发展的高素质人才，然而众所周知，这种浮于表面的做法收效甚微，学生和社会对学校的所谓素质教育其实都缺乏认同感。学生感觉学校将自己培养成了背书、上课、考试的工具，做不完的作业、上不完的课、考不完的试压得学生喘不过气来，无

---

① 截止到 2011 年 12 月 28 日，我们课题组发表的文章被引用情况：《高校潜性教育理论框架的构建》被引用 12 次；《高校潜性教育纵横谈》被引用 8 次；《高校艺术教育和潜性教育的比较研究》被引用 5 次；《艺术教育应当重潜性教育》被引用 3 次；《高校潜性教育的理论内涵与现实意义》被引用 3 次；《潜性教育与高校道德教育实施》被引用 1 次。以上数据出自"中国引文数据库"。

论是小学生、中学生还是大学生无不如此。成都青羊区教育部门曾经出台过一则"局长一号令"，该令规定小学生书包不能超过体重的10%，否则将追究校长责任。这则"号令"不是无稽之谈，实在是教育管理部门的无奈之举；广州市的媒体也做过一个有趣的调查，给小学生称书包，竟然发现小学生的书包平均重5公斤左右，这些小孩子就整天背着5公斤的课本、字典、作业本、文具等上下课，小学生的学习压力之重从书包的重量上可见一斑。小学生的这一状况起码要维持到高中毕业。社会对大学生的反应也普遍不如人意，近年来许多用人单位有一点感受：部分高校毕业生理论性较强，然而动手能力太弱，社会工作经验、为人处世经验严重不足，而且所有学校毕业的大学生越来越趋向同一模式，很难发现有"新亮点"，就像用一个模子铸出来的一样；与此相比，经社会大型职业培训机构及职业教育的学员在动手能力上感觉较强、上手快、思维也更加活跃，这样的人才更符合企业节省培训时间与成本的要求，更加让社会乐意接受。宏观的整体性教学规划就应当真正地尊重学生个性、尊重学生兴趣、友善地引导学生的个性和兴趣、给他们创造良好的自由发展的空间，起码在完成教育部门规定的教学任务外要给学生更充分的自由成长的空间和机会，要知道任何人都会成为社会的有用人才，只要给予他合适的环境和正确的引导。

　　教育名师魏书生老师实施的教学法对学校显性教育的教学规划起到了提醒和反拨的功能：魏老师所在的盘锦（笔者注：可能是盘锦市盘山县第三中学①）三十年前就解决了所谓差生的问题，可我们还在为此苦恼和抱怨。魏老师讲，每一课都要设定三个不同层次的学习目标，每次作业布置都要分三个层次供学生选择。这一点我们也可以尝试啊。我们总认为面对五十个学生根本无法做到因材施教。我们常和学生为不写作业而纠结，那是因为我们为五十个孩子定了一个标准，孩子的差异决定一部分孩子做这项作业没兴趣、有困难，可我们还拼命要求、联系家长、批评教育，促使其完成日复一日的无效作业。我们的课堂、我们的作业布置，仿佛都已模式化，似乎课只能这样上，一板一眼才是课堂，作业就是这样的内容、模式，固守了很多年，到底有多少效果？我们没有过多去想，耗时低效了，也找不到症结在哪里。就这样日复一日，年复

----

　　① 　魏书生——全国优秀中学班主任、教育改革家、盘锦市教育局局长、盘锦市实验中学校长。1978年2月调到盘锦市盘山县第三中学任语文老师，距目前正好30年多一点。1986年他又被任命为盘山县实验中学校长，距今还不足30年，他的教育改革尝试不可能起于这段时间，应当早于当校长的时候。所以估计，魏书生分层次的教育尝试应当起于他在盘山县第三中学任语文老师时的事情。

一年，努力着，抱怨着。"一切从实际出发，去掉形式，看到核心。"一句话点醒梦中人。是啊，发现无效我们就尝试改变，怎样有效就怎样做；学习困难的孩子，他能学什么就学什么，只能学会生字，就先别忙着让他写作文，树立其信心，才可能坚持学下去。否则躺倒不干我们无能为力①。魏书生的教学法正契合了教与学、显教与潜教相辅相成、彼此支撑的规律，从而开辟了更为科学合理的学校教育模式，就是将引导启发、尊重个性、正视差异、自由学习、多元设教有效整合后的贯彻落实，其中自由学习体现在孩子们可以根据自己的兴趣和实际困难来选择学习目标及课堂课后作业。这恰恰启发了我们学校在解决缺乏宏观整体性教学规划问题上的有效解决方案：那就是削弱应试教育、次化功利教育、提升兴趣教育、重视个性教育、加强潜性教育。

（二）教育手段方法还要进一步丰富完美。好的教育应该是重启发的，老师给一个思路、给一个方向、给一个基调，其他内容和空白留待学生去填充，针对学生们的辩论和交流，老师可以再作适度的解答和纠偏，这样对维护学生的思想独立和鼓励学生的能力表现有益得多。灌输教育的盛行不能完全责难于老师，学校教育管理部门如教务处在每学期的一开始往往会规定老师们上交教学计划、教学方案，并要求老师必须严格按照教学计划和课程大纲来教课，否则就可以定性为不认真、不负责、偷懒的教学事故。课堂应当是教师和学生的，是教师和学生互相探讨、互相交流甚至辩论的平台和活动，老师预设课题，学生参与思考和讨论，在教课过程中，学生发射性的思维可能会造成一切可能的发生，有兴趣的课题、有深度的课题可能要延续很久，简单的课题可能只要简单讨论并做出一个公认的答案就行了。教育应当是自由活泼的身心体验和思维活动，何来严格的教学计划、教学方案呢？在学生主体意识日益增强的今天，光靠灌输显然无法走进学生有着五彩缤纷的文化娱乐和动人情感的内心世界。如果老师们奉行的都是四平八稳的教学方法，特色化、个性化的教育方法就鲜有出现，久而久之，千篇一律、宣传说教的教育方法必然会使学生感觉犹如嚼蜡一般的无味甚至反感。

事实上，美国的学校教育给了我们重要的示范作用：如游泳、滑冰、体操及各种球类，几乎是每个华人家庭里的孩子，从小就必不可少的课外活动。通过这些体育活动，孩子们不仅可以强身，还可以在运动中学会和同伴们在集体

---

① 杨国荣：《做个有思想的教师——聆听魏书生老师报告有感》，
http：//wodetiankongyouni. blog. edu. cn/2011/713862. html。

里如何更好地相处，从而结识更多的朋友，增加自信心。在美国，一个体育不好的孩子，比较容易让他的同学们和他疏远开来。相反，一个体育很棒的孩子，会让他的同伴们认为他很棒。不管怎么样，美国是一个热爱运动的国家，体育拔尖绝对是优势。在我们这里，人人皆知的YMCA①经常是家长和孩子们一起运动锻炼的地方。此外，教堂和社区也会有一些体育锻炼的设施和场所。学校该如何协调好显性教育和潜性教育的并行往往是重大难题，除了课堂上老师和学生的互动交流，课堂之外的一切教育资源、教育过程、教育效果可能都被我们的学校有意无意地忽视了。而在美国的小学里常见的课外活动之一就是Girl Scout（女子军）和Boy Scout（童子军）了，这是一个培养孩子们责任心和集体观念的一个校内团体。从学前班到五年级，小朋友们可以随时加入这个团体。有趣的是，不同年级的的Girl Scout和Boy Scout团队（Troop），使用的称呼是不一样的。比如，学前班的女子军叫Daisy，高年级的就叫Brownie。在美国，这些团队的负责人，通常是由家长轮流做。因为许多美国孩子的妈妈都是全职在家的家庭主妇，她们的空余时间相对会多些，于是她们就成了这些团队的主要负责人。美国家长们很热心于这种有益于自己孩子又方便别人的活动。在美国，中国妈妈全职在家的比较少（特别是大陆来的家庭里），这些妈妈即使有参加这些活动的想法，时间上也不允许。有时候，她们会靠捐些款来弥补美国家长所奉献的时间②。由此可见美国的学校教育手段丰富、方式多样，美国的孩子自由化发展的空间、个性化伸展的领域自然就宽广而精彩。

美国的学校很注重校园潜性教育的利用，但不是说美国的孩子就不会应试、不懂书本知识，事实上，美国在职业能力、应试培训方面的教育并非我们想象中的弱。大家都知道，数学和语文对孩子的学业和将来的生活技能是很重

---

① YMCA：全称：Young Men's Christian Association，指基督教青年会。基督教青年会是为男青年提供健身和临时住宿的场所，向来也是同性恋者的渔场，歌曲《I Will Survive》和另一首听众熟悉的《YMCA》，都被视为女权主义和同性恋运动的圣诗。

② 参见网文《美国华裔小朋友课后都忙些啥?》，http://jypx. cnnb. com. cn/system/2011/08/11/007035840. shtml。

要的。在美国，有许多家长会把孩子送到公文 KUMON① 学校去提高数学水平。KUMON 数学班的教学方法，很像中国的题海战术。孩子们靠大量地反复做题来提高计算速度和数学水平。他们很可能在一个月之内，会反反复复地做那些很简单的加减乘除。如果孩子们没在规定的时间内，正确地通过所有的测试题，他们就只好继续停留在这个水平一直做下去，直到通过考试为止，然后才能升入高一级的班。虽然 KUMON 里也有阅读提高班，但美国的中国孩子去的好像不太多，中国家长们经常会带孩子到公共图书馆读书来提高小朋友的阅读水平②。不难发现，美国其实也很重视显性的应试教育，只是他们更懂得如何将显性教育与潜性教育有机结合、相互补益地使用，这对我们国内的学校教育来说不啻是一种有益的范本。

（三）部分学校对学生各方面启发性的潜性教育工作不够。部分中小学教育的应试性、功利性现象导致高中生进入大学之后出现两极分化的现象。一是完全放松、不思进取，因为长期的高压学习和应付考试让大学生表现出强烈的反叛力，不知道自己的兴趣在哪里、不知道自己的特长在哪里，如若到 20 岁前后再来寻求和定位自己的人生目标往往显得漫无目的和无所适从，惟有在进入社会经受严酷的实践打击和考验后才又不得不学会冷静和重新审视自己的人生。第二就是完全跟着导师的步子走、跟着导师的思路前进，一点也没有自己的创新性，成为了接受知识、盛装知识的篓子。这是必然的，因为多年的灌输教育让大学生们的思维定型化了，如若一下子让他们扭转过来自然非常困难。丘成桐教授在谈论中国大学教育时就毫不客气地批评道："现在的大学生，高考考得很好。但一旦高考考过后，就认为自己离成功已经不远，上了大学后就不怎么进取了。相反，在欧美，年轻人会认为上大学只是人生、事业的一个开始，我希望现在的大学生要抓住大学的时光与机会好好地读书。中学压力大，

① Kumon："Kumon Mathematics"（公文数学）是日本人的发明和创造，是日本人经过长期实践检验而推行的一种数学训练模式。它主要目的在于培养学生的自学能力，注重对良好学习习惯的培训，旨在提高单位学习时间效率和计算准确性。这种数学训练模式将教师引导和学生自学结合在一起，要求激发学生学习数学的积极性、纠正自幼形成的不良的学习习惯强调让学生"勤学"与"巧学"有机结合。早在 1954 年，当时担任高中数学老师的公文公先生（也是日本公文教育研究会的创始人），为自己上小学二年级的长子编写了一套数学习题集，这就是公文式学习法的最早源头，由于操作简便、训练效果突出，公文式学习法很快就在世界范围内流传开来，目前在世界上 30 多个国家推广，有近数百万学生在利用公文式学习法学习。

② 参见网文《美国华裔小朋友课后都忙些啥?》，http：//jypx. cnnb. com. cn/system/2011/08/11/007035840. shtml。

大学却完全放松下来！在中国，高考的压力太重，这样就形成中学时学生的压力很大，到了大学却放松下来，其实中学的学习不应太紧，到了大学才是真正学习钻研的开始，大学期间应该是多元化的学习，不仅是本专业的书，其他专业的知识也要涉猎。举个例子，现在很多学生喜欢读金融管理，过于功利，其实世界上很多高端的金融管理人才，在其他领域的学问，无论是科学上还是人文上都很不错，因此中国的学生要向他们学习。另一方面，中国的学生大多喜欢跟着导师的步伐，比较少自己的创造性，因此要多看一些书，增强自己的独创性。"① 这种现象的扭转不是一朝一夕的事，首先要从学校教育的源头即小学抓起，切切实实提升校园潜性教育的地位和功能，让课堂显性教育和课余潜性教育交叉、整合进行才能在提升学生知识的同时教会他们独立思考、主动自学、挖掘全面的潜力。

二、教学和实践相脱节

学校自身作为教育者对潜性教育都目标不明确、理念不清晰、方法不先进、地位不突出，当然，学生作为学习者对生活、社会自然的自我感悟往往也就无法做到自觉进行了，不自觉的自我感悟不能算作潜性教育有效的学习。什么叫潜性教育有效的学习呢？也就是说生活、社会实践的教育会产生两方面的影响：消极的和积极的。消极的影响可能会把一个人引向坏的方面、恶的方面；积极的影响可能会把一个人导向好的方面、善的方面。所谓"近墨者黑、近朱者赤"大抵就是指受外界影响而改变自己立场且内化为本身素养的意味。据专家研究发现，婴儿在满月时就已经具备基本的模仿力了，孩童时期的模仿力是最强的，因为孩童没有固定和成熟的价值观、世界观，所以主要是通过视听觉进行模仿学习的，孩童模仿的结果将会形成一定的身心素质，从而影响终身的思维方式和判断事物的视角，而且孩童时期形成的思维方式和判断事物的视角是比较固形化的，很难彻底扭转，幼儿园的孩子、小学生甚至初中生的主要学习能力就来自于模仿。而体验式、模仿式的自学正是潜性教育主要的学习手段，需要善良的引导才能决定潜性教育的有效效果。而学校的教育却丝毫起不到这样的引导效果，既不能发挥学生的学习能动性和积极性，又无法对学生做到潜性教育的引导作用，老师包括学校管理者仅仅在按教学计划和教学方案完成一年又一年重复性的课程讲授和额定考试内容。所以说，学校教育实际上

① 王燕：《外籍院士：中学压力大大学却放松，中国教育搞反了》，http://eneol. blog. edu. cn/2010/567021. html。

是教学方式、教学内容与学生成才、学生成人的实践相互严重脱节的。孩子是需要引导和点拨的，缺乏引导，所以自我的感悟性往往被蒙蔽着，自然感悟效果甚微或无效果。

（一）学习动机受损：学生在学校里究竟学的是什么呢？不用谈中小学学生，就是谈大学生吧，对专业课以及英语、计算机学习富于主动性是由于专业课是大学生将来吃饭的饭碗，不学、不精是不行的，除非对本专业一点兴趣也没有。英语、计算机作为现代社会竞争的基础性技能不学习和不掌握是不行的，起码多些英语、计算机方面的证书也便于就业。除此之外，其他作用不明显的课程都成为了聋子的耳朵、瞎子的眼睛，仅仅是个摆设，能通过各种各样的方法取得及格分数、拿到相应的学分对学生来说就 OK 了，究竟大家通过公选课、讲座课学到了什么很难判断。这种情况不仅仅发生在大学本科生中，在笔者与研究生的交流过程中也发现研究生对本专业的课程最用心、对选修课程基本也就是为了凑学分而选的，真正为了扩充知识面、提升自己的文化修养而去认真对待选修课的人非常少。可大学教育在今天仍然强调要加强选修课程群的建设，哲学、艺术欣赏、社会人类学、古诗词创作、文言文基础、心理学、性学、广告学等等人文学科的课程在大学是普遍的选修课程，事实上，对绝大多数选修学生来说，这些课程的学习往往是无聊就来听听、有事就坚决不来，上课时也是各干各的事、各行各的便，一学期学下来基本没有听到什么东西，不是老师不讲、不是老师讲得不精彩，也不是学生厌恶这些课，而是大学生还有别的、更大的兴趣——那就是抓紧时间背英语、学计算机或者完成专业课作业或者上网玩游戏、泡各种各样的吧，实在懒得动就蒙头在宿舍睡大觉。

中国缺乏创新性、开拓性人才的根源大致也在学校教育的方向性引导上，那就是这种引导较少关注考试之外的人生和生命成长。孩童时期的学习动机就是为了实现实际功利性目的，成人后进入大学，这样的学习动机就自然根深蒂固了，很难再去动摇它。生活实践往往并非迎合了大学生的学习动机，生活实践是要看一个人的综合能力和综合素质，接人待物、道德诚信、开拓精神、独创能力、应变性思维、实在的动手意识等等往往比专业水平更能决定一个人的成败，所以说学生学习动机的被扭曲、被损伤正是学校教学与生活实践严重脱节的恶果。学习动机是直接推动有机体活动以满足学习需要的内部状态，是学习行为的直接原因和内部动力。学习动机的指向和水平直接影响学习行为和学业成就，学习动机的有无与强度对学习的影响至关重要①。赵为民先生在调研中发现，如果把大学生的学习动机分为三个层次，那么纯粹为了追求个人物质利益的个体性较强的低程度动机的人数约占32％，具有一定的向上心理和某种社会道德责任感的中等程度动机的人数约占31％，与整个社会目标和前进方向相一致的高尚动机的人数约占37％②，这种三分天下的局面不是大学时造成的，而是在孩童时就埋下了种子。

教学必须建立在实践之上才能准确而有效，符合实践、对实践有指导意义的理论教学才可能是成功的。其实学校的作用就是要教育孩子成人，就是要尽快让孩子掌握生活的技巧、学会生存的本领、了解生命的价值，不仅能尽快使自己成为自食其力的生活强者，更要做一个有益于社会的人。中国人教育孩子，很少去单独培养孩子的独立性、观察能力、思考能力，更多的在于应试教育。就像一位网友说的："其实，所有的小孩都天赋异禀，真正的天才根本不需要去教，只需要顺应他们的自然本性。培根、牛顿这些人类的导师，从来没有过自己的导师。但是，我们发现他们取得的成就足以令世界瞩目。而中国的天才，百分之五十被教育毁了，百分之五十被家庭毁了，那些少得完全可以不参与计算的直接忽略掉的，是存活下来的天才。原子的质量都只算质子加中子，虽然电子确确实实有质量，但电子从来都是忽略不计。这就是毁掉的天才和存活的天才的数量关系。"柏海冰老师这么说自己："我自己不是什么天才，但是我从小到大收获到了最大限度的快乐，这比当天才更快乐。从小到大，因为父母工作的关系很少管我，而且他们也没有逼过我做一件事，没有刻意让我去做他们要求的事。我从小学到现在读的每一个学校，每一个班级，甚至我穿的衣服，都是我自己选择的。因为这样，我在4～5岁就已经独立成长了，那时候我便学会做自己喜欢吃的，做自己喜欢做的事情，看自己喜欢看的书，交自己想交往的朋友。在12～14岁，便独立远行，旅游了很多地方。虽然，这其中有一些曲折，不过总体来说，我很喜欢父母给我这样的放养……这个社会做人比学问更重要。"教育不能止于做学问、传知识，育人才是根本。

（二）逆反性学习心理强盛

逆反性学习心理是相对于认同性、服从性、崇拜性学习心理而言的，即表现出对权威、强势者、教育者的怀疑、抵制、反叛等不合作的心理状态。"老

---

① 李芳：《浅议大学生学习动机的培养》，《法制与社会》2007年第7期，第573页。
② 赵为民：《大学生学习动机的调查分析》，《青年研究》1994年第7期，第38～39页。

师"作为一个教育者身份在通常情况下对学生具有示范作用，学生由于对未知世界的好奇和渴望而对老师寄于厚望甚至对掌握着大量权威信息的老师表现出精神上的认同、服从和崇拜，正常的显性教育正是建立在这样的学习心理上得以实现的。人们服从权威的原因有两个：规范性的影响和信息源的影响。人们倾向于做别人做的事或者别人要求自己做的事情，从而使自己能被社会接受和承认。其次，如果在一个模糊的情境下——例如实验情境下——人们会相信其他人关于适当和正确行为方式的暗示，更会可能按照专家或者可靠的信息传达者告诉他们的方法做事情①。可现代社会出现的新情况导致学生表现出更强的逆反学习心理：教师本身的强制性教育方式让学生变成了随时可能爆炸的炸药包，当学生在高强度的学习压力下学习时，他们的神经是无比紧张的，精神的承受力由于生活经验的不足和世界观的不成熟往往显得更加脆弱，要想不让自己崩溃，他们就必须寻求到释放压力的突破口。由于这样的突破口不能明显的针对"师道尊严"的老师，所以他们可能会采取暗抵抗、软抵抗或者通过别的方式释放压力，学习的逆反心理就此产生而且会日积月累。

中国的中小学从小就教育孩子应该具有很高的道德素养和思想政治素质，因为在中国这样一个礼仪之邦，孩子十多年的教育背景一直处于强盛的德育语境中，学校、家庭、社会的成人、成才培育体制自始至终强行灌输着真、善、美的信念，一个学生不仅仅要学习好、身体好，更应该要品德好。理论上虽这样讲，可现实学习过程中却又是另一种景象：一切为了功利、为了考试的高压学习折磨得孩子们丧失了天性和童趣，"书中自有千钟粟，书中自有颜如玉"②的教育理念让孩子们陷入教育矛盾的迷糊中。现实家庭生活、现实社会生活很有可能表现出无德的一面，人与人之间的争执吵闹、相互倾轧、争名夺利等等一切的黑暗面逐渐让孩子们对学校灌输的理论开始产生质疑和反感，大话、空话、套话与现实情况的不相符合开始令孩子们更加转向眼见为实的场景，一切为了考试可能让孩子们幼小的心灵开始反感考试、惧怕考试并采用种种作弊方式以达到目的，孩子们对空洞说教和严酷的考试制度的逆反心理就此产生，并可能影响他的一生。学校教育本应当是立足孩子纯真天性基础之上的善意诱导，顺应他们的童趣并让生活实情来教会他们坚强和正确的价值观，事实上这

---

① 【美】理查德·格里格等著，王垒等译：《心理学与生活》，人民邮电出版社 2003 年版，第 529 页。

② 【清】佚名著，李捷译注：《增广贤文》，山西古籍出版社 1999 年版，第 41 页。

才是根本的教育方式，而这正是潜性教育需要跟显性教育进行调和的内生机制。我们的学校教育千百年来并没有发生本质上的变化，强制的灌输和空洞的泻语①与现实出入太大而让孩子们产生了强大的逆反心理，从而使孩子们以自己更为叛逆的方式来达到对这种被迫学习、无用考试的平衡和发泄。

三、潜性教育资源在锐减

学校潜性教育资源在功利时代的今天在明显缩小。潜性教育本是自然教育、生活教育、生命教育、感悟教育，但流经学校的演变已今非昔比，恰似"一泓清可沁诗脾，冷暖年来只自知。流行西湖载歌舞，回头不似在山时"②，这等光景表现在学校过盛的显性教育上，正是"流行西湖载歌舞"式的重视人类活动的强制教育，而中国古代原本重"行万里路、读万卷书"的潜性教育思想却开始逐渐退出了今天的教育体制。随着教育部一再要求缩短小学生在校学习时间、增加小学生课余活动时间，随着教育部一再强调要对中小学生减负，中小学特别是小学毫无疑问会锐减自己的教育时间和教育功能。其中能减少什么呢？不可能大幅度减少课堂时间和课堂教学计划吧？自然，课余的时间、课后的活动安排自然才是需要大幅度削减的对象。

社会在高速发展，孩子们似乎玩乐的东西多了，各种各样的新媒体给孩子们带来的诱惑必然会减少孩子们对传统游戏、传统亲师活动的关注和投入，这些新兴媒介带来的冲击将严重瓜分掉孩子们对学校普通课余生活的热情和兴趣，如玩掌上游戏、听 MP3、看 MP4、聊手机 QQ 等都会使学校潜性教育资源出现相对的锐减，即使有再多的课余生活、体育活动、游戏娱乐在等着孩子们，但孩子们又有多少兴趣放弃自己的新鲜玩意儿而投身普通的传统活动中去呢？另外，在校时间的缩短实际上不是让孩子们减负，而是让孩子们增加了负担，这种增加的负担主要来自家庭的额外安排和社会教育的过度引诱。父母会给孩子安排无穷无尽的课后学习，这种课余学习加快了孩子们的生活节奏、提高了孩子们的生活效率，当然也严重破坏了孩子们天然的潜性教育的生态体系。因为孩子们在像陀螺般的旋转中也渐渐丧失了自寻乐趣的精力和兴趣。

---

① 泻语：学校里的课堂教育、道德教育、思政教育等运用空洞的说教太盛，以致于空泛的学校教学话语犹如强大的、倾泻的瀑布，时时刻刻冲击着学生的耳膜、冲击着学生的大脑。

② 此为宋代诗人林稹的《冷泉亭》诗，出自【宋】谢枋得、【明】王相编注，王仁铭译注：《千家诗》，山西古籍出版社 1999 年版，第 61 页。译文为：冷泉亭下幽深清澈的泉水，喝下去可以渗入诗人的心脾，年去年来，或冷或暖，只有泉水自己知道。泉水流进西湖，载着歌舞的画舫，成了达官贵人寻欢作乐的恶浊之源，泉水回头一看，自己再也不像当初在深山里那样纯净清澈了。

"明天就要开学了，从这个学期起，每周三你们可以不用回家写作业了？高兴吗？①""不可能。""是真的。""那妈妈准会利用这时间给我补课，周六周日还补呢。我只盼着早点上大学，上了大学才会真的没作业。"以上是曹秀娟女士与一名小学三年级学生的对话。这样的对话在我们的生活中几乎随处都能听到，我们小学生的课余时间究竟属于谁、属于什么也就一目了然了。"我只盼着早点上大学，上了大学才会真的没作业"，多么令人心酸、令人无奈而感慨万千的话呀，这难道不是一个小孩子无助的内心话吗？所以今天的大学生又将承载着什么呢？承载着他们年幼时受过的心灵创伤在大学四年的学习生活中彻底地爆发。

一个人从小的才华未必就是其一生最辉煌的成就，一个人毕生的成就很可能在小时候是最不起眼的弱项。大文豪郭沫若在中学时代理科成绩还不错，但文科成绩却很一般，甚至有人认为少年时的郭沫若文学语言资质平平②；日本著名数学家冈洁博士在小学时代门门课皆优，唯独数学落伍③；人类伟大的科学家爱因斯坦（Albert Einstein）4 岁才会说话、7 岁方能写字，上学时甚至被老师认为脑子有问题④；创造出史努比形象的世界著名漫画家查尔斯·舒尔茨（Charles M. Schulz）在中小学时代因考试成绩太差而被认为是智力低下⑤；谁也无法从其儿童幼年时期的表现中看得出日后大有建树的生物学家查尔斯·罗伯特·达尔文（Charles Robert Darwin）和作家曲伊戈尔·斯特拉文斯基（Igor Feodorovich Stravinsky）⑥。张惠在其硕士论文中采用问卷调查的研究方法，选取呼和浩特市新城区的 7 所小学的 210 名小学高年级学生作为研究对象进行了深入的访谈，随后并访谈了部分教师和家长，发现小学高年级学生课余生活存在以下问题：1. 学生课余时间减少，课余生活被学业占据；2. 课余生活内容单调，课余活动缺乏实践性和集体性；3. 不健康的课余生活方式对学生的课

---

① 2009 年 2 月份开始，太原市教育局给省城小学生送了一份特殊"礼物"，决定从当年新学期开始，在全市小学全面推行"无作业日"制度。实行"无作业日"制度无疑是减轻小学生过重课业负担的一个突破口。参见曹秀娟：《"无作业日"小学生该干什么？》，http://news.qq.com/a/20090213/000280.htm。

② 严保林：《郭沫若的成绩单》，《文摘周刊》2006 年 7 月 3 日第 7 版。

③ 【日】松原达哉著，朱成浩译：《如何培养成绩优异的孩子——献给中小学生的父母》，科学普及出版社 1987 年版，第 2~3 页。

④ 赵德等：《"慢速"培养孩子》，《文摘周报》2006 年 5 月 23 日第 4 版。

⑤ 尹玉生：《五十年的坚守》，《教育文摘周报》2006 年 9 月 20 日第 10 版。

⑥ 【美】埃伦·温纳著，王振西等译：《天才儿童——科学培育儿童指南》，昆仑出版社 1998 年版，第 268 页。

余生活影响很大；4. 学校、家庭和社会各方对学生课余生活缺乏指导。通过对调查结果的分析，张惠认为小学高年级学生课余生活所出现问题的原因，主要有：1. 课余生活教育目标不明确，内容体系不完善；2. 社区公共设施投入不足，相关服务严重缺乏；3. 学校过于注重学生成绩，缺乏对学生课余生活的指导；4. 家庭教育以智能为中心，忽视对孩子的全面培养；5. 小学高年级学生缺乏自我管理能力，没有正确认识课余生活的作用①。另一项调查显示，学校在学生教育过程中通过布置作业的难度和量来技术性、巧妙性地达到占用或克扣学生课余时间不在少数，当然，这么做的目的不言而喻，即提高学生的应试水平：非周末和节假日的中小学生课余生活主要是以学习、做作业为主。根据教育部规定，小学 1～3 年级学生每天的作业量应在 30 分钟之内完成，4～6 年级在 60 分钟内完成，初中生在 90 分钟内完成。而此次调查发现，中小学生每天做作业的时间在 1 小时以下的仅占调查学生总数的 20.4%，1～2 小时的占 39.5%，2～3 小时的占 26.6%，3 小时以上的占 13.5%。67.9% 的学生认为教师给自己布置的作业较多。即使在"减负"呼声最高的时候，学校、教师给学生"减负"，家长也会给孩子"增负"。调查显示，在课余时间，64.8% 的父母经常给孩子布置额外的作业。在周末和节假日，45.2% 的学生参加了各种各样自己喜欢或不喜欢的特长班。59.4% 的学生参加了 1 个甚至 2 个以上的课外学习辅导班。也就是说几乎有 60% 的学生由于各方面的原因在课余时间还得继续"苦读"，44.3% 的学生对此深恶痛绝但又无可奈何②。由此可见，今日学校内甚至学校外潜性教育即无计划、无预案、无目的的自然性、随遇性教育的资源的确在急速减少，而不是加大。

第二节　社会潜性教育的现状

与学校潜性教育的现状相比，社会潜性教育的状况要活跃得多，而社会潜性教育资源异常丰富、潜性教育过程清晰完善、潜性教育效果相对显著是其表现出来的三大主要现状。其实，社会才是潜性教育行为最主要的平台和场所，社会潜性教育本就是潜性教育最重要的主体。社会并非为教育而存在，在社会

① 张惠学位论文：《小学高年级学生课余生活现状调查研究——以呼和浩特市新城区为例》，内蒙古师范大学，2011 年：摘要。

② 解腊梅，贾霞萍. 关于中小学生课余生活的调查研究 [J]. 教育理论与实践，2008（12）：47.

中所发生的绝大多数事件并非为了教育别人，它有多种多样的目的和动机，在社会性目的和动机的推动下，社会实践几乎就是自发或自觉演化的。商人的经商是为了赚钱、军人的坚强是为了保家卫国、农民的种地是为了收成、社交的礼仪是为了创造和谐的人际关系、政治家的谋术是为了获得权力、艺术家的创作是为了抒发感情或呈现审美对象、运动员的拼搏是为了展现自身的身体素质和能力，自然的山水是生物世界规律性变化的结果、人造景观更多的情况下也是为了表现人类的创造力，这一切与教育有关，但绝不是为了教育而生的，惟有教师职业才会终身以教育别人为己任。这也就是说社会实施的教育是无为之教、自然之教、实践之教、体验之教，即潜性教育。

一、社会潜性教育资源异常丰富

社会潜性教育资源遍布在我们生活和工作的方方面面，与校园这样一个比较局限的场阈相比，社会的范围更大、更加广阔，容纳的社会部类和社会关系也更加复杂，自然而然其潜性教育资源就更加丰富。社会中的点点滴滴都可以成为教育素材、教育媒介和施教者，它们主要是通过自然的实践演化来触动人的身体或心灵，而不是通过有目的、有意识的说教和灌输。当然，这样的潜性教育主要是建立在参与式体验基础之上得以实现，即受教育者亲身投入并成为教育环节和教育过程中的一分子，在生活和工作进程的自然演化中获得知识、感悟、能力，从而提升自身，而对于有心且感悟能力、自学能力强的人来说，不参与社会活动也能从一个旁观者的角度受到教育。如一个人在马路上看到一起车祸，现场的惨状不忍目睹，无心者见识后可能无动于衷，从中不能接受到教训；有心者可能会感觉这样的惨状就像发生在自己身上一样，有切肤之痛，那么他就会在心里暗暗告诫自己：行路小心、驾车小心，千万别像车祸中的主角一样，这样的潜性教育要远远比交通法规条例和交警的说教来得更加有效。大家都知道吸烟有害健康，社会的宣传和各类健康组织都在尽力劝说吸烟者戒烟，这样的口头说教、文字告诫收效甚微，据世界卫生组织调查统计，今天在全球仍然有 13 亿的烟民，全球每年有约 490 万人因吸烟死亡，其中东南亚就占了 110 万；中国的烟民约有 3.5 亿，每天约有 1.34 万人因吸烟死去。说教虽然直截了当，但因没有切身之痛，所以往往被烟瘾和懒散的习惯所消解掉。如果举行一个"烟毒"展览，将吸烟死亡者的肺、肝、肾、心、口腔等其他体内器官展示出来，让吸烟者去看看这些已作古的吸烟者体内的惨像，恐怕教育效果就会体现出来了，因为谁都不愿自己也变成那样，这种视觉上的直观冲击对人的心理打击和精神警醒可能会永远留在心中而起到很好的劝诫作用！这就是一种深入内心的潜性教育。

这里需要说明的是，社会潜性教育主要是指通过社会的自然运行、生活的自然演化而自发萌生出来的教育效果，它不是刻意为教育而发生的，却凸显出了潜性教育的自然性和随意性，即不是为了有目的的教育而产生的教育。这里不包含社会培训和职业教育机构，因为社会培训机构、职业教育机构仍然属于一种显性的教育，是有目的、有计划、有意识的为教育而进行的教育。当然，我们所说的社会潜性教育也不包括刻意的政治宣传、法律法令，这些仍然带有浓重的显性教育和强制命令特征，非教育目的或教育意味非常不明显的生活和工作事件才是我们这里讨论的社会潜性教育。

人是社会的动物，是由社会浸泡长大的，社会潜性教育就是一种浸泡教育，把人泡在里面，想逃都不可能。大量的社会信息汇聚成大染缸甚至大江河，人成了其中的鱼虾，离开了江河上了堤岸就要面临死亡。随着科技日新月异的发展，各种各样的社会信息以更加快捷、更加方便、更加准确的姿势包围着我们的视听、刺激着我们的感官、触动着我们的心灵，从而将我们浸泡在了强大的潜性教育氛围内，这是一个充分自学的社会，这是一个全面成才的时代，只要我们善于学习、善于接受、善于反思。电影电视、网络媒体、电话手机、报刊杂志、自由的舆论体制、各种各样的娱乐活动、千变万化的社会实践等等都在暗示或者明示着我们，而且是尊重我们身心特点、顺其自然的体验式教育，不用预习、不用做作业，也不用考试，我们还有什么理由屏蔽自己、封锁心灵而不积极顺应潮流地去投身社会、增加见识、感受生活、完善自身呢？社会潜性教育资源随时随地存在、随时随地在发生着作用，电影电视节目、课外书籍和课外阅读、家务劳动、与家人和亲戚朋友相处、与同年的伙伴一起做游戏、与父母和他人的口头交流、发生在身边的所见所闻、自然风光的怡情畅怀、高科技产品的接触使用、平时的生活环境和生活习惯等等都可以对人产生各种各样、多元多层的身心触动和情感领悟，其中许多的身心触动和情感领悟对人格的完善、人品的养成、人性的提升具有决定性的作用。

尽管社会是潜性教育资源最为集中的地方，但由于学生课余时间被学校、家庭及社会特长训练、额外课程教育所占据，所以学生们并没有充分的精力和时间去接受真正有益的社会潜性教育，甚至某些教育者和研究者还错误地认为应当有计划、有预设、有目标地去设计中小学生的课余时间和课余活动，这说明教育界本身尚没有真正意识到社会的潜性教育、尚没有意识到自由活动和自由环境本身就隐藏着更为本真的生命教育与自我教育：中小学生的课余时间越来越充裕，自主安排课余生活的意识也越来越强，但课余生活普遍缺乏明确的计划和正确的导向，部分中小学生无所事事或无所适从。调查发现，目前，除双休日、节假日外，学生每天可自由支配的时间（不包括上学、睡眠、吃饭、做作业等必须时间）在 1 ~ 2 小时的占学生总数的 32.5%，在 2 ~ 3 小时的占 31.2%，在 3 小时以上的占 19.4%。这说明随着素质教育和新课程改革的不断深入，中小学生累计在校时间逐渐缩短，课余时间大幅度增加，同时，中小学生自主支配课余时间的意识逐步增强。95.4% 的学生希望自己的课余时间由自己来安排。但是，有自主安排课余生活的意识并不等于学生有能力、会"有意义地"、"明智地"安排自己的课余生活。此次调查表明：目前，中小学生对课余时间的安排缺乏明确的计划性，随意性较强。在被调查的学生中，只有 15% 的学生"有自己的课余生活计划"，而大多数没有或时有时无。一有空闲，要么看电视（40.8%），要么上网（7.3%），要么听音乐（14.9%），要么和同学、朋友在一起（14.1%）……相当多的中小学生不知该怎样科学合理地安排自己的课余时间，浪费课余时间的现象较为突出①。既是课余时间，为何非要安排？以谁的标准来安排？看电视、上网、听音乐都存在净化心灵、美化意识、增强身心感受力的教育功能，为什么非要去明确地计划、有组织地安排？惟有在完全自由化的状体下，一个孩子的兴趣和特长才能得到充分体现，因为孩童有孩童的世界，成人并不真正了解，在孩童世界里，就应该增加他们自我随意性的发挥，间或性地给予成人的引导就可以了。著名的心理学家拉比·纳赫曼（Rabbi Nachmann）谈及儿童的课余生活时认为：家长不仅应该提供机会，而且还必须予以指导②。但指导只是见缝插针地予以适当的引导，而不是全面或全权设定好，预先全面设定好不叫"指导"，只能叫"包办"。既然是课余时间，用"浪费"一词来概括说明教育者对生活的直感教育并不信任，或者说还没有意识到生活潜性教育的存在，还试图用成人的权威性来左右和决策孩子自己的生命状态。

社会潜性教育是一种原生性教育，教育效果完全来自于受教者自身的领悟性和情感的自化性，人的身心有天然的趋利避害性，这种生命的天然能力使社会和生活潜性教育得以完成，古人云"观乎天文，以察时变；观乎人文，以

---

① 解腊梅等：《关于中小学生课余生活的调查研究》，《教育理论与实践》2008 年第 12 期，第 46 页。

② 【美】帕特里希娅·纳赫曼等著，杨百朋等译：《您与您的独生子女》中国人事出版社 1998 年版，第 177 ~ 184 页。

化成天下"①，先观时，再观空间。时间有变化，你观自然，你就能看到时间在变化。化，化是什么意思？我们经常说文化、美化，这个化是说已经成了一种习惯、一种风气。我举个简单例子，一个人挑担子，他开始挑得很不像，作为学生，从来没有挑过担子，挑上肩，让人一看，哎呀，很不自然，很不得体，他本人也显得吃力，很别扭。但作为农民，经常挑担子，习惯成自然了，就有一种优美、轻松、愉悦的感受，让人看起来很自然，这就是化。化什么？把自己与自然化二为一了。我们的社会，如果都讲文明，都讲礼貌，也就成为一种良好的社会风气了，历史学家常说的文化背景就是这样"化"成的②。所谓"天才"即受生活、自然之教，断不能接受庸人的教导，越教有时越变成蠢才。

二、潜性教育过程清晰完善

社会潜性教育不是为教育而存在的，它没有教育目的，可能也不带有教育意识，但其天生就凸显出了巨大的自然性、附加性教育功能，而且教育过程非常的完整而清晰，人无法回避。为什么说社会潜性教育过程清晰完善呢，不是它有意为之，恰恰是因为人是被浸泡在社会之中的，这种潜移默化的教育无时无刻不在对人产生着看不见、摸不着的影响，尽管从社会中接受学习的过程看不见、摸不着，但其感觉的成熟、技能的掌握、真理的获得、情感的变化、心灵的触动过程又是清晰完善的，因为人是有自我知觉、感受、记忆、总结和协调能力的。

深度的感知至今仍是谜，尽管西方关于感知过程的实验和数学公式不计其数，但知觉本身就是一个人观察世界、了解世界、掌握世界的基本媒介和能力，无论有没有人教，正常人知觉的成长过程都是清晰、自然且不断成熟的。如对于儿童有没有极限③概念的问题，瑞士心理学家让·皮亚杰（Jean Piaget）曾做过相关研究，认为极限概念在任何程度上都不依赖于儿童在学校里所获得的经验，而是必须等到适当的智慧发展阶段才出现；对于极限概念来说，儿童获得的年龄是相当晚的，大多儿童非要到 11 岁或 12 岁才能在某种程度上理解

---

① 语出《易经·贲卦》。殷旵：《易经的智慧》，中国华侨出版社 2005 年版，第 200～201 页。

② 殷旵：《易经的智慧》，中国华侨出版社 2005 年版，第 200～201 页。

③ 极限：limit，是分析数学中最基本、最重要的概念之一，它从数量上描述变量在无限变化过程中的变化趋势——终极状态。林泳海等：《5～9 岁儿童极限概念认知发展的实验研究》，《心理科学》2006 年第 2 期，第 319 页。毫无疑问，空间上的极限也可以归结为数量上的问题，如距离、大小、体量等。

"极限"概念①。中国学者通过实验得出如下的结论：5 岁中有 45% 的儿童是完全没有极限概念的，有 45% 的儿童处于水平Ⅱ，即极限概念的萌芽阶段，仅有 10% 的儿童处于水平Ⅲ，这可以说明这个年龄阶段的儿童还处于极限概念的初步萌芽阶段。6 岁 70% 的儿童处于水平Ⅲ，25% 的儿童处于水平Ⅱ，6 岁儿童处于有部分极限概念的阶段。7 岁，80% 儿童达到了水平Ⅲ，另外 20% 处于水平Ⅳ，这个年龄阶段儿童极限概念有了很好发展。9 岁，有一半儿童处于水平Ⅲ，另一半则处于水平Ⅳ，接近有了极限概念②。根据皮亚杰的说法，儿童的极限概念如果通过有意识的学校教育或课堂讲授是很难真正达到儿童成长过程中知觉成熟时的自然水平的，这不难理解，就像跟儿童讲解什么是"感动"一词一样，再深刻生动的语言介绍也不如儿童在日常生活中受伤后被妈妈搂在怀里抚慰时的情感满足，儿童一个人时受伤后常常能忍着不哭，一见到妈妈或被妈妈搂在怀里时就会"哇哇"哭出声来，这不仅仅是撒娇，更是一种情感上有了皈依感的感动。而根据中国学者的研究，5～9 岁儿童的极限概念基本是随着年龄的成长而缓慢成熟的。大多数人类知觉的成熟未必能通过学校训练、课堂教育实现，但肯定都是在日常生活中由生活本身、日常事物和生命经验培育而成的。

识记是人类接受潜性教育最为主要的过程通道。其中"识"包含对事物感觉、对事物辨别、调动思维组织、根据印象分类四大身心活动步骤；其中"记"包含与经验对照、对事物归纳、对事物储存、形成新的印象、概括为隐藏记忆五大身心活动步骤。"识""记"的过程不是自然地首尾衔接的，而是随着年龄的增长、经验的丰富、身心的完善而不断使两个过程出现更多的交叉和重叠部分。就像两条线段 A 和 B，让 A 和 B 的局部重叠从而使 A 处于 B 的延长线上、B 同样处于 A 的延长线上一样。识记需要通过眼睛、耳朵、鼻子、身体表皮等感觉器官采集外界事物的信息，从而将这些信息传入神经系统、流经大脑相应区域，并在大脑皮质上建立相应的信息符号或信息代码，这些信息符号和信息代码就是人脑中的记忆印象。记忆实际就是对输入大脑皮质的信息进行加工、编码、对照、分类、增减、归档、储存的过程，外界事物对感觉器官冲击越强烈，形成的信息脉冲就越强烈，对神经系统和大脑皮质的刺激就越

---

① 林泳海等：《5～9 岁儿童极限概念认知发展的实验研究》，《心理科学》2006 年第 2 期，第 319 页。

② 林泳海等：《5～9 岁儿童极限概念认知发展的实验研究》，《心理科学》2006 年第 2 期，第 320 页。

强烈，形成的记忆就越清晰、越持久。人类在日常生活中受教育的过程，实际上就是一种将新鲜信息与内隐记忆相对照后进行同类归档、强化印象或建立新档、创生印象的过程，其中回忆、再现、想象等一些心理活动、脑力活动、情感活动起了重要的作用。悟性高的人可能就是回忆能力强、想象能力强、再现和表现的能力强，归根结底是记性好，因为惟有记性好的人才能做到事理清晰、举一反三。记性就是记忆的性能、记忆的能力，记忆通常有三级信息加工模式，即瞬时记忆①、短时记忆②、长时记忆③。无论经过不经过学校的显性教育和培训，人类这些自然的身心规律对正常人来说都是存在的，而且都形成了重要的接受潜性教育的生物基础和生理手段，其学习的自觉性、准备性虽然并不凸显，但生命感性和理性认知提升的过程却是清晰而完整的。由生活和社会环境刺激产生的学习效果因为是自然放松状态下的完全接受，所以许多生活的记忆、生命的经验、身心的体会更加深刻和久远。

我们不能小看儿童的自我学习能力，即使在学习意识并非很强烈的日常生活状态下，儿童甚至婴儿都每时每刻在成长、在发育、在完善，从他们感觉能力的不断提升上我们可以有理由相信，生活和环境本身对儿童的刺激功能、培育功能、完善功能和潜教功能不可估量。1个月大的婴儿，其视觉能力可以达到眼睛会跟上一个缓慢移动的物体；2个月大的婴儿，双眼可以同时移动并且正确估计事物与自己的距离；3个月大的婴儿，有能力通过双眼和大脑辨识系统区分家庭中的不同成员。人类对深度的感觉至少从婴儿能够爬行的时候就开

---

① 瞬时记忆（Instantaneous memory）：就是指感觉到事物初期瞬间发生的记忆，所以也称为感觉记忆。如果人在感觉的瞬间不予注意，感觉捕捉到的信息很快便丧失，所以保持时间相当短。瞬时记忆的作用在于将环境刺激保持一定时间，以便身心能做出更进一步的信息处理。对于图像记忆来说大致保持时间为 0.25~1 秒，容量为 9~20 个 bit（项目）；声象记忆保持时间大约 2 秒，不长于 4 秒，容量为 5 个 bit（项目）。

② 短时记忆（Short－term memory）：简称 STM。亦称操作记忆、工作记忆或电话号码式记忆。实际就是将信息完整或局部一次性呈现后，在大脑中保持一段时间的记忆，通常来说短时记忆对信息的保持时间在 0.5~18 秒钟，不会超过 1 分钟。在这段时间内，大脑皮层要对新入信息进行比对，这种比对有三种方式：平行扫描、自动停止系列扫描、完全系列扫描。

③ 长时记忆（Long－term memory）——顾名思义，长时记忆就是对刺激信息经过比对后形成的记忆符号或记忆模块进行分区性的长久储存。长时记忆的时间最短会超过 1 分钟，长则可能达致终身。

始出现了。研究者将视崖装置①与生理指标（例：心跳频率）的测量结合起来，发现，将 2 个月的婴儿置于视崖深侧时，他们的心率比处于浅侧时的心率为低，说明他们能够从知觉上区分这种差异，也就是说 2 个月的婴儿已经具有深度知觉。谈到人类的味觉就更加神奇了，人类在母亲腹中时便已经有味觉能力了：味觉在怀孕第三个月开始积极活动，甜或苦的东西进入羊水中，胎儿会吞噬或做苦相，有时胎儿还会移动身体以躲避味道不好的东西或趋向味道好的东西，这都表明，胎儿有了味觉记忆，能够辨认各种不同的味道②。

　　人天生具有的这些能力是社会潜性教育得以产生巨大作用的身心理基础，由于潜性教育主要就是靠人的自悟性来发生的，所以研究人身心理的特征和状况及人对社会、对环境、对事物的感知规律，于我们更深刻了解社会潜性教育的实现过程至关重要。社会中的人不可避免地会带上浓重的社会属性、被烙上清晰的时代烙印全赖于人强大的自我感知能力、接受能力和记忆能力，你企图想摆脱这一切恐怕也毫无用处，社会潜性教育的功能不是强迫的却又是异常强大的，因为人的全身心都在自由状态下参与到了环境的变异之中，随生活激荡、随人生流淌、随生命飞扬，自由状态下的学习能力其实是最生动而巨大的，其在学习者心中由感觉到知识印象的过程清晰而完整。学校显性教育虽然也要依赖人自我的感知能力和身心感官，但学校的知识是强迫性灌输的知识，身心的主动往往受到了强制性的压抑，从而使学生处于感官高度紧张或相对情绪封闭下的一种学习，无论是紧张感、还是排斥感、还是人为故意的配合感，其实都会影响人的神经将信息从感觉到知识印象流转过程的顺畅性。关键问题，学校教育的知识绝大多数是枯燥无味的结论、约定俗成的理论，省却了事物精彩的演化过程、埋没了生命探索的新鲜过程，学生自然只能囫囵吞枣式地成为记忆的工具、应试的机器。

　　有人将家庭教育、学校教育分别称为第一环教育、第二环教育，所以也就

---

　　① 视崖装置：出自视崖实验（Visval Cliff Experiment）。视崖装置就是用来评估婴儿深度知觉的一种能够产生深度幻觉的平台式装置。视崖实验首先是由吉布森（Gibson）和沃克（Wolk）于 1960 年首创的，用来检测婴儿对深度环境的反应，该实验装置很简单，其中央有一个能容纳会爬婴儿爬行通过的平台，平台上边覆盖着厚玻璃供婴儿爬行。平台两边厚玻璃下铺着黑白相间的格子布料，一边布料与玻璃贴紧，形成"浅滩"，而另一边的布料与玻璃相隔数尺距离，形成了具有一定深度的"悬崖"。实验时，让婴儿的母亲先后站在"深"、"浅"两侧招呼孩子，诱导其从对面爬向母亲身边。婴儿一边爬一边会看到玻璃下的布料形成的"浅滩"和"悬崖"，从而会做出不同的反应。

　　② 参见网文《婴儿认知的发展》，
　　http://wenku.baidu.com/view/8b30aa69a45177232f60a219.html。

出现了以社会教育为核心的"第三环教育"。据中国发展战略学研究会介绍，第三环教育旨在通过第三方力量弥补学校教育及家庭教育的不足，经社会需求、学校教育以及家庭教育紧密结合在一起，对青少年心志成长模式给予科学、正确地引导，从根本上树立青少年的"社会求生"意识，带着更为明确和强大的生存欲望对知识进行主动和广泛的学习。第三环教育有三个任务：1. 为学生提供更具社会导向价值及高度实用性的知识教育；2. 帮助青少年学生建立起正确的、积极的、适应社会发展需求、适于个人生存的心志模式；3. 为社会提供真正的、具有严谨科学指导的青少年综合素质及心志模式拓展服务①。毫无疑问，第三环教育包括社会显性教育和社会潜性教育，而其理论中所提出的"社会求生"意识倒是一个值得关注的概念。人生活在社会中要经历这样那样的磨难，坚强者走过去乃至成为成功者，脆弱者走不过去乃至走向失败或死亡，人就是在与磨难作抗争中才成长和成熟起来的。成长过程就是一种教育过程，而且是一种"求生"过程，没有任何东西可以比"活下去"更重要、更艰难。家庭教育、学校教育、社会显性教育不过是为了教育而存在的活动，人在这样的氛围中相对更加简单、放松一些，而社会是充满漩涡的大海、布满地雷的战场，稍不留神就有可能在这样的大海中、战场上迷失自己、丢掉性命。所以，社会潜性教育其实就是一个人活下去的过程，是一个人成或败的过程，没有人对此敢漠不关心。

三、潜性教育效果相对显著

社会潜性教育的效果是显著的，因为它是一种全面的教育、深入的教育甚至会形成永恒的记忆。人是一种经验动物、记忆动物，人在面临新事物、旧事物时首先都会调动自己的经验和记忆来做出认知和判断，在外力强迫性学习中获得的知识往往并不牢靠，也形成不了特别深刻的印象，当外界环境发生变化时可能就忘了靠强记所获得的知识。所以学生在学校学知识往往只是为了应付考试去实行记忆，一旦考试结束就将知识完全还给书本或老师了，道理就在此。学习应当是一种主动性行为，被迫接受的知识不但不牢靠，也会造成时间和大脑能力的浪费。而社会潜性教育是一种浸泡教育、包围教育、重复教育、体验教育、领悟教育，从身心两方面用直观的方式让人形成强烈的烙印和持久的记忆，从这个意义上说，社会潜性教育是一种最为深刻的教育法，其教育效

---

① 参见网文《补上教育"第三环"，培养青少年"社会求生"意识》，http：//news3. xinhuanet. com/edu/2006 - 06/01/content_ 4632996. htm。

果也是最深刻的。人究竟如何感知社会，这类研究我们仍然不够，人是一种异常复杂的动物，如果需要用量权①指标来权衡一个人适应社会的综合能力，我们起码能找到八种商数：

（一）头脑：智力商数，简称"智商"（IQ，Intelligence Quotient）——智商代表着聪明才智，也代表着有创意，善于独立思考问题和解决问题。古今中外的天才型人物，如伟大的作家、科学家、军事家和发明家等都是高智商的人。

（二）心灵：情感商数，简称"情商"（EQ，Emotional Quotient）——情商是指一个人认识自我、控制情绪、激励自己以及处理人际关系、参与团队合作等相关的个人能力的总和。在高级管理者中，情商的重要性是智商重要性的九倍。古往今来，一切成功的领袖都无一例外的具有高情商，他们未必是最善于将兵的，但一定是最善于将将的。

（三）灵魂：精神商数，简称"灵商"（SQ，Spiritual Quotient）——灵商代表着价值观念。高灵商代表着正确的价值观念，能分辨是非，甄别真伪。那些没有正确价值观念指引，无法分辨是非黑白的人，其他方面的能力越强，对他人和社会的危害也就越大。如一个对钱财无比贪婪的人，其"灵商"不可能很高，因为在他看来为了获得更多的钱去出卖灵魂、忠贞或诚信是理所当然的、是他的为人之道，所以他的人生往往会被钱财控制，在钱财面前，一切是非对错、忠义廉耻对他来说都不再重要、都可以混为一谈。

（四）身体：行动商数，简称"行商"（PQ，Proceeding Quotient）——行动离不开身体。行动商数衡量你的主动行动能力。做出决定是否能马上行动，做出承诺是否付诸实施，学到知识后是否马上运用。该你做的事是否能去做，是否有自律能力。那个"讨论发言夸夸其谈，教育管理别人头头是道"② 的大

---

① 量权：出于《鬼谷子》，指度量的程度、数量的多少、权衡的大小。"古之善用天下者，必量天下之权，而揣诸侯之情。量权不审，不知强弱轻重之称；揣情不审，不知隐匿变化之动静。何谓量权？曰：度于大小，谋于众寡。"【战国】鬼谷子著，琮琼译注：《鬼谷子》，山西古籍出版社 1999 年版，第 83 页。

② 季宣：《大贪官胡长清临刑前曾忏悔，自析堕落三原因》，
http：//news. sina. com. cn/c/2003 - 01 - 28/1047890577. shtml。

贪官胡长清①就是一个行商及其稀薄的人。天下所有开会时坐在台上口若悬河、吐沫乱飞，散会后男盗女娼、贪污受贿的党政高官们无一不是行商类胡长清式的人。

（五）勇气：胆魄商数，简称"胆商"（DQ，Daring Quotient）——包括胆识、胆量、胆略的度量，体现了一种冒险精神。胆商高的人能够把握机会，该出手时就出手。无论是什么时代，没有敢于承担风险的胆略，任何时候都成不了气候。而大凡成功的商人、政客，都是具有非凡胆略和魄力的。如战国时的秦国丞相、《吕氏春秋》的编纂组织者、相传为中国第一个皇帝秦始皇生父的吕不韦就是一个胆商绝卓的人物。

（六）应激：逆境商数，简称"逆商"（DQ，Adversity Quotient）——当一个人面对逆境时的挫折承受能力与反逆境的能力，即面对外界刺激时的应对能力。逆商高者，从逆境中找最佳的问题解决方案；逆商低者，畏缩、恐惧并满腔怨言。往往，"时事造英雄"中的英雄、在"沉默中爆发"的爆发者都是逆商较高的人。中国春秋时期"苦身焦思，置胆于坐，坐卧即仰胆，饮食亦尝胆"②的越王勾践无疑便是逆商超群的典范。

（七）协调：平衡商数，简称"衡商"（BQ，Balance Quotient）——研究发现：21世纪情商的重要性是智商重要性的9倍。人的各种商数的培养还必须能自我平衡。很多人智商高，但情商极低，虽然很有能力，但得不到他人的认同，没有人喜欢和他相处或合作。有人智商和情商高，但灵商低，就会最终"聪明反被聪明误"。因此，能够平衡自身各种商数的人才能取得成功，平衡还包括平衡社会资源。绝大多数能在社会上或工作单位八面玲珑、左右逢源者往往是衡商过人的人。

（八）把控：控制商数，简称"控商"（CQ，Control Quotient）——控制商数，即对大局的掌握驾驭能力。只有大脑具备了立体网络思维，心中有全局才能体现出较强的控商，绝不能做了这件事、忘了那件事，全局意识、协调意

---

① 胡长清：原江西省副省长，省人大代表。经济上，胡长清贪得无厌，甚至不惜牺牲国家利益，大肆受贿索贿。其在担任国务院宗教事务局副局长、江西省省长助理及副省长期间，先后87次收受、索取他人财物，价值人民币544万余元，特别是在担任副省长期间，疯狂地进行权钱交易，平均每天受贿5000元，相当于江西一个农民两年的纯收入。2000年2月13日至14日，江西省南昌市中级人民法院开庭公开审理胡长清案并判其死刑。2000年3月8日，胡长清在南昌被执行死刑。胡长清是中国改革开放以来被处以极刑的首个副省级高官。

② 【汉】司马迁著，李史峰主编：《史记》，上海辞书出版社2006年版，第302页。此句即成语"卧薪尝胆"的出处。

识、胆略气魄强以及有一定权力的人总能很好地体现自己的控商①。新中国伟大的总理周恩来先生的一生就充分体现了他非同寻常的隐忍性、全局观、协作力即控商。

毫无疑问，学校教育主要培训的是学生的智商和一部分情商，而灵魂、身体、勇气、应激、协调、把控等能力的锻炼和学习仍然是要充分依赖社会潜性教育才能实现。社会潜性教育正是对这八大商数共同实施训练的教育，从而在人的身体内形成成熟、稳健、全面的立体式能力层次和能力体系，推动人走向全面发展的境地，所以这种全方位刺激形成的记忆自然就要比单方面生心理基础发挥的作用要深刻和巨大得多。这正是社会潜性教育的教育效果更加显著的内在基础。

从社会潜性教育方式上来说，如今的高科技社会所表现出来的强大的民意舆论和监督也充分体现了社会潜性教育效果是明显超越社会显性教育效果的，即民意舆论和监督的力量甚至已经超越了法律以及社会道德宣传的体系。2008年11月底，一位网友在论坛上发帖《我无意中捡到的某市公务员出国考察费用清单》，"晒"出了其中37张图片，全面曝光江西省新余市、浙江省温州市两个出国考察团的名单、行程、费用等。一时间，一石激起千层浪，网民热议，舆论哗然。强大的网络舆论最终导致了"考察门"事件的不断升级，广大网民强烈发出"查出真相、给民众一个交代"的声音，社会传统媒体随后纷纷跟进报道，在"民间舆论场"的强势推动下，新余和温州市委、市纪委高度重视，进行了果断的调查，最终严肃处理了相关责任人：新余市2名干部被免职、1名干部被停职；温州4名干部分别受到党内严重警告和党内警告的处分；两市的违规旅游经费全部由当事人负担，所有出访人员都作了深刻检查。同样在2008年，南京市江宁区房产局局长周久耕的腐败行径也是首先在网上曝光的，随后，纪检部门根据网上线索、按照有关规定和程序对周久耕进行调查，初步掌握了其涉嫌严重违纪的证据，并立即对他进行立案调查，最终将他撤职，此案被称为"人肉搜索反腐第一案"。另外，像陈冠希"艳照门"事件、浙江飙车撞人案、南京醉酒驾车撞人案、云南"躲猫猫"案、深圳海事局副局长林嘉祥猥亵幼女案、温州数十官员以"暂定价"购买拆迁安置房的"购房门"事件、内蒙古鄂尔多斯男子吴保全惊爆"公务员别墅区"案、

① 参见网文《反传统全才教育》，
http：//blog.163.com/gangyaoxiaoxue/blog/static/112751792200952411434192。

湖北省恩施州巴东县女服务员邓玉娇杀官案、河南灵宝跨省抓捕发帖人王帅案、贵州习水强奸幼女案，张家港官太太团出国事件、贫困县县委书记戴 52 万元名表事件、安徽阜阳农业银行女行长借款 3 亿背后疑涉腐败窝案、重庆铜梁要求小学生缴纳 9000 元教师节慰问金、陕西汉中洋县杀狗 2 万余只、陕西神木县 3 月 1 号实行"全民免费医疗"等事件都是通过网络而成为万众瞩目的热点事件的。民意舆论的监督并非是出于教育的目的，或者说民意舆论监督已经超越了教育本身，而成为了社会自我纠偏及构建健康社会不可或缺的重大工具，这个工具的使用仅仅是对一件社会事件的客观反映，舆论监督表现出来的过程也是一个社会事件动态的自然发展过程而已，但这个工具具有强大的社会学意义，而不仅仅是教育意义，换句话说，民意舆论是一个隐藏着潜性教育功能的社会管理工具，这个潜性教育功能是通过隐私暴露威慑力的预设而实现的。隐私暴露威慑力可以这样来解释：利用民意舆论或其他相关的方式手段来对社会群体起到威慑教育和行为规范的引导作用，其中威慑力来自于自己见不得人的隐私行为可能公布于天下而使自己颜面扫尽并成为众矢之的，所以为了不出现这种丧失尊严和名声的后果，那么最好不要做见不得人的勾当，从而使自己成为一个行为规范的人。民意舆论的教育意图和教育功能是潜藏或不明显的，而这种自然的社会实践活动对各种违纪违法的不道德行为所起到的惩戒和警醒效果显然是最有威力的，因为即使万能的钱对检察官和法官可以收买、对监狱可以收买、对刑警可以收买，对广大民众和普遍的民意可以收买吗？

对于我们的孩子来说，既然社会潜性教育效果如此显著，所以以增加孩子们社会性的自我教育对孩子们的成长自然是最重要的。其中又以孩子与孩子之间组成的童年社会①的教育最为深刻和持久，而这恰恰是今日社会最为缺乏的内容。在学校里，儿童受到学校、老师的规范和干预太过明显，所以学校里的儿童社会普遍受到教师们的成人观影响；而中国的计划生育政策致使绝大多数现当代家庭仅有一个孩子，顶多就两个孩子，这在中国大陆最为明显，丧失了兄弟姐妹的家庭基本也就丧失了家庭内的童年社会，孩子永远受制于、听命于父母；社区、村镇平日里专门为儿童开辟的娱乐场所、组织的娱乐活动也相当少，仅有每年一两次的儿童夏令营、儿童冬令营是儿童在社会中相对集中的机

---

① 童年社会：即以孩童为主要主体构成的社会群落，也就是儿童世界。如在幼儿园和小学里，孩子与孩子们之间的相处方式、观念冲突、行为模式、流行儿语等就构成了童年社会。出了学校，两个以上孩童集聚的时空就构成了童年社会。童年社会的行为方式有模仿成人社会的痕迹，但主要还是带有孩童行为自身的特点。

会，童年社会在这里或许气氛会浓烈一些。其实童年社会的潜性教育效果对孩子的成长至关重要，诚如日本著名教育家铃木镇一说过的"跟同学、朋友一起玩应该当作一种能力来培养"①。人类的许许多多能力、意识、精神、知识都是在跟伙伴们玩游戏的过程中获得的，这些经验和体验的获得将会决定人一生的成长。

① 【日】铃木镇一著，刘孟洲等译：《早期教育与能力培养》，河北人民出版社 1997 年版，第 51 ~ 52 页。

第四章

潜性教育化研究

——以民办教育的潜性化研究为例

潜性教育是一种教育理念、教育思想，这种教育理念和思想是可以推广、衍生的，也就是说动用社会资源、联合社会力量、启动非教育领域的成果来服务教育，其实就是一种潜性教育思想的贯彻落实；换句话说，将教育分为显性和潜性两种性质来进行分类研究和分类实践并重点发挥潜性功效的尝试是一种精神理念和思维模式，用这样的思维方式和理论思路来指导我们的一切教育活动如普通教学、特殊教学、社会培训、党政教育、职业培训等一定也是切实可行的，我们可以将这种精神理念贯彻于教育实践的做法和过程称为潜性教育化。可以拿目前中国开办学校的模式来实证我们的潜性教育化。相较于成熟而繁荣的公办学校来说，民办学校和社会办学的历史尚为短暂，所以民办教育的模式和影响仍然处于起步阶段，或者相对于比较成熟、已经树立品牌且引起了广大民众注意的公办学校来说，民办学校和社会教育基本上就是一种潜性化的教育。从民办学校和社会教育的社会影响、教育资源的吸收和运用、办学的支持环境、师资力量的整合、教育手段和教育方法的选择、学生生源的状态等几个方面来看，民办教育表现出了强大的潜藏性并仍然处于潜性化的地位。

第一节　什么是潜性教育化

潜性教育化的关键在于一个"化"字，即强调潜性教育思想和理念的推广、延伸、覆盖到其他事物，从哲学的角度讲就是潜性教育理念或哲学观渗融进其他事物从而让其他事物受到影响和产生变化的过程。潜性教育化其实就是潜性教育观的推广应用并让其他事物同样表现出潜性教育功能的运动过程。"化"字第一义便是"变；改"，如化险为夷；化悲痛为力量。《离骚》："伤灵修之数化。"王逸注："化，变也。""化"之第二义为"转移人心风俗"，如潜移默化。《礼记·学记》："就贤体远，足以动众，未足以化民。"第三义为"融解；消化"。第四义为"死"。第五义为"烧"，如火化。第六义是"化生"的意思，指化生之物。《礼记·乐记》："和，故百物皆化。"郑玄注："化犹生也。"又："鼓之以雷霆，奋之以风雨，动之以四时，暖之以日月，而百化兴焉。"第七义指"造化"，自然的功能。第八义为"表示转变成某种性质或状态"，如绿化；现代化。第九义指"风俗、风气"。第十义是"求讨；募化"。第十一义为姓氏①。权衡"化"字的十一重意思，我们潜性教育化的"化"字毫无疑问更加倾向于第二义之"转移人心风俗，如潜移默化"，表现在教育方面就是社会潜藏资源的一种转移性使用，或非教育资源潜在的教育性能得以呈现，即广博的社会资源转到教育界并为教育事业做贡献；另外我们潜性教育化的"化"字还取第八义"表示转变成某种性质或状态"的意思，即潜性教育观念和思想推广出去，触及到其他事物并转变其他事物的性质和状态的过程，使其他本来与教育没有关系的事物成为潜性教育资源或潜性教育活动本身的过程。当然，潜性教育化最为讲究的意思还在于取"化"之第六义，"化生"，从无中化生出潜性教育之本身或者其思想观念，转移潜性教育观念扩大潜性教育的影响，让社会、让其他事物转变或带上潜性教育的性质或者功能，一句话就是要扩大潜性教育思想观念的影响和作用范围，让潜性教育观成为全社会的共识和生活的固有部分，也让潜性教育真正成为教育大戏的实践和过程。

简而述之，潜性教育化，一是强调显性教育中潜性成分的挖掘和发挥；二是强调潜性教育观念的增强、潜性教育思想的明确；三强调非教育资源的教育化转变。潜性教育化，实为三"化"之内涵，归根结底是要加强和凸显我们的潜性教育！

在今天国际化竞争的背景下，除了日趋激烈的政治、军事、经济竞争外，文化、科技、教育、价值观念的竞争也已经愈演愈烈，经济霸权主义必然导致文化、教育霸权意识。我们的学校作为培养有中国特色社会主义事业建设者和接班人的重要阵地，在很多情况下也成为国外敌对势力争夺青年人才、争夺社会尖端人才的阵地。随着改革开放的进一步深入，大量迥异于中国传统文化的新思维、新理念、新信息传入中国，这把多元文化的双刃剑一方面可以扩大学生视野，一方面又将个人主义、实用主义、拜金主义、享乐主义等不健康的元素渗入学生的思想，使我们的青少年丧失掉社会责任感和民族使命感，导致整

---

① 辞海编辑委员会：《辞海》，上海辞书出版社 2002 年版，第 697 页。

体素质的下降。在我们的主流媒体和主流阵地之外，还存在着大量与主旋律不完全一致或者完全不一致的东西。思想文化阵地上马克思主义与非马克思主义、反马克思主义的斗争比过去更加复杂。在对马克思主义和中国传统文化历史无知加剧的情况下，又怎么能要求大学生对民族、对国家有所了解、有情感、有责任心并为之献身呢？除了加强教育和引导之外，实在有必要开拓学生培养的新思路、新观念、新方法，增强学生自身的认知力和判断力。显性教育固然有一定效果，但关键还在于激发学生自身的自学能力、感受度与生活经验、情感意识，让学生在自我生活和自我实践中对比体验、对比领悟，从而掌握和体会到对与错、美与丑、真与假的本质区别，这必须更多依靠潜性教育观的推广和辐射。

原本认为学校才是出品人才的机器和工厂，在相对简单的社会中，学校的这一责任和职责不可推卸而且任务完成得也比较出色。今天的社会复杂程度大大加剧，学校的教育培训职能、人才孵育功能更要加强，特别是颇有影响的公办学校更应当如此，承担起国家和社会教育排头兵的作用。但仅仅这样还不够，社会力量的全盘爆发、全盘参与教育事业、全盘推动人才战略的实施已经提上日程，这样学生在离开学校、参与生活实践时才能得到不间断、延续性、一致性的成人教育、终身教育，学生才能在生活中对学校教育的成果获得巩固和有效的验证。社会参与教育的方式多种多样，主要有办学校、办培训机构、投资教育、职业训练、教育咨询、成人化教育等等。总之，因为出资人是民间力量，所以我们可以将这样的教育形式和教育途径统称为民办教育。根据百度网上的解释，民办教育又名私立教育（private education），是指国家机构以外的社会组织或者个人，利用非国家财政性经费，面向社会举办学校及其他教育机构的活动①。这与我们的理解不谋而合。民办教育尚没有达到兴盛的地步，在今天的形势下来看民办教育仍然属于潜性和附属的，起码尚处在社会偏见和社会疑惑盛行的环境中。民办教育在绝大部分人看来，目前不过是对中国公办学校的补充，似乎揽钱、糊弄学生的嫌疑不容去除。据统计，2003 年全国各级各类民办学校（教育机构）共 7 万余所，在校生 1416 万人。其中，民办幼儿园 5.55 万所，在园儿童 480.23 万人；民办普通小学 5676 所，在校生 274.93 万人；民办普通初中 3651 所，在校生 256.57 万人；民办职业初中 54 所，在校生 2.28 万人；民办普通高中 2679 所，在校生 141.37 万人；民办中

---

① 参见网文《民办教育》，http://baike.baidu.com/view/265480.htm。

等职业学校 1377 所，在校生 79.31 万人；民办高等学校 175 所，在校生 81 万人；民办的其它高等教育机构 1104 所，注册学生 100.40 万人。另外，有培训机构 10631 个，参加培训人次 393.81 万。① 中国民办学校的绝对数量似乎不少，但在整个学校教育阵营中来说所占比例仍然是有限的，特别是社会影响、社会信誉、社会认可度往往都无法与一般的公办学校相较。民办高校的收费虽然高出一般高校相同专业两到三倍，但民办高校的录取分数线却始终与同类的公办院校相差一大截，关键问题还在于社会的认可度和信任度，也就是说能考上公办院校的学生就总会倾向于上一个公办院校，即使民办院校给出再好的优惠条件，也很难吸引到优秀的学生。基于这样的实际认识，民办教育可谓仍然是处于隐藏状态的潜性化教育。尽管民办学校实施的方式也是显性教育，但所处的社会处境却类似于被偏见隐盖、排斥的教育。

但民办教育的正在兴盛对构建整个社会潜性教育的氛围和体系是非常有益和有价值的。民办教育是今天社会参与教育的主要方式和端口，但我们以为学校教育与社会教育的接轨与合作最根本的还在于教育思想的统一和耦合，彼此对应、彼此补充、彼此验证，对我们青少年的教育就很容易产生持续的、一致的、完整的、配套的效果。潜性教育化可以分为学校的潜性教育化和社会的潜性教育化两块，学校的潜性教育化重点在于将显性教育资源逐步潜性化，社会的潜性教育化重点在于将社会非教育资源教育化。毫无疑问，今日的民办教育、民办学校特别是民办高校恰恰充分显示了潜性教育化的这两个方面。作为学校教育、课堂教育来说，民办高校是弱势的、受压抑的、摸索前进的，所以呈现相对的潜性化；作为社会非教育资源来说，民办高校又是生动活泼、广泛开辟和启动教育市场的生力军，是整合和发挥社会潜性教育力量最成功的典范。当然，中国目前的民办教育尚处于幼年期，与中国计划经济时代成就的公办教育相比还有根本性的差距，一方面需要依靠社会观念的转变，另一方面也需要民办教育自身严格要求自己、加强自己的内功、提升自己的信誉度，惟有如此，像欧美一样，民办和公办教育平分秋色的景象才有可能出现。

第二节　民办教育的潜性化特征

民办教育具有极大的潜性化特征，这种潜性特征如前所述，表现在它的教

---

① 参见网文《民办教育》，http://baike.baidu.com/view/265480.htm。

学效果、社会影响、地位声誉等都远不如相对成熟的国立教育或公办教育。国立教育常常以学校的形式对整个社会公开招生，而这种国立学校的出资人一般都是国家财政部或最高教育部门，建议筹划建立这类学校的单位通常也必定是中央政府内的核心对口部门而教育部应当是其主要的主管部门，教育部长甚至国家总理都有可能对该校的成立签署亲笔意见或姓名，如北京大学、清华大学、浙江大学、南京大学、东南大学、武汉大学、复旦大学、天津南开大学等，在历史上的某个时间之后至今都一直属于教育部直属大学，所以它们理应称得上是今天中国大学中的国立大学。公办教育的范围就要宽泛一些，许多大学并非教育部直属高校，它们属于国务院下属的其他部委，工信部、交通部、外交部、公安部等等部委通常都有隶属于自己的直属高校，这些高校可能是"211工程"中的一员、可能是一般性高校，但它们的经费依然是由国家财政或相关部门出资提供，起码主要的经费来源于相关部委或者财政部。另外，公办大学中尚有一个重要的阵营，那就是省、市成立的地方性高校，地方性高校的数量是所有大学中最多的，它们虽然属于地方院校，但通常在教育部都有备案或登记，只是它们主要的经费来源是省、市一级政府或相关国家机构。国立教育和公办教育比民办教育具有更加宽松的政策氛围、资金支持、社会声誉，他们是师范师资、社会生源都比较充足的教育单位，它们的稳定性、影响力、教育号召力仍然是民办教育根本不能比拟的。

我国民办院校发展的时间比较短，但是由于地区性差异以及经济水平、经济体制等方面存在的差异，所以我国民办院校的发展模式也出现多样化的特征。总结起来，根据各地区民办高校的发展基础和资金来源的差异，我国民办高校的发展模式主要由以学养学的民办高校，民办教育家和社会资金结合的民办高校，教育集团兴办的民办高校，股份制民办高校，政府资助的民办高校等五种模式。民办院校面临最大的挑战就是稳定性和持续发展的问题。据统计，从2005年开始，海口市民办中小学从103所减少到72所，民办学校学位占公办学校学位的比例也从原来的30%降低到19%。海南省教育厅相关工作负责人蔡道敬就曾表示，有的民办学校近年来基本没有增加投入，由于投入不足，学校办学条件难以得到改善，师资力量难以得到保障，而师资队伍的不稳定已成为阻碍民办学校招生的最大因素。事实上，资金投入不足是民办学校的问题、优秀师资缺乏是民办学校的问题、生源不足或者分流是民办学校的问题、管理混乱以及经营思路不明确是民办学校的问题、教育政策的偏离以及地方政府的冷漠是民办学校的问题，这些问题得不到很好的协调甚至解决，如何发展、何去何从将成为民办教育最重要的危机，如曾是"中国十佳民办院校"的振西学院，2004 年时就出现退学风波，现在已面临倒闭；北京高等秘书研修学院是 1993 年 7 月经北京市教委批准成立的，也是国内第一所致力于培养高级秘书、行政助理及相关专业应用型、复合型人才的民办高等院校，虽然这个学院表面上已经基本度过危机，但 2002 年的即将倒闭风波至今仍然是余波未平。我国民办高校在 1996 年达 1219 所，但在校生数参差不齐，一般来说当时的在校生数多在数百人之间，上千人的不多。从上个世纪 90 年代后期以来，总体上看，我国民办高校总数是平稳上升的，但调查机构对民办教育网和全国民办高等教育委员会于 2001 年发布的一份总数为 1134 家的全国民办教育机构名单的跟踪调查表明，如今已有超过半数的学校停办或无法查询，而其中有一百多家学校被其他社会机构兼并，现在仍然在正常运行的学校不到 300 家。1996 年 5 月 18 日，全国民办高等教育委员会第二次会员大会在北京钓鱼台国宾馆召开，这是 20 世纪中国民办高校的盛会，共有 400 多所民办高校出席了这次大会，而到 2002 年，当年与会的 400 多所民办高校仅存 40 所。中国民办院校的数量 2003 年比 2002 年又再次减少了 100 多所，其中尤以南洋教育集团的倒闭最为引人关注[1]。赫赫有名的山西南洋教育集团，曾经是中国民办教育的翘楚。最高峰时，在全国拥有 12 所幼儿园至高中一贯制学校，2003 年时总资产价值人民币 13 亿元，在 2004 年底被中国教育联合会授予惟一的"中国民办教育最佳品牌"。仅仅一年后，南洋教育集团即全面崩溃，2005 年入秋，到期的各校教育储备金无法兑现，从而引发全国南洋学校的挤兑——至年底，济南、青岛南洋学校停办，大同、洛阳等学校由各地政府接管，南洋集团董事长帅建伦以涉嫌集资诈骗罪被定为 A 级通缉犯并被抓捕。

从这些案例上来看，中国民办教育的潜性化不仅体现在社会声誉和社会影响力严重缺乏的潜藏性，也不仅仅面临资金投入、优秀师资、优秀生源不足的考验上，还包括民办教育的管理体制、管理机制和社会化培育的条件仍然令人担忧的方面。这三大现状正是中国民办教育一直以来都是潜藏在海底而无法浮上水面与公办教育平等对话的集中体现。当然，我们无法永远将视角投放在民办教育的遗憾上，按照潜性教育思想的指示，我们庆幸中国正在大力发展的民办教育事业，因为只有民办教育才真正集中体现了潜性教育理念，也只有民办教育才真正能够检测和验证潜性教育理论的准确性和生命力。从放眼未来的角

---

[1]　周国平等：《我国民办高校倒闭问题之思考》，《高等教育研究》2006 年第 5 期，第 47 页。

度去看，民办教育才是推动潜性教育思想深入社会、同化社会、促进社会的重要桥梁和切入口，大量的社会非教育力量包括企业、政府、文化机构、服务部门、人才、闲余资金、土地资源、工业资源、商业资源、科技资源正是通过国家鼓励和支持的民办教育、民办学校而渗透进教育领域的，从而为中国的教育事业注入了新鲜血液。拿黑龙江来说，目前，黑龙江共有民办高校 87 所，各类在校生 4.32 万人，已初步形成多形式、多渠道、多层次、多科类的办学网络，缓解了国家高等教育人才培养规模不足的矛盾，满足了群众接受高等教育的需要，并且涌现出一批有办学特色，得到社会认可的学校，如东亚大学的办学模式、华夏计算机专修学院的教育理念在国内均产生了相当的影响。但是一些民办高校在教育体制、办学条件、财务管理、办学行为等方面还存在着一些问题。为此，黑龙江提出，一方面，要明确分级审批、属地管理的体制，各地市政府要负起对本地民办高校的监督职能，严格把好三关：审批关、审计关、评估关，运用立法、资助、中介服务、政策引导、信息指导、督导评价等手段进行宏观管理；另一方面，民办高校也要加强内部管理，建立健全各类规章制度，要严格按照党和国家的教育方针办学，在培养人上下功夫。黑龙江还提出要从教育行政管理部门做起，转变观念，对民办学校做到一视同仁，只要符合国家有关法规，有利于增加教育投入，扩大教育规模，都要积极支持与鼓励。①

越来越多的人开始对民办教育给予关注并出谋划策，如王晓君在其学位论文中就对我国民办学校的法人地位确定及产权认定处理提出了自己的建议：我国民办教育呈现多元发展的特点，各级各类民办教育都有面向社会提供教育服务的共同特点，民办教育立法应将其中坚持公益性的民办教育活动涵盖其中。关于民办教育机构的法人组织形式。这是争论最多的问题，也是立法的重点和难点问题。本文在分析我国民办教育实践和国外相关惯例的基础上，提出有必要对我国法人制度进行法律创新和突破，创建新的法人组织形式——"学校法人"。作为公益法人，学校法人设董事会或其他形式的决策机构，可接受社会各界的资助，依法占有和处置校产，承担有关的民事责任，不以营利为目的，可以依法取得合理回报。民办教育机构可根据意思自治原则自主确定采取学校法人或企业法人的办学组织形式。关于民办学校的财产所有权。学校产权

---

① 郭萍：《不合格者出局：黑龙江规范民办高校管理》，《中国教育报》2006 年 8 月 2 日第 001版。

归属是举办者普遍关心和争议较大的问题，也是现行法律没有解决而留给民办教育立法必须解决的问题。针对民办学校的实际情况，本文认为民办学校的产权认定可有四种情况：一是举办者投入形成的校产，产权属举办者；二是国家投入的，产权属于国家；三是社会投入属于公益性捐赠性质的，产权属学校，学校终止时，这部分校产由管理部门用于发展社会公益事业；校产增值部分，其中法律规定允许举办者取得的合理回报部分归举办者，其余增值可视为办学积累所形成的校产归学校所有①。事实上，民办教育目前迟迟面临障碍的问题就在于，民办教育出资权和学校置留处理权的划分问题。民办教育究竟归谁所有，民办教育如何保证投资人的收益和公益属性的矛盾，如何区分民办教育的合理收益和不合理收益，如何分配民办教育合理收益，如何处置民办教育不合理收益，民办学校停办后该由谁来接管相关资产等这些基本问题没有得到法律化的认定和解决，民办教育是很难真正大面积、全方位登上历史舞台的，就更别说要跟公办教育平起平坐、分庭抗礼，如果不能走到这一步，中国教育垄断的现象就不会被打破、中国显性教育和应试教育一统江山的局面就不可能改变，民办教育就永远属于一种潜性教育：缺乏社会公信力和社会认可度。

第三节　民办教育开发了潜藏的师资力量

教师是学校之本、教育之魂，教师所体现出来的教化作用、引导作用、示范作用是一个学生成人成才的立足点，一个好的教师可以培育出一个好的学生，一个坏的教师可能会毁灭掉一帮学生，没有教师就没有学校，教师就是一个学校的顶梁柱。总体上说来，核心教师包括专业课的讲授老师以及学校党政思想的管理老师。民办学校同样如此，师资力量是其生命线。尽管公办学校特别是公办高校中聚拢了大量的学者、教授、科研专家以及大师级人物，但要跟民办高校相比，民办高校师资力量的组合更加生动活泼、精彩无比。大家知道，公办高校的教师特别是一些老教师通常都是所谓学院派，可能一辈子勤勤恳恳钻研学问，但毕竟局限在理论上的突破和创新，与实际差距有时相差较大，这样培养出来的学生尽管拥有较高的理论水平，但动手能力和实践素质的的确确不容乐观。

什么叫"学院派"呢？这是来自于艺术上的一个专用名词，起初特指绘

---

①　王晓君学位论文：《论中国民办教育的法律调整》，对外经济贸易大学，2002 年。

画上的写实主义之风，也指老式的写实主义训练方式。学院派绘画一般意义上泛指通过学院严格训练、师生相传、层层因袭而具有一种保守性质的绘画，作为美术史上的学院派，起源于16世纪的意大利，而后流行于欧洲，盛及到18、19世纪的各个美术学院。学院派在发展过程中比较集中凸显其意识与操作相违背特征的案例是17世纪，法国皇帝成立的皇家美术学院，也就是现在法兰西美术学院的前身。当时法国皇帝路易十四指派他的大臣科贝特（Jean - Baptiste Cobert）组建美术学院，在此之前的1648年，法国已经成立了皇家绘画和雕塑院，这样就有了两个学院：美术学院，绘画和雕塑院。1793年，皇帝说干脆合并得了，于是，两院就很快合并成了皇家美术学院，其实内部还是分为三个独立的院：绘画院、雕塑院、建筑院，但这一次的皇帝口谕还是把造型艺术和建筑设计首次合并了起来并统一在一个学院机制内。这个体制影响了法国艺术发展的方向，并且因为有一个标准的教育机构，也就逐步形成了比较标准化的教学方法、教学内容和相应的艺术风格。巴黎的皇家美术学院的学生是通过考试招进来的，直到1968年，法国政府教育部觉得建筑专业应该完全放在工科学院中，这个学院的建筑方才终止。所谓的"学院派"，实际上就是标准化、统一化甚至程式化，它是指理论研究和理论构建的做事方式和做事原则，理论的探索使一切都有可能发生，而大可不用考虑实际生活中的后果和成功率，所以他们也不用考虑绘画和建筑实际上分属于两套行事模式、两套行事组合。随着历史的进展，今日的学院派不再仅仅指艺术的问题，而已经成为一种哲学用词和生活用词，特指过分强调理论传习和理论研究并不考虑实际应用情况的人或事。

反映在教育上，学院派教育就是指严格按照正规的、科班式的师范培训模式培养人才的教育，教育者本身就是长期甚至终身浸泡在学校内、讲台上的教师、研究者和管理者，他们精通口传身授的技巧、他们精通某一门或某两门的专业理论、他们善于钻研教材和把控课堂气氛、他们习惯按照教纲和教学计划来推进自己的讲课任务、他们一般都讲正规的普通话、他们一般都有滔滔不绝的话题、他们一般精于将现实世界归纳总结为理论、他们一般对世界认知都有新点子和金点子、他们一般沉醉于书斋和自己的精神世界、他们一般都不太理会现实的残酷和压榨、他们一般拥有个性化甚至激进化的思想、他们一般也拥有巨大的忍耐力和甘于寂寞的能力、他们一般清高且不太迁就世俗的平庸和狡诈、他们一般比常人更能看透世界的本质，当然他们一般也较固执并享受着自我的且不为常人吃透的迂腐味道。

难道不是科班出身的人和事就不能成为教育者？就不能上讲台？就不能用于引导人才的成长？元代戏曲作家高明在其南戏《琵琶记》中有言："朝为田舍郎，暮登天子堂，将相本无种，男儿当自强"，想想田舍郎尚能登上天子堂，又岂不可登上学校的课堂和讲台吗？"将相本无种"，教师又岂能有种？难道谁天生就可以为师，谁又天生不可以为师呢？孔子说得好："三人行，必有吾师。"师资力量遍布整个社会，但许多足以充当老师的实践家、社会活动家、工人、农民、小商小贩却终身也没有机会进入大学的课堂，讲述自己的故事和经历，他们终身可能没有机会面对广大的青年，将自己的实践体验传授出去，因为他们是非学院派的，所以他们已经丧失了登上讲台的资历。越是成熟的、名声显赫的公办名校越是讲究教师的出身、学历、名头，从而白白抛弃和排斥了大量的社会潜性师资力量。社会潜性师资可能没有高学历、可能没有所谓的文化知识、可能没有流畅的口才、可能没有标准的普通话、可能不知道什么叫教材和教纲，但他们有真情实感、他们有充足的实践经验、他们有独到的人生体悟、他们有贴切生活的真知灼见、他们有经得起反复锤炼的人生心得、他们朴实而纯真、他们低调而深邃、他们散发着浓浓的人性、他们凝聚着坚强的人格，他们不但能给大学生尊重和厚爱，他们还能给大学生最实用的真理或者建议。这就是学校应当充分掌握和吸收的社会潜藏的师资力量。在国外，兼职教师制甚至已开始在制定中，因为他们的兼职教师越来越多：在美国的中学后教育机构中，大约有45%的教师是非终身制兼任教师，尽管这一比例在研究型大学中要低得多。在所有国家中，兼职教师的数量都已随着入学人数的增加而增加①。

三江学院②理事长、党委书记陈万年教授就曾多次谈过："三江学院能有今天这样的成绩，与充分发挥公办高校退休教师和兼职教师的作用是分不开

---

① 【美】马丁·特罗等：《从大众高等教育到普及高等教育》，《北京大学教育评论》2003 年第 4 期，第 8 页。

② 三江学院：三江学院地处"六朝古都"——历史文化名城南京，是经国家教育部批准的省属普通本科高校，是江苏省首家民办本科普通高校，也是全国最早的四所民办本科高校之一。1992 年，南京大学、东南大学等高校的一批退休教授和管理人员发起并创办三江大学，1993 年 6 月江苏省政府同意三江大学筹建并试招生，1995 年 4 月由原国家教委批准正式建校，1999 年学校定址于南京市雨花台区铁心桥，2002 年 2 月经国家教育部批准升格为本科高校，定名为三江学院。原南京工学院院长钱钟韩教授出任首任董事长，著名美籍华裔社会活动家、美国国际合作委员会主席陈香梅女士任名誉董事长，原南京大学校长匡亚明教授出任名誉校长，并亲笔题写了"唯实求真、开拓创新"的校训，东南大学陶永德教授担任首任校长。2006 年 5 月通过江苏省学士学位授予权评审。2007 年 5 月三江学院作为全国首家民办本科高校接受了教育部普通高等学校本科教学工作水平评估，2008 年 3 月以良好的成绩通过教育部普通高等学校本科教学工作水平评估。

的。"陈万年书记表示无论公办高校退休教师还是社会上的兼职教师，他们都经验丰富、认真负责、为人师表、教学效果好、学术造诣深，绝大部分都有高级职称，而且在工资待遇上从不讲究，正是他们才撑起了三江学院这片天。在三江学院，曾有一段历史时期，退休教师和外聘教师比例一直占到80%左右，最近几年才陆续招聘了一批年轻的专职教师。但是，随着时间的推移、学院的发展、竞争的加剧以及公办高校纷纷举办民办二级学院，师资队伍建设的迫切性、重要性前所未有地摆了出来。管理队伍也是一样，干部老化、青黄不接，不利于学校的规范管理和提高水平。于是，三江学院在师资和管理队伍建设方面，正在积极探索和正在采取的措施有：一是较大幅度地增加工资，以增加吸引力和在人才市场上的竞争力；二是妥善处理老教师的"二次退休"问题，凡为三江作过贡献的，学校都不会忘记；三是提出"三江传人办三江"的口号，凡1902年清朝两江总督张之洞先生创办的"三江师范学堂"衍生的院校，都是学院的亲戚，凡三江传人皆为学院之师、皆为学院之友，这样集"师"广益，赢得众多名牌高校及其校友的支援；四是注意聘请有实践经验的专家和双师型人才来院担任教师，这对培养学生的实干能力很有利；五是真正做到以人为本，采取一系列措施，留人先留心，尽可能帮助教职工解除后顾之忧，最大限度地发挥教职工的积极性、主动性和创造性。总之，三江学院正在努力从过去的人事管理、师资管理准备过渡到人力资源管理，并努力提高人力资源管理的水平。

公办高校更有实力和条件招募社会潜藏的师资力量，遗憾的是，要想取得公办高校的讲课资格是非常困难的，除了一般的教师资格规定外，公办高校特别是一些上规模的公办高校往往已经形成了成熟的教育体制和授课模式，师资的引进和调配有一套严格的程序，当然除了非常有名气的社会资源，学校可能会特殊办理，否则，没有普遍社会影响力的人物根本无法登上这些学校的讲台。当然，不能说公办院校没有意识到潜性教育的能量，它们在这方面也做了一些工作，如金庸先生曾受聘于浙江大学人文学院院长、赵本山被聘为国防科技大学客座教授并为学生讲思想教育课、成龙接受北京大学的邀请而担任北大影视编导课程的"特聘教授"、周星驰担任西南民族大学艺术学院客座教授、中国人民大学商学院的兼职教授张铁林还接受了暨南大学艺术学院院长的聘书、曾志伟受聘为海南师范学院客座教授及艺术学院名誉院长等等，但这些行为往往过于形式化，不过是学校对社会名声资源形式上的借用一下而已，有没有从实质上起到真正教育学生、帮助学生、服务学生的作用也不得而知。公办高校可能在社会名声资源的搜集上做了一些表面文章，恐怕顶多就是间或安排一些名人讲座，以此来活跃一下校园氛围而已，有没有真正尊重和利用社会更为广泛的潜性师资力量需要进一步探讨。民办学院固然没有那样的实力来聘请到大名头的演艺明星、文化名人为自己做宣传，但如果能实实在在聘请一些社会上小有成就的成功人士、工作生活在某些领域第一线的实践家和探索者任自己的兼职教师，并承担一些专业课的长期讲授，倒是更加有效和可行的。民办院校的影响力和实力相对较弱、师资力量一段时间来说还比较欠缺、在社会上的态势也比较谦逊卑微，这三类弱项恰恰也是自己的优势，那就是实实在在地可以聘请到更为广泛的社会教育力量加入到自己实际的教学工作中来，可能更能将社会潜在的师资力量挖掘和调动并利用起来，社会资源的这样一种联合使用不仅可以维持民办教育深入发展下去，也可能会给学生带来更广阔、更实际、更亲密的实践基地、锻炼机会。从节省教育成本和争取教育效果的角度来说，民办教育应当具有更加成熟的条件来大量使用和整合社会潜藏的师资力量。理由有四：

（1）民办教育的发展历史不长，算得上刚起步，所以没有太多的历史负担和课程设置上的传统束缚，可以从一开始就轻装上阵、认真规划、确定好自己的教育定位和教育资源运行机制。公办教育往往很难推翻历史，从头来过。

（2）民办教育的创办者绝大多数本就是社会力量，大型公司集团、民营企业、实业家往往是最为重要的民办教育、民办学校的创办者，这些创办者通常成为学校的法人代表，且具有充分的领导权和决定权，所以在学校运行机制上更加灵活和容易调整，只要思路正确，实行起来要简便得多。而民办教育的创办者通常都有比较广阔的社会关系和比较成熟的资本运作途径，他们对社会充分了解且富有感情，所以他们邀请社会力量、社会资源参与自己的教育事业会相对容易而且准确。

（3）民办教育可以是营利的也可以是非营利的，关于这一点，2002年12月28日，第九届全国人民代表大会常务委员会第三十一次会议通过的《中华人民共和国民办教育促进法》可以做出佐证，该法对几次审议最具争议的民办教育能否营利问题首次给出规定："民办学校在扣除办学成本、预留发展基金以及按照国家有关规定提取其他的必需的费用后，出资人可以从办学结余中取得合理回报。"所谓"合理回报"其实就是一种权宜性质的营利观。所以，近些年的民办教育越来越多呈现营利性。学校除了硬件设施的建设之外，最大的消耗就是老师及管理者的人工工资、福利奖金等，民办学校要想实现营利目的，或者不会陷入资金危机的话，只能广泛或者部分动用社会师资力量即聘用兼职教授、兼职老师来承担一部分的课程，从而通过课时费的支付方式为自己省下更多的供养固定职工的费用。

（4）民办教育不但是出新的教育，还应该是出奇的教育，即不要遵循一般的公办教育的思路走下去。现在的公办高校极力追求沿着复合型、研究型方向发展，渐渐丧失了自身的原有特长，而趋向专业教育上的雷同化，导致了大学生就业竞争上更大的困难。民办高校要避开这种恶性循环，出新出奇，坚持走自己的特殊发展道路，从开设的专业到教育的定位到发展的思路设定都要力求办出特色、办出专长、办出个性。如三江学院自办学伊始，就把目光锁定在培养人才市场急需的专业和应用型人才上，专业数已由开始时的 4 个，逐步增加到现在的 31 个，无一不经过认真细致的市场调研。在培养目标的定位上，三江学院综合市场、生源、师资和设备等各方面的因素，一开始就提出以培养高素质的应用型、实用型人才为目标。应用型、实用型人才培养的定位就非常不同凡响，加上是高素质的人才限定，又使三江学院区别于了一般的职业教育。接下来的关键就是要突出和培育几个拳头专业、特色专业、潜力专业，真正树立起学院的品牌。这恐怕还需要面向整个社会的资源去寻找定位、寻找关系、寻找突破口，其中最关键的就是寻求到一个稳定、可靠、充满希望的社会潜性师资群，有了师资就会有研究成果，就会有生源、就会有教育市场。

第四节　民办教育开发了潜藏的学生生源

民办教育如果仅仅说是国办教育的补充并不完整，因为民办教育大有与国办教育并驾齐驱、相互对照的前景，特别在欧美等市场经济非常发达的国家来说，民办教育更加是有声有色，早有盖过国办教育的势头。

美国民办学校（小学、中学、大学）占全部学校总数的 70%，美国私立中小学是美国教育体系的重要组成部分，在全美有近 25% 的中小学校是私立的，同时它又代表了这个国家的多样性，每年大约有 10% 的中小学生进入私立学校。除了中小学，美国的高等院校中也是私立院校占据着最引人注目的地位，哈佛大学（Harvard University）、普林斯顿大学（Princeton University）、耶鲁大学（Yale University）、斯坦福大学（Stanford University）、麻省理工学院（Massachusetts Institute of Technology，缩写：MIT）、杜克大学（Duke University）、加州理工学院（California Institute of Technology）等无一不是响誉全球的一流名校，可以这样说，美国就是一个不折不扣的私立大学最为成功的国度。美国的私立大学可以区分为营利性大学和非营利性大学，在数量上，营利性大学仅占到7%。当然，民办教育、私立大学不是美国的专利，世界上私立大学几乎遍布全球各地，越是发达国家越是集中，且都是赫赫有名的大学。英国的白金汉大学（The University of Buckingham）、英国摄政学院（Regent's College）；德国的柏林 E. A. P. 欧洲经济大学（E. A. P. Europaeische Wirtschaft-shochschule Berlin）、布赫萨尔国际大学（International University Bruchsal）、德国电讯公司帝堡专业大学（Deutsche Telekom Fachhochschule Dieburg）、多特蒙德国际管理学校（ISM – International School of Management Dortmund）、爱希思代特天主教大学（Katholische Universitaet Eichstaett）、埃尔姆斯荷尔姆北方学院（Nordakademie, Elmshorn）；法国的高级商业研究学院（HEC）、里昂管理学院（EM LYON）、兰斯高等管理学院（REIMS MANAGEMENT SCHOOL）、艾塞克高等经济商业学院（ESSEC）；新加坡的东亚管理学院（EASB）、新加坡物流管理学院（SIMM）、新加坡管理发展学院（MDIS）、国际设计与科技学院（ISDT）；韩国的延世大学、高丽大学、韩国外国语大学、汉阳大学、檀国大学、东国大学、建国大学；日本的旭川大学、札幌大学、东北女子大学、早稻田大学、富士大学、日本工业大学、冲绳大学、冲绳国际大学、麻布大学、神奈川大学等等都是享有声誉的私立大学。

事实上，无论从教育市场的角度还是从人才培养的角度来说，民营教育对此都做出了有益的探索。如中国的新东方学校在俞敏洪的带领下成功地在美国纳斯达克（National Association of Securities Dealers Automated Quotations）上市，从而引起了世人的关注。新东方教育科技集团（EDU）在美国纽约股票交易所开始交易时开盘价为22美元，比发行价15美元高出7美元，涨幅达46.66%，新东方校长俞敏洪在新东方上市后将拥有公司31.18%的股权（4400万股），按每股存托凭证相当于4股普通股计算，俞敏洪的身家已高达2.42亿美元。这让众多民办教育机构看到了另一种生路，即民办教育企业可以这样玩，这也就是说，一个真正上好的民办学校依然是可以通过金融渠道获取到更多的发展资金和储备资金的。这是头脑经济、知识经济在教育上的成功体现。除却强大的社会资金吸收力之外，民办教育在中国仍要注重自我特色专业的发展，勿须随大流走综合性发展之路，发展拳头、抓住特色、区别发展应该是民办学校今后在专业开设和发展上的有效定位，诚如国外著名的民办教育没有一个不是走的自我特色发展之道：如圣母大学（University of Notre Dame）

就是以法学院和商学院闻名全美、罗彻斯特大学（University of Rochester）音乐和光学在美国享有盛誉、白金汉大学的商科和英文专业冠盖英伦、乌尔苏拉会学院（Ursuline College）就是美国的名牌女子大学（根据《美国新闻与世界报道》排名，乌尔苏拉会学院被列为全美中西部顶尖高等学府）、凯特林大学（Kettering University）以工业和制造业工程学专业独步美洲、哈佛大学的商学院更是享誉全球、斯坦福大学的商学院与哈佛齐名、肯代尔艺术设计学院（Kendall College of Art Design）是美国著名家具设计师的摇篮。相较于这些世界知名私立学院的的发展定位，中国民办教育的失败就在于求大求全，最终一无是处。

当然，我们不得不承认，国内民办教育最成功的地方在于开发了这个社会潜藏的学生生源，缓解了公办院校的招生压力，也缓解了中国全民性高等教育扩招与有限招生计划的矛盾。

一、人人都可以上大学

人人都可以上大学，这不是梦想，美国的高等教育普及化程度是相当高的，当然如果有人不是大学生，不外乎两种情况：实在没有能力（包括本身智力上和外在经济条件上存在制约）上大学，另一种情况就是不想再读而自动退学。1995 年，美国在校学生人数约为 6500 万人，其中私立学校学生人数为 880 万人，约占 12%；高等院校学生人数为 1400 万人，其中私立大学学生人数为 300 万人，约占 20%。由此我们可以看到美国的私立学校尤其是私立高等学校在美国学校中占有重要地位①。中国的人口最多，但高等教育的普及率仍然是非常低。上海市教委副主任张民选认为，与发达国家相比，中国的大学生不是多了，而是太少。即便是上海这样的国内一线发达城市，10 万人口中，仅 4000 名大学生；一般发达国家每 10 万人口中，大学生要达到 6000 人以上。美国等发达国家，大学生占总人口比例则高达 30%。高等教育的普及化会不会降低高等教育的水平和质量呢？这个很有可能发生在中国的事件并没有发生在欧美国家。事实上，"高等教育的欧洲模式——德国、法国、英国及其他国家——反映出其精英根源和社会结构的精英功能。虽然在朝着大众入学方向发展，高中教育系统所表现出来的全部特征都是帮助学生为进入大学而作

---

① 高时庆：《从美国私校的发展看我国的民办教育》，http://www.eol.cn/20010829/209619.shtml。

好准备。"① 2004～2005 学年，我国一万居民中有高等教育在校生 154 人，瑞士有 278 人，而美国早在 20 年前就已超过 500 人了，2004～2005 学年约 590 人，是瑞士的 2 倍，将近中国 4 倍。欧美国家的高等教育普及率如今平均在 30%～40%，日本更是高达 50%～60%，香港正在突破 40% 大关，而中国内地的大学毛入学率大概就在 16%～20%②。这就是说，与欧美国家的大学生普及率相比，中国相对的潜在大学生源不是不足，而是足足有余，起码普及率还是比较低。也有学者认为中国民办高校的前途不容乐观。《中国青年报》刊载了著名教育专家熊丙奇（微博）先生的专访，就生源危机对我国高等教育的冲击进行了深入讨论。文中指出了民办高校面临着迫在眉睫的危机：生源枯竭！下一步，就是破产解散。对此，熊丙奇先生表示："我不能不表示痛心疾首！如果说，我们建立了成熟的高等教育市场，有了充分自由的竞争环境，那么民办高校的生生死死完全是正常现象，我也没必要如此杞人忧天。然而，我们的民办高校处在怎样的生存环境呢？一方面国家没有一分钱的扶持，税收优惠大打折扣，另一方面还要求别人不以营利为目的，在各种公办高校大肆贷款圈地建楼的时候，民办高校恨不得将一分钱分成两半花，通过精打细算艰难度日！现在，生源危机来了，由于缺乏成熟的市场竞争环境，民办高校再怎么努力，也难度此关，只剩下关门解散一途。这样的局面，对谁有利，对谁有害呢？对公办高校有利，对管公办高校的行政部门有利，对民办高校有害，对广大的学生和家长有害，更对整个中国的高等教育事业有害！对中国的社会经济进步有害！"③ 根据下面的几组数据，熊先生的判断基本是准确的。

自 2005 年至 2011 年，我国参加高考的总人数逐年依次为 867 万、880 万、1010 万、1050 万、1020 万、957 万、933 万，用图示可以表示如下：

---

① 【美】马丁·特罗等：《从大众高等教育到普及高等教育》，《北京大学教育评论》2003 年第 4 期，第 9 页。

② 周谊：《瑞士教育的特色》，《教育与职业》，2006 年第 19 期，第 88～89 页。

③ 张恒亮：《民校脱离生源危机，需公平竞争而非政府扶持》，http://edu.163.com/11/0824/17/7C85BF7D00294JD8.html。

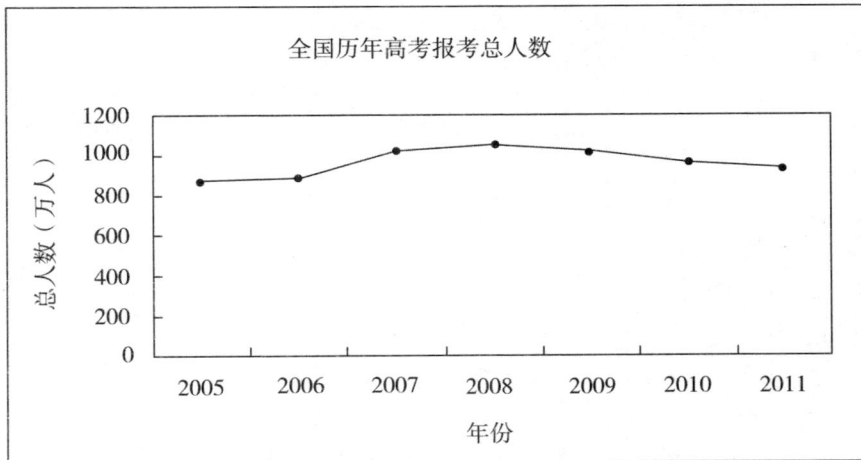

全国历年高考报考总人数

图4-1　参加高考总人数示例图

数据来源：以上数据来自对各大门户网的统计。

从2005年至2008年，全国高考总人数是逐年上升的，2009年首次出现下跌情况，比2008年减少30万人，2010年又比2009年减少63万人，2011年再比2010年减少24万人，2012年的高考人数为921万，比2011年的933万再降12万人。但这些年的高考录取率是什么样的呢？我们经过统计研究发现高考录取率前三年是逐年上升的，而2008年下跌教大，2009年略有回升，我们可以用图4-2表示：

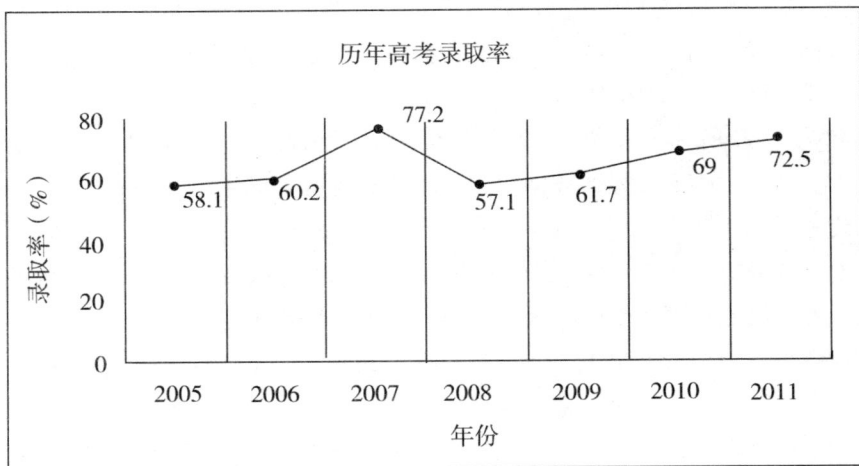

历年高考录取率

图4-2　高考录取率示意图

数据来源：以上数据来自各大门户网的统计。

那么从高考落榜生的绝对数量上来说，我们就可以直观地发现社会民办教育每年潜在的生源情况。我们能够用图4-3来表示：

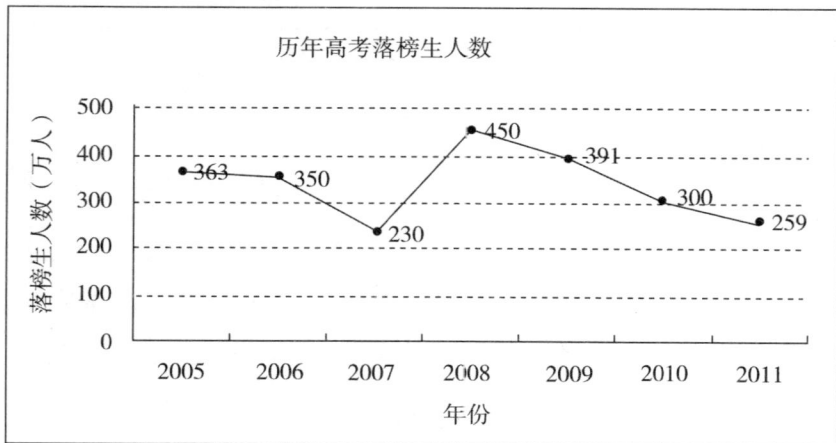

历年高考落榜生人数

图4-3 高考落榜生人数示例图

数据来源：以上数据来自各大门户网的统计。

根据图4-3，我们发现2008年因报考总人数激增导致落榜生人数也激增，随后2009至2011年落榜生的人数虽然逐年下降，那是由于报考总人数与2008年前比有了提升，录取率又增加了，但落榜的绝对人数还是不算少，这些人依然是不可忽视的潜在生源。这样一个巨大的人数足以支撑一个庞大的教育市场。如果平均每所民办院校或技术培训学校一年录取2000人，这么多的高考落榜生能支撑起的民办院校或技术培训学校分别是2005年为1815所、2006年为1750所、2007年为1150所、2008年为2250所、2009年为1955所、2010年为1500所、2011年为1295所。这样一组数据是非常惊人的，事实上，截止2011年5月23日统计数据，中国所拥有且得到国家承认的独立设置的民办高校也不过只有386所，其中本科院校仅为78所，独立设置的民办本科学院仅占总数的20.2%，相对公办高校来说，数量之少、比率之低，一目了然。由此可见，民办教育的上升空间和急需发展的局势不容置疑。

教育是一种社会公平事业，也是一项公共服务，不仅仅要求义务教育、基础教育要讲究平等、民主，即使高等教育也应该要追求全民普及，这是促进全民素质的重要环节，当然，不上大学不表示就成不了才，但起码作为一项全民公平事业，每个人都应当有选择接受高等教育的权利，但我们的考试制度、录取体制却将相当多的人拦在了高校的大门外，他们不是不想学，而是一纸分数已经剥夺了他们继续深造的权利。我们一边高喊素质教育、终身教育，一边又以某些人的标准答案剥夺了另外一些人继续接受教育的机会，这样的做法自然也是为了体现某一种公平：考试的公平！但从长远来说并不利于整个民族素质的整体提高，因为，大量的落榜生只好潜入社会寻求出路，当然很快也就将中小学学到的知识还给了学校、还给了老师，待他们总算在风风雨雨的煎熬中成熟后，生命也已失去了最佳的学习时间。寄希望于国办高校来接受下这每年数百万的高考落榜生是不现实的，于是这个艰巨的任务就只有指望民办教育来承担。但不是说所有的民办高校都必须收留下有意愿的落榜生，而是说社会其他方面的职业化培训、技能化培训、素质化培训等是否跟上了社会形势的发展，是否具备了成就每个想学习、想成才的公民的愿望呢？读到高中毕业算是荒废了不少的青春，如果再让这些高中毕业生去学传统手艺如瓦匠、木匠、漆匠恐怕会让家长和学子有些不甘，那么我们现代化的职业教育机构、职业化培训机构、技能型学习场所如今的状况又是怎样的呢？如果整个社会或我们社会上的职业化教育不能承担起有效的职业培训，我们的民办高校是不是应该主动定位于这样一个角度和立场实实在在地为社会和我们广大的青少年服务和提供机会呢？起码我们的民办高校是不是也可以不排除我们的职业化教育和培训呢？我们以为，民办高校不需要在专业上面面俱到、盲目追求，一窝蜂地跟着公办高校跑。认真定位好自己的特色，根据社会的实际需要、面向青少年的兴趣喜好，在技术专长上、在个性专业上下功夫，以综合素质的培养为宗旨、以办出自我的特色为目标、以社会实际的需要为依据、以学生天然的兴趣为基础才有可能使民办高等教育绝处逢生、冲出包围、长足发展。

二、特殊人才的特殊教育

民办教育要办、民办高校要办，但问题是怎么办、办成什么样，这才是社会各界需要认真考虑的关键。生源不缺，可能资金也不缺，但缺心眼倒是中国民办高校的通病。什么叫"缺心眼"？就是缺办学思路。民办高校一上马通常就要立志办出什么样什么样的品牌，这个理念是正确的，但往往总是将自己定位在多学科、综合型民办院校，这基本就已经输了。人才不是千篇一律的，要培养综合型人才恐怕还轮不到中国的民办院校，因为雷同的中国公办高校已经占据了培养综合性人才的主要阵地，所有的公办大学都在试图往综合性、研究性的高端上发展，所有传统学科在一般的普通公办院校基本都能找到，而众多的新兴学科、交叉学科还在层出不穷地出现。无论是正常学科的科研能力、教学水平、教学管理，民办院校显然暂时是根本无法与公办院校抗衡的。所以民办院校可以打破常规，进行一些特殊人才的特殊教育恐怕倒可以冲出一条血路、打出一片江山。传统的大学不是唯一能出人才的地方，传统的大学教育也不是唯一能创造人才的教育，好多人才具有天生的特殊才能，他们未必要通过大学教育也能建功立业，这些主要就是依赖潜性教育、私人教育、自我教育而得以实现的。如山东省莱州市西由镇后邓村村民翟延举从没上个大学，却以自己的兴趣、努力和自学，带领团队自主研发出了玉米新种"金海1号"至"金海5号"，其中"金海5号"以亩产1146.74公斤的好成绩创下世界夏玉米高产纪录。凭此优异成绩，2009年1月9日，48岁的翟延举登上了北京人民大会堂的领奖台，从温家宝总理手中接过了国家科技进步奖证书。爱迪生、牛顿（Newton）、华罗庚等大科学家都没有上过大学，而英国著名的物理学家、化学家迈克尔·法拉第（Michael Faraday）也仅仅上过小学。不是说上大学是唯一出路，不是说只有上大学才能成为人才，其实每个人都是天才，就在于是否发现并充分挖掘出了其潜藏的天分。民办教育可不可以轻装上阵，以挖掘和培植人的天分和兴趣为主要目标呢？

民办高校在中国历史上早有雏形。如果将中国历史推溯一个世纪以上，我们发现当时中国的教育主要是私塾教育，而大量的人才正是通过私塾走出来的。这是中国当时的现实，如今的中国积极向历史学习，也开始出现私塾了，私人创办，收费不低，倒也有不错的市场。今日的"现代私塾"，一般说来，学生没有固定作业、不用特定的考试，学生也没有年级之分且不用上体育课，但有可能学习中国的传统武术或气功什么的，四书五经、中国传统文化仍然是学生们学习的主要课程；基本上，现代的私塾学堂都没有获得教育部门的审批，这里的老师要么是大学里的退休教授、要么就是虽没有教师资格证却精通中国古现代文化的学者，学生没有学籍，但依然有家长愿意花费高额学费把孩子送给他们培养。武汉有"今日学堂"、湖南有"浏阳学堂"、北京郊区也曾同时并存过十数家私人学堂、东莞有"现代孔子学堂"、厦门等地也相继出现过私塾类的学堂，尽管这些学堂相继被迫停办或正在接受社会各界的议论或商讨，但我们不可否认这样一种民间的教育方式曾经影响过中国漫长的历史。毛泽东主席主要也是接受的私塾教育，而中国历史上绝大部分的读书人或秀才、举人、进士主要接受的都是私塾教育。也就是说，能不能成才第一要看有没有一个好的引导，第二个还要看学习者自身的悟性和天分，再好的书呆子也成不了才，成才的也未必就一定要上大学。比尔·盖茨（Bill Gates）大学没毕业就申请退学了，高尔基（Горький）、沈从文、拉里·艾尔森（Larry Ellison）

（世界第四富，美国"甲骨文"公司总裁）等人也没上过学、诺贝尔（Nobel）到了八岁才上学，并且只读了一年书，就再也没有进过学校。钱穆，中学没毕业，就回家乡教小学，而后教中学和大学，清华、北大、燕京等大学都教过；山东大学哲学教授钱大钧（周易协会会长）文革后直接到大学做教授，之前没有高等学历。台湾著名企业大亨、演说家陈茂榜①从没上过中学和大学，但他的演讲常常能折服所有的听众，他常说：一个人的成功，取决于每天晚上8：00 到10：00 之间，因为他在年轻时曾在一个书店打工，每天到晚上8：00才休工，随后他就花两小时如饥似渴地读书，在书店工作了8 年，他读了8 年书。著名作家海岩、莫言、郑渊洁等都是小学毕业，另一个作家张海迪也没上过一天学。打台球的丁俊晖，没上过学，等他打成了世界冠军，甚至有著名大学希望能吸收他为免考大学生。我们不是说上大学没有用，只是想表达人才的真正内涵，人才与学历的高低没有必然关系，他表现出来的社会价值才是判断他是否人才最根本也最为实在的依据。诚如企业家陈茂榜所言："学历固然有用的，但更有用的是真才实学。"人才的范围是多方面的，对于特殊人才的特殊才能要懂得诱导和发展它，如果非要用什么理论试卷的考试去限制它、修改它、抹平它，那不是创造人才，那是扼杀人性！除了社会生活的潜性教育之外，民办教育、民办学校可否认真考虑一些特殊的创办和发展思路，将同类的特殊人才招进学校进行这些方面的专业性特训，例如武术学校、健身学校、烹饪学校、驾驶学校、软件开发学校、数学建模学校、擒拿格斗学校、化妆学校、艺术学校、礼仪学校、古文化学校、建筑设计学校等，按照高考生、社会青年、高考落榜生的兴趣和爱好进行专业挖掘和培育，将这些人沿着自身的特长和兴趣发展，变成真正有用的国家栋梁。这不是技校，因为同专业的技校可能仅仅是围绕这些专业技能而展开的单一培训，从而将学生培养成完全去操作机器和工具的技师。民办学院需要围绕这些操作性专业开设一些相应的理论学习，旨在提高学习者的素质、完善学习者的综合能力，英语、国语、历史、哲学、艺术学等人文学科的知识也需要配套性地开设，从而让学生在数年学习中开辟视野、开拓思路、全面综合地发展。但他们自身特殊才能和兴趣的挖掘、

---

　　①　陈茂榜——中国台湾台北人。年轻时在台北文明画书店当学徒兼打一些零工。后来创办东正堂电器行，历任声宝电器股份有限公司、新力电器股份有限公司、东正堂开发投资股份有限公司董事长，历任台北市议会、台湾省议会议员，并任台湾区电工器材公会理事长，是声宝关系企业的重要核心人物。现在他的企业已在台湾岛内拥有4 大工厂、5 大公司、70 家服务站、500 余家经销商。早在1983 年，陈茂榜的总资产就已达到119 亿元新台币。

引导和培育仍是教学的重点，只是绝不放弃对他们其他人文素养、身心素质学科的同步教育，这样培养出来的人才才是独特且具有强大的社会竞争优势的专项人才，而可能比公办院校的毕业生具有更大的市场和生存力。

　　三江学院校长董新华教授指出，民办高校招生录取时要尽量满足考生的专业志愿，注重培养和提升学生的综合素质，努力创办人民最满意的高校，不断提升毕业生的就业层次，为地方的经济建设发展做贡献。如该校电子信息工程学院就以科研带动教学、积极开展横向和纵向课题研究、探索产学研结合的新途径，与企业实行"三联合"（联合申报课题，联合指导生产实习、毕业设计，联合开展科研）。当然，民办教育针对特殊人才展开特殊教育具有现成的条件、没有历史的束缚，又可以绕开公办学校对自己的威胁和阻碍，同时还开发了社会潜藏生源并为国家提供了特殊性、行业性的人才，所以是值得认真研究和尝试的。

　　当然，今日民办教育遭遇到的尴尬未必是办学者和教师们的不努力、不懂行，实在需要社会各界特别是政府行政部门的支持。学业规划与升学决策研究专家张恒亮对此如是说："如何挽救民办高校于危机之中？有人说政府应该给它们更多的扶持！我说，它所缺的并不是所谓的扶持政策，而是自由公平的市场环境！这环境并不仅仅指高等教育市场，还包含了社会经济的市场环境。只有当社会经济对人才的考察和任用真正着眼于其素质和能力而非学校背景等外在因素时，学生及家庭在选择学校时才会真正理性起来，民办高校也才真正具备了发展壮大的机会和环境。既然我们的目标是建立社会主义市场经济，既然我们需要的是教育事业与社会经济的良性互动，从而实现人人成才，人尽其才。那么，我们有什么理由拒绝改革呢？"[1] 什么改革？我们以为这种改革不仅仅是民办教育自身的反思和壮大性改革，不仅仅是我们建立公平市场经济体制的改革，不仅仅是我们口水仗式的改革，还需要我们的行政体制、行政作风、行政意识的改革。中国的行政定位和行政功能不真正发生转变、中国行政过度指挥和决策教育的模式不真正改革，中国现有教育模式和教育局势的改革永远只是隔靴搔痒、流于形式，毁掉的绝不是中国的为官者，而是中国的教育者和受教育者。

---

　　① 张恒亮：《民校脱离生源危机，需公平竞争而非政府扶持》，http：//edu. 163. com/11/0824/17/7C85BF7D00294JD8. html。

三、教育是一种生命的可能

教育是一种生命的可能，从这个角度来说，我们提倡潜性教育、潜性化教育以及民办教育的潜性化。民办教育从潜性教育化的角度来说，不仅仅是为了让没有机会上学或只有一种选择（即只能上公办学校）的孩子有更多抒发自我、表现自我、挖掘自我的可能，更是为了让孩子和高考落榜生更加自由、更加完善地释放出自己的生命、充分表现出生命的各种潜能。

秘鲁（The Republic of Peru, La República del Perú）这个国家有一个成年男孩的礼仪，就是男孩到了 16 岁，一定要到 8 米高的悬崖上，没有任何保护地跳下来，你敢跳下来就说明你成人了。爱斯基摩（Eskimo）人说少女成人有两条，你必须独自去驯服一条驯鹿，或者跨过一个冰原，说明你才能在那里生存。这些就是生命潜能的表现，一切的语言描述都是苍白的，甚至是不可靠的，秘鲁和爱斯基摩人的这种风俗传统就是充分利用了潜性教育的原理培养自己后辈的。这两个地方的教育方式很值得我们去思考和讨论，一个人是不是人才，真的不在乎他获得了多少的理论知识和获得了多高的学历，关键还在乎他是否理解了生活和生命的真谛，是否能在最危急的情况下表现出足够的沉稳和成熟的状态并让生命潜能帮助自己度过最危险的环境。秘鲁和爱斯基摩人教育青少年的方式在今天的中国也有人在效仿，中国反传统教育狂人吴永京在儿子吴尉民初三刚毕业时就将儿子一个人丢在上海，让他一个人靠自己的力量赚钱打工并返回四川老家，尽管儿子在经历了十多天的露宿街头、打工为生后最后由上海救助站转送到成都救助站，但吴尉民从此也多了一份自立自强、成熟稳重，也明白了人生的责任、生活的艰辛……吴永京称自己创立的这种教育法叫"野猪教育"。许多教育者对此大批特批[①]，说所谓的"野猪教育"不尊重人性、不顾人的尊严、对受教者过分刻薄等等。但话又说回来，"野猪教育"非今日所创，非吴永京开创，秘鲁和爱斯基摩人的教育方式其实就是"野猪教育"的雏形，环境越恶劣、世道越艰难，人就越要坚强和沉稳、人就越要经受各种各样的磨砺，否则就无法真正存活或成功。这个世道总体来说是太平的，但人与人之间的竞争还是无处不在的，要想真正保护好自己、发展好自己，没有一技之长、没有经受打击的耐抗力是无法把持住自己的。吴永京的"野猪教育"尽管似乎不近人情，但对没有背景、没有人脉、没有钱财的受教

---

① 参见网文《"戒尺"风未了，又闻"野猪林"》，http://news.sohu.com/20100621/n272952866.shtml 和馨兰：《盲目"野猪教育"，逼疯脆弱少年》，《好家长》2011 年第 19 期。

者来说，也不失一种直面生存的坎坷、直面人生的苦难、直面世道的冷漠和炎凉的锻炼方法。在"拼爹"盛行的世道，没有爹拼怎么办？就只好拼命了：意志坚定、吃苦耐劳地自我奋斗！

教育是为了实现生命的可能，而不是为了适应一种制度、应付一种主义，无论制度允许不允许、同意不同意，如果生命没有被得到正视、生命没有得到自由而符合规律的表现，这样的教育就是失败的。所以不拘一格降人才的关键还在于不拘一格实施科学的教育。公办教育履行了传递知识和理论的承诺，生命符合规律的呈现和生命符合规律的张扬是另一副重担，我们以为目前恐怕只能由民办教育来挑起这副重担！起码民办教育不能按照公办教育的方式来操作。

《发现》杂志社社长陈贵曾表示，不管是民办还是国办，我们要培养对国家有用的人才，这是我们办学的唯一宗旨，如果我们培养的人没用，还成为社会的负担，不管你是国立还是民办都没有意义。所以我想作为民办学校的使命感就更重要，因为你生产的是人，它和你生产的产品不行就召回、检修不一样，因为只要把孩子培养这几年过去了就没机会了。陈贵的意思是从民办学校的使命和任务上去说的，提醒民办学校不要误人子弟，要真真切切培养出对社会有用的人才。我们进一步来说，什么叫对社会有用的人才？我们以为应当是能够无私奉献自己生命潜能，并在这种奉献中让社会感觉到了其价值且奉献者感觉到无比快乐的人。民办教育应当将这样的目标作为自己的教育使命。人才对社会的贡献多种多样，人才和贡献是不能用一定的模式和一种答案来考量的，所以民办教育应当更加开放、活泼、生动一些，应当带有更加浓厚的生活性、实践性和人性。如中国现在就没有什么像样的女子学校，由于身心理特征上的差距，女子和男子的学习过程和学习方式是不太一样的，且社会对待女子的要求往往也别具一格，特别在非常讲究东方神韵的中国来说，社会对女子的要求有自己的民族特色，如温柔大方、贤良孝顺、仪态得体、相夫教子、通晓古代传统文化知识又自强自重、自立自爱，这样的要求是非常高的，专业的女子教育其实就是一种生命教育、醒世教育、人格教育、实践教育。但女子教育并非无人问津，特别在国外就有这样一种注重女子教育的潮流。女子教育在国外绝大多数就是由民间教育承办的。如美国有 84 所女子学院、日本有 93 所女子学院、韩国一个梨花女子学院就有两万多女生，而中国这样具有特色又独具生命意味的教育却相对非常落后，稍有名气的仅有长沙竞男女子专修学院，院长是陈竞男教授。民办教育要想办出特色就必须要从尊重人的生命、呈现人的生命、完善人的生命出发，将教育理念与潜在的生命潜能相融合，才能真正做到区别于公办学校、富有前景又创造出有用人才！

有人对中国和美国的教育做了一个比较，颇为引人注意：中国的国立大学全部都奔着"研究型大学"去了，突然发现专业类人士没人教了，所有的大学生毕业以后什么都干不了。在大学中教的都是交叉学科和基础学科，我们发现民办教育正好可以填补这一个空白，但现在民办教育又令人不放心，这可能是摆在民办教育面前的一个非常重要的问题。如何让我们的毕业生就业？如何让企业相信民办教育给他们培养出了合格的工人？我们企业现在非常需要怎样的人才和工人？工人并不是一个贬义词，他可以拥有特殊的技能，也可以拿到非常高的薪水，他可以是白领工人甚至金领工人，而不再是出卖劳力的简单劳动者，再先进的企业都需要技术和人品都很出众、简单劳动和复杂劳动都能从事的工人，这种现代化的工人却没有人培养。布什（Bush）总统回到耶鲁大学演讲，有人开他玩笑："布什总统，你原来在学校学习差得不得了，你怎么好意思回到学校发表演说呢？"布什说："我恭喜那些学生非常好的师兄师姐，同时我也很高兴地看到学习不好的人都当总统了。"中国的专业工人为何缺乏，是由于理论与实践的严重脱节，布什的例子说明什么问题，说明学校成绩和工作能力是两个概念，没有内在逻辑关系。中国教育太强调"研究型"教育了，而美国恰恰相反，他们更加注重生命意义的表现和实践能力的培训：由于大量学生的 SAT 成绩①都快到了顶，再看分数录取就已经意义不大了，高分只是进名校的一个必要条件，但不是充分条件。在高分之外，必须有其他的课外业绩。于是，美国的中学生们在学期中努力提高自己的学术能力，漫长的夏季则成了他们创造自己课外业绩的繁忙季节。著名的考试补习公司"普林斯顿评论"还出版了一本《青少年过暑假 500 种最佳方式》，告诉学生暑假是为上大学打基础的关键时刻。下面几个案例可以告诉我们什么是生命教育：

克莱顿是一个科罗拉多州的高中生。她的 SAT 拿了 1540 分，几乎到顶。

---

① SAT：是英文 Scholastic Assessment Test 的缩写，中文名称为学术能力评估考试，是由总部位于美国新泽西州普林斯顿市的美国教育考试服务中心（Educational Testing Service，简称 ETS）举办的。SAT 成绩是世界各国高中生申请美国名校学习及奖学金的重要参考。目前，如果高中生要申请美国的顶尖大学，除了要提供 TOEFL 这样的语言能力考试成绩以外，90% 的学校要求参考学生的 SAT 成绩，因为它是美国大学所能够得到的唯一可以比较来自不同地区和学校学生能力的成绩。所以我们可以近似地把 SAT 理解为美国的高考。

她上个学期通过了 5 个高级课程的考试，这等于提前修完一些大学课程，使她获得了上大学后免修这些课的资格。她每个月在一个中学打两天义工，并在一个饮料店工作，还是学校越野长跑队和兜网球的队员。不过，当一个常青藤盟校的录取人员告诉另一个申请为竖琴作曲、产出售自己的光盘资助慈善事业时，她马上坐不住了。她用自己辛苦打工挣来的钱，跑到了秘鲁，帮助当地人油漆学校建筑、收割小麦、组织清理垃圾。结果，2005 年她虽然没有进"常青藤"，却被几个精英名校录取。

戴利是一个来自马萨诸塞州的 18 岁的高中应届毕业生。2004 年夏天他跑到印度，用 2 周时间在那里设计英语课程，又花了 3 周时间旅行。另一个来自新泽西的高中应届生杰曼则到印度教英文，建足球场，做其他一些"值得做的小事"。佛里德曼是来自曼哈顿的高中应届毕业生。她申请时提交的文章写的是她越南旅行的经验。她还到斯洛伐克和坦桑尼亚进行社会服务，并由此决定从事非洲研究。她还为国际特赦组织工作过。这些国际经验，使她被几个大学看中，虽然她还在等自己首选学校的录取通知。

不仅是高中应届毕业生，一些更小的学生也开始为了进名校而提前行动。来自纽约州的科恩年仅 16 岁，却要到非洲的塞内加尔工作 4 周，照顾艾滋病患者。然后她马上飞回美国，到耶鲁大学参加青少年艾滋病大会，提出自己的"艾滋病行动计划"。现在离她申请大学，还有 18 个月之遥。①

当我们有些学者急于批判吴永京的"野猪教育"时，是否想过我们的孩子究竟缺乏的是什么？是否想过我们应当让孩子接受怎样的教育？是否想过世界发达国家甚至某些不发达国家的孩子们又在干什么？"野猪教育"虽不是温文尔雅的情感教育，却可能是更加实用、更加残酷、更加能体现教育使命的"生命教育"，这种生命的责难绝不是要毁灭生命、蔑视生命，恰恰是要通过对生命的锤炼和追问达到认识生命、尊重生命、爱惜生命的目标。所谓的生命教育，其实就是不以高考成绩一锤定终身的教育，特殊人才的特殊才能、一般人的奉献精神、所有人与社会的合作和坦诚相助的做法都应当值得尊重、值得赞扬、值得挖掘和培育，他们生命潜能的迸发都应当能进入学校教育的视野并得到善意、妥善的引导和发展。当中国没有这样的教育氛围、当中国没有这样

① 参见网文《美国是如何培养精英的？——大学申请战与社会服务》，http://zhaobudingding.spaces.live.com/blog/cns! 6CD8A4A1ACA7C32C! 248. entry。

的教育意识、当中国没有这样的教育体制，我们也不能失去尊重生命、爱护生命的可能。什么叫爱护生命？真正的爱护生命就是让生命主体及早地经受生活压力、及早地感觉生活艰难、及早地体悟生活责任、及早地学会尊重，从而真正地成人成才，这才是爱护。中国的民办教育为什么不可以将自己定位为别开生面的生命教育呢？

第五章

潜性教育在学校素质教育中的实施

因为学校是广大小朋友和青少年集中学习、生活、成长的地方，也是素质教育思想最为明确和直接的领地，所以从未来人才培养以及素质教育的深入研究上来说，学校仍应当成为一切教育首先需要考虑的对象，如果放弃了学校，一切教育思想和教育方式可能对广大学生来说都是形同虚设的。好在潜性教育无处不在，虽然在学校环境里，它不能完全摆脱学校显性教育的交叉和影响，但它本来就没有也不可能与显性教育对立甚至割裂，真正完美的教育应当是显性教育和潜性教育相辅相成、互相协调、携手合作的复式教育。从这个意义上说，将潜性教育深入学校并对学校素质教育起到补足和完善作用是完全可能、也是意义深远的。当然，无论学校教育对潜性教育究竟怎么看待、怎么检验，潜性教育在社会生活中都是真正存在并且生命力无比旺盛的。潜性教育在学校素质教育中的实施或运用主要应该从三个大的方面入手，第一，继续强化实现素质教育的信心和理念；其次，改进素质教育本身的教育方法；最后，从全社会的角度出发，动用一切社会资源构建集群式素质教育体系。从而达成生态型教育的成形。

第一节　素质教育需要继续强化和最终实现

苏格拉底（Socrates）曾把人定义为：人是一个对理性问题能给予理性回答的存在物。人的知识和道德都包含在这种循环的问答活动中。正是依靠这种基本的能力——对自己和他人作出回答（response）的能力，人成为一个"有责任的"（responsible）存在物，成为一个道德主体①。从苏格拉底的定义中，我们可以清晰地感受到人的本质就是脱离了生物性、知识技能性的社会性道德

---

① 【德】恩斯特·卡西尔著，甘阳译：《人论》，上海世纪出版集团 2003 年版，第 10 页。

主体，责任心和道德心成为了人之所以为人的标志。知识固然重要，但它不等于道德，只有知识和道德全面占有了，人才能为人。于是，我们也可以进一步引申出教育的本质：在培养人之道德精神基础之上使人成为掌握知识技能的全面发展的人。如此说来，人类教育的本质应该就是一种素质教育。而在追求素质教育的问题上，我们应该要记住三点法则：素质教育远远高于知识技能教育，终身教育是奠定素质教育的基石，潜性教育是成就素质教育的法宝。

一、素质教育远远高于知识技能教育

在中国当代的教育体制和教育模式中，素质教育着眼于成人与成才，对应着人的全面教育；知识技能教育只着眼于成才，对应着应试教育。无论从教育贴近人的本质、教育者关注的受教者数量、教育资源的分配合理性、教育效果考核的科学性来看，素质教育总是要远远高于知识技能教育即应试教育的。素质教育和"应试教育"表现了两种截然不同的教育价值观。"应试教育"体现了以应对考试和进行选拔为基础的教育的价值取向。它只重视少数学生，只教授对应考试的知识，强调这部分知识内容的唯一性，忽视教育规律和学生身心发展规律，从而造成学生片面、畸形的发展。素质教育则以提高学生的全面素质为宗旨，它着眼于学生的发展，促进每个学生的发展是基础教育尤其是义务教育的宗旨；承认发展的多样性，倡导个性发展；认为发展的动力是内在的，强调发展的主体性；注重潜能开发。在教育内容方面，"应试教育"以应试、升学为目标设置课程、安排教学内容，妨碍了学生的全面发展和特长发展；素质教育着眼于人的素质的全面提高，以完整的素质结构为核心设置课程、组织各项教育教学活动。在教育方法方面，"应试教育"无视学生主观能动性，强调知识灌输，忽视培养思维能力和动手能力，倾向于死记硬背，学生负担重；素质教育注意强调学生学习的积极性、主动性，引导学生形成好的学习方法和习惯，在学习中培养能力。在教育评价上，"应试教育"仅以考试分数和升学率作为评价指标；素质教育以综合素质提高和教育教学的整体效果全面、合理、科学地评价教育质量①。毫无疑问，素质教育和知识技能教育孰高孰低已经一目了然。

学校无论是思想政治教育、知识技能教育、身心塑造教育都过于注重理论认知、强调传统的课堂说教和课本宣讲，对学生的内在情感体验和外在实际行

---

① "素质教育的概念、内涵及相关理论"课题组：《素质教育实施需要澄清的问题与深化研究的建议》，《新华文摘》2006 年第 10 期，第 112~113 页。

为表现缺乏足够的关注，把理论掌握的情况简单地等同于生存能力的提高、把思想道德宣教简单地等同于人格魅力的培育，这一切都导致了学校各类教育方法的陈旧老化。同时，由于受传统学校教育中的"唯智主义思潮"① 的影响，多数教育者误认为人的全面素质提升就是一个道德认知、学习成绩、理论水平的问题，而忽视在日常生活、处事活动中以生命情感为基础、以兴趣取向为指导、以生活实践为依据并将社会意识人格化的感知教育。甚至多数的教育者认为学生之所以存在能力不足、成绩不好、觉悟不高，主要是因为理论认识、思想意识上存在问题，以为只要理论认识、思想意识提高了，行为必然随之规范，显然这种偏颇的判断严重疏忽了情感的动因、生命的需求。其次，学校各方面理论教育的内容基本是与现实生活脱节的。受传统文化和道德理想主义的影响，教育者习惯对学生进行传统理论成果、约定俗成的民族意识、爱国情怀、共产主义等显性知识、大道理的传输，相对忽视原则层次特别是个人层次、生活层次、实践层次中的自我体验、自我感悟、自我调整的自我教育。

学校的各项教育一直在抓，但是实效却存在巨大问题。教育者习惯于居高临下从考试角度和功利角度对学生提出种种不切实际的要求，过多地强调教育的社会择才功能，忽视对学生个体发展、内在需要、生命张扬的服务。多数教育者的教育方法总是以一厢情愿、急功近利的灌输和说教为主，对学生各种违规现象的处理总是以"以罚代教"、"以管代教"的简单化的类政治教育或行政手段进行，而不善于利用集体舆论、文化气氛、自我反省、实践感悟的方式对学生进行情感性的启迪。而学校内教育管理中存在的大量有失公平、公正、

---

① 唯智主义：intellectualistic，最早的唯智主义源头可以推溯到苏格拉底。在苏格拉底看来，人类获得真知的基础是自然世界、科学世界，讲究的是建立在自然科学之上动用人的智慧和学习的本领求得知识，别无其他。唯智是一种诉诸外物空间的学习方法，它追求直观、德行、标准以及理性。而苏格拉底的这一认识与伯里克里（Pericles：古希腊政治家）的好友阿拉克萨哥拉（古希腊哲学家）不无关系。阿拉克萨哥拉来到雅典城时，也将其思想——自然哲学随之带来，自然哲学也成为苏格拉底在哲学方面的启蒙类别。用逻辑学的三段论可以得出：1. 对自然宇宙的思考是最理性的东西；2. 苏格拉底最先思考的内容就是自然；3. 所以苏格拉底从一开始便在思考某种理性的东西。所以说苏格拉底在无意中开创了"唯智主义"并成为其始祖。唯智主义持续了几千年，到叔本华（Schopenhauer）处开始受到了冲击。叔本华的核心理念是"意志"、"意愿"（Will）。它主要表达一种人生命内在的需要、渴求、愿望，是一种心灵的思维模式和观照方式。"唯智主义"与"意愿主义"是具有冲突性的。在《申诉篇》中苏格拉底说"如果你认为一个人要在掂量了生存与死亡之后才决定是否值得在某件事上花时间，那么你错了。"而叔本华的理论则说"人的求生存的意愿是最根本的"（the will to live）。引申到教育上，唯智论教育指的就是在应试教育的指挥棒下，过分追求升学率、内容上片面强调书本的重要性、方法上过于注重知识的记忆和技能的机械训练、学习功能上导致理性知识与理性思维发达而个性发展、情感思维缺失的教育。

公开的不良习气也严重削弱了教育者、管理者、师长以身作则的示范作用，如评奖学金、评优评先、学习资源分配中的任人唯亲时常发生，这引起了大多数学生的反感、麻木甚至抵触。而学校教育中长期存在片面追求及格率、优秀率、重智商轻能力的倾向使学校的正常教育缺乏科学、合理、软硬性兼备的标准和评价指标，这导致了学校教育过程和教育效果缺乏较强的说服力。如在学生的期末考核评语中，班主任往往也只是使用了"学习良好，遵守纪律，坚持四项基本原则，拥护党的路线、方针和政策，尊敬师长，团结同学，乐于助人"等几乎适用于每一个同学的"套话"。从这样程式化的考核评语中，根本无法看出一个人个性特征、特殊能力、思想情感、兴趣爱好等生命本质来。

当然，知识技能对于人来说固然重要，它是人实现自我需要从而改造社会、改造世界的重要手段。但教育的本意并非仅仅是使人超越动物性和自我需要的个体性，而是追求建立在这两个超越之上的人性最高的体现、生命最本质的绽放。教育的使命是将人从两种状态下"解放"出来，从而获得"教养"：一是从自然质朴性中解放出来；一是从个人的主观性与特殊性中解放出来，使主观意志获得客观性。教育的根本任务，不是培养个性，而是使人的主观性获得普遍的性质，在特殊中体现普遍。将教育的本性理解为"解放"——对人和人的本性的解放，无论如何要比将教育理解为人的自然本性实现的观点要深刻得多。教育的目的绝不只是提供生活的技能，更不只是实现人的主观欲望，而是将人从自然生物性和个别性中"解放"出来的神圣事业。这才是教养的真谛①。知识技能是人脱离生物性并为了实现主观欲望而统治和改造世界的工具，而素质教育就是为了实现"教育的使命"，即将人彻底"解放"并"获得教养"。关于爱情论点和技巧方面的理论很多，就算背上一百本"爱情宝典"也比不上自己轰轰烈烈地谈一场恋爱。"爱情宝典"可能提供了大量的理性知识和表现技巧方面的总结，可谓是为人从完全的生物性"解放"而变成有思想、有知识的社会人的基础，但人的自然性和个别性并没有因为有了这些背熟的条条框框而出现丝毫本质性的改变。只有当人亲身体验过了动情、相处、吵嘴、不和、分手、失恋等一系列的过程之后才真正明白了什么叫做冲动、什么叫做幸福、什么叫做无奈、什么叫做伤痛、什么叫做儿女情长、什么叫做英雄气短、什么叫做生命、什么叫做爱。只有沉醉爱的海洋中才会真正领略"在

---

① 樊浩：《现代教育的文化矛盾》，《新华文摘》2005 年第 23 期，第 124 页。

天愿作比翼鸟，在地愿为连理枝"① 的冲动和幸福，只有失恋的切身之痛才会真正让人体验到"坐看落花空叹息，罗袂湿斑红泪滴"② 的心碎和无奈。经历过风雨的人才真正能够升华为"声喧乱石中，色静深松里。漾漾泛菱荇，澄澄映葭苇。我心素已闲，清川澹如此。请留盘石上，垂钓将已矣"③ 的成熟、淡然和超脱。此时的人是超越了自然属性的、此时的人是超越了个体性的、此时的人是进入了一般意义上成长起来的人，这才是素质的全面提升和完善。

所以，学校应该将素质教育作为自己的使命，而不应该本末倒置，将知识技能的传授当成自己的本业。因为，素质教育是远远高于知识技能传授的"将人从自然生物性和个别性中'解放'出来的神圣事业"。这里需要说明的是，相对于纯理论知识而言，技能是社会和个人生存本领的需要，技能教育相对于学校里的纯书本知识的教育是一种属于需要通过动手学习、自我学习、社会实践的潜性教育；相对于人整体综合素质包含文化理论知识的教育来说，技能教育又属于基础性、功利性、惟生存性、动手性的功利教育，此时的技能教育倾向于一种功利性很强的显性教育。在写作本书的过程中，我们唯一难以确证和定位的就是技能教育。技能教育是对技的把握，其目的性、功能性、基础性很强，有了技才有立足社会、维持生存的基础，就像一个会计要远比一个经济学家对于一个企业更加重要，一个汽车修理工要远比一个汽车设计师对于一个汽车修理厂来说更重要，一个裁缝要远比一个服装设计师对于一个服装生产厂更重要，一个城市绅士可能比不上一个掏下水道的农民工更有价值，一个城市水电管道的设计师可能还没有社区里一个水电工的年薪高，今日再看"教书匠不如剃头匠、造原子弹的不如卖茶叶蛋的、写书的不如收旧书报纸的"等说法丝毫不让人奇怪，因为事实往往就是如此，这就说明，整个社会依然是浮躁和功利的，器的地位远远高于道是因为整个社会不识道。从这个角度上来说，技能教育是功利教育、显性教育，有时候学校教育、应试教育就倾向于这样一种技能教育。技能教育又是以关注生存、关注兴趣、关注生命、关注活下去的可能性而诞生的教育，它不以书本为上、不以灌输为本、不以理论说教为

---

① 出自【唐】白居易：《长恨歌》。【清】蘅塘退士编，梁海明译注：《唐诗三百首》，远方出版社，2006 年版，第 47 页。

② 出自【五代】韦庄：《木兰花》。【清】上波居士编，郑君注：《宋词三百首》，书海出版社1995 年版，第 18 页。

③ 出自【唐】王维：《清溪》。【清】蘅塘退士编，梁海明译注：《唐诗三百首》，远方出版社2006 年版，第 8 页。

基，追求动手能力和技术掌握的娴熟度、追求实验和实践的体悟，是对纯书本理论知识灌输的反拨和抗击，所以又带有强大的潜性功能。当然，相对于严格意义上，追求人全面发展、心性素质和修养完善的素质教育而言，技能教育只能是一种器形化的基础教育和显性教育。本书中的"技能教育"一而再、再而三地盘旋在显性教育、潜性教育之间，只是因参照物、论述角度改变而灵活应变的情况，完全地做到概念性的清晰明确和定位的固定是不符合事实、容易产生偏颇的武断，望读者们自己去理解和把握。

二、终身教育是奠定素质教育的基石

对于人之个体来说，完美素质的养成是要花一辈子来慢慢实现的，对于社会之群体来说，国家、民族的全面发展是要花几个时代来慢慢积累的。所谓"积土成山，风雨兴焉；积水成渊，蛟龙生焉"[1]，教育就是终身的事业。学校教育终究是短暂的，从进幼儿园开始到大学毕业出校门，多数普通人在学校内的生活多则二十年，少则几年不等，而在校学习过程中，仍有断断续续长达几年的假期生活即校外生活，所以正规的课堂教育在一个人一生的漫漫长途中屈指可数，所以，一个人完美的素质之养成不能全指望学校时光，更不能指望课堂说教，而应该要寄希望于贯穿生命始终的全部时光和整个人生经历。这恐怕就是"终身教育"提出来的现实基础。终身教育（Lifelong Education）这一术语是在 1965 年联合国教科文组织主持召开的成人教育促进国际会议期间，由联合国教科文组织成人教育局局长法国的保罗·朗格朗（Parl Lengrand）正式提出以来，保罗·朗格朗当时提出终身教育应该是指个人或社会诸集团为了自身生活水平和社会地位的提高，而通过每个个人的一生所经历的一种人性的、社会的、职业的成长来付诸理想实现的全过程。曾任联合国教科文组织教育研究所专职研究员的 R. H. 戴维（R. H. David）认为终身教育就是在人生的各种阶段及生活领域，以获得启发及向上的目标，应当包括全部的正规的（formal）、非正规的（non - formal）及不正规的（informal）学习在内的，一种综合和统一的理念。1972 年起任联合国教科文组织终身教育部部长的 E. 捷尔比则提出："终身教育应该是学校教育和学校毕业以后教育及训练的统和；它不仅是正规教育和非正规教育之间关系的发展，而且也是个人（包括儿童、青年、成人）通过社区生活实现其最大限度文化及教育方面的目的，而构成的

---

① 【战国】荀况著，廖名春等校点：《荀子》，辽宁教育出版社 1997 年版，第 67 页。

以教育政策为中心的要素。"如果我们引用国际发展委员会的报告《学会生存》中对终身教育作的定义："终身教育这个概念包括教育的一切方面，包括其中的每一件事情，整体大于部分的总和，世界上没有一个非终身又非割裂开来的永恒的教育部分。换而言之，终身教育并不是一个教育体系，而是建立一个体系的全面的组织所根据的原则，这个原则又是贯穿在这个体系的每个部分的发展过程之中……"可以发现，终身教育整体上是延续且无处不在的，但又是零散和割裂开来的各种教育的总和，一句话，终身教育应当就是人一生中断断续续受到的各种教育，整个过程是延续的，而每一次的教育行为和教育实现又是零碎的。

终身教育是一种整体观，是"一个教育体系"、是一种教育"原则"，它开始于人的生命之初、终止于人的生命之末，包括人发展的各个阶段及各个方面的教育活动。终身教育可以从纵向和横向上综合考虑，即在纵向上指一个人从婴儿到老年期各个不同发展阶段所受到的各级各类教育，横向上包括学校、家庭、社会以及生活中各个不同领域实施的教育，其最终目的在于维持和改善个人社会生活的质量。终身教育从性质或方法论上来看又可以分为显性教育和潜性教育，显性教育强势、明显且教育过程中角色分明，潜性教育澹泊、隐晦且教育过程中各部类的教育关系是隐藏的；显性教育强调知识的直接性灌输，潜性教育强调知识的情感性体悟。总之，潜性教育对人的改造更加生动、深刻且绵长，明确的书本知识不足或智力一般的人可能并不会影响他的生活质量或生命品质，一个情感缺乏或领悟力低下的人即使拥有再多的书本知识恐怕也无法体会到生命最高的内涵和真意。

学校教育更多地是将目标放在心智开发的智识性教育上，而对于学生的实践力、意志力、情感力的开发和完善常常无能为力。人不是知识技能的工具，人应该是建立在智识之上的品德高尚、意志坚强、情感丰富、生命开放的群体，这就不得不要依赖校外教育来实现人全方位的培养和完善。从大学毕业到走完一生，对于活到七十岁的普通人来说，社会生活将会长达五十年左右，在这五十年左右的时光里，社会无时无刻不在教育着我们。其实，广博的社会教育和自我领悟并不是学校教育的延续，而是比学校教育更加成熟、强盛、持久和关注生命本身的终身教育，一个人完美素质的养成虽然是从学校教育起步的，但终究要依赖社会和自我实践去验证、发展并最终修成正果。所以古希腊哲贤、"雅典第一诗人"梭伦的名言"活到老，学到老"才千古长存、永不过时，一个人综合素质能够不断提高和完善不过是对"活到老，学到老"的伟大践行。所以说，终身教育是奠定素质教育的基石。

终身教育的学习能力、学习习惯、学习方法来自于孩童时期，离开了课堂和老师的教育究竟要如何进行呢？这其实需要我们的学校去认真反思，授人以鱼不如授人以渔，培养孩子们自学的能力和方法才是学校真正的目的和价值，知识永远学不完，而学习习惯的养成、学习能力的掌握、学习方法的提高却是可以在十多年的学校生活中做到的，所以课余教育的重要性可能仍需要增强。随着 1995 年 5 月 1 日双休日制度及基础教育阶段"减负"政策实施以来，我国小学生每年在校学习时间减少到了 190 天左右，小学生课余时间的客观增多，一方面为小学生个性全面自由发展提供了条件；另一方面，如果利用不当，反而带来一些消极的影响，尤其是对处在特殊阶段的小学高年级学生。这就要求我们对小学生课余生活状况给予足够的关注。无论从教育理论意义，还是从教育实践意义上讲，关注和重视小学高年级学生的课余生活现状，并引导和帮助学生管理课余生活，使他们养成科学、健康的课余生活价值观，提高他们的课余生活质量，都是具有十分重要的意义①。终身教育不应当错误地盯住离开学校之后的社会生活和人生的中晚年，实际上应该落脚与孩童时期的学校时光，一开始的习惯能终身受用，一开始的坏习惯也会贻误终身。我们的学校课余生活是怎样的，不妨来看一看。调查显示，中小学生认为对他们的兴趣爱好及课外生活影响最大的因素是学校，占 30.2%；其次是书籍，占 19.6%；再次是家庭，占 18.1%；三者累计占 67.9%。学校、家庭、社会对学生课余生活质量的影响不容忽视，但是学校却相对封闭，历来在节假日实行关门政策，使得学校的活动场所不能充分利用，而社会上可供中小学生活动的设施和场所又十分有限。最为关键的是，就仅有的这些场所，还不一定能够满足大多数学生的兴趣爱好。这样学生在课余时间无处可去，大多数学生迷恋上了网络游戏和电视，从而导致了中小学生课余消费内容上的失范和越轨②。良好的课外活动教育，应该有足够的体育场地和器材，可我国小学体育运动场（馆）面积达标率只有 53.04%（普通初中为 67.61%）③。目前占全国体育场地

---

① 张惠学位论文：《小学高年级学生课余生活现状调查研究——以呼和浩特市新城区为例》，内蒙古师范大学，2011 年。

② 解腊梅等：《关于中小学生课余生活的调查研究》，《教育理论与实践》，2008 年第 12 期，第 47 页。

③ 教育部：《2005 年全国教育事业发展统计公报》，《中国教育报》2006 年 7 月 4 日第 2 版。

65.6%的学校体育场馆出于经济和安全原因只对外开放了29.2%①。西部某省中小学生均体育经费只有1～3元，而东部某经济发达省北部5市的初中，没能按最低要求配备体育器材的学校竟达到了98.7%，即使南部某省会城市学校体育器材配齐的也仅占17.7%②。这种状况显而易见，学校的课余生活贫乏到何种程度可想而知。

　　既然学校和社会都无法提供更加丰富多彩的课余活动场所和课余活动给孩子们，孩子们又将如何度过自己的课余生活呢？于是，读课外书籍成了孩子们的选择，"看课外书"在小学生最喜欢的课外活动中排首位。这一点说明，那些批评现在的小学生课余时间不喜欢读书的说法是不太符合事实的。当然，现实中的小学生确有一部分不很喜欢读课外书。这其中的原因，大概是由于他们的智力劳动因应试教育的影响而主要集中在课堂以及大量的课外作业上，结果，当只剩下一点点可以自由支配的时间时，他们也就更乐意于将其放在那些不太需要动脑筋的活动上。第二，"看电视或电影"、"听音乐"在小学生最喜欢的课外活动中分别排第二位和第三位。这一点说明，声像文化对小学生具有很大的吸引力③。当然，鼓励孩子们课余劳动也是很重要的教育手段，美国孩子的每日劳动时间是72分钟，韩国42分钟，法国36分钟，英国30分钟，而中国仅仅是12分钟④。中国学生的潜性教育资源并不比其他国家少，但我们学生能够享受到的课外有益训练却是非常有限的，甚至很多老师和家长为了促进孩子们完成作业任务、完成习题练习、达到考试高分通过、获得课程考试较好的排名，就规定孩子们在课余时间完全扑在了书本知识的学习上、课余习题的训练上，甚至不让孩子们进行一点点的劳动。有人认为："现在的很多孩子不爱劳动、不会劳动了，饭来张口，衣来伸手，房间脏了不扫，油瓶倒了不扶。"孩子劳动意识的丧失，到底是谁的过错？天津市家庭教育研究会副会长兼秘书长关颖指出，家庭劳动启蒙教育的不足及扭曲是导致孩子懒惰习气产生

---

　　① 童舟：《把快乐还给孩子》，《人民日报》2006年8月10日第13版。

　　② 李卫东：《人均体育经费不足3元，学生本质怎能不下降?》，《教育文摘周报》2006年10月4日第3版。

　　③ 郑惠生：《关于"当前小学生课余时间最喜欢做什么"的调研》，《内蒙古师范大学学报（教育科学版）》2008年第4期，第26页。

　　④ 李卫东：《"劳动光荣"观念受挑战——中国孩子日劳动仅12分钟》，《教育文摘周报》2006年4月19日第10版。

的重要原因①。体育和劳动的课余教育和课余训练如果都丧失了，就更不用说课余的游戏和玩乐了，那种被称为"构成了一种最好的社会制度"的"儿童的游戏"② 在当今的中国正被越来越繁重的学业和成人安排的补习活动所挤兑和削弱，如此，我们的孩子们丧失了人生中培养良好的自学习惯和自学方法的第一步，又怎么能明白终身教育、实现终身教育呢？

三、潜性教育是成就素质教育的法宝

全面发展的完美素质是一个人毕生追求的人生目标，仅靠有限、短暂的学校教育和课堂灌输显然是做不到的。在人生离开校园后长达数十年的漫漫岁月里，要想继续一如既往地坚持素质的全面提升和人性完美的实现，不借助潜性教育是万万不行的。可以这样说，潜性教育就是潜移默化的环境教育、潜性教育就是最终成就素质教育的重要法宝。环境造就人才、环境创造素质，一个人可以没有经历过明确的课堂说教，但环境和生活本身会永远不断地对他实施影响，这种源源不断的影响作用与理论上的教育可能没有既定的关系，却在人一生的敏感体悟中转化成了本身的知识和能力。"稷维元子，帝何竺之？投之于冰上，鸟何燠之？何冯弓挟矢，殊能将之？既惊帝切激，何逢长之？"③ 人的成长是自然的造化、环境的塑造，后稷从小没有得到父王的厚爱和管教，当初把他丢弃的时候连牛马都避而不踩他，鸟群都来呵护温暖他，其母姜原以为他是神便收养着他。后稷为儿童时，就好种树麻、菽等植物，并表现出务农的天分。成人后，他选择了喜好的农耕事业，摸索出了一整套的种粮技术且年年获得粮食丰收、谷物满仓，后稷的天份和成功得到了民间的赞赏，大家都跟着他学习种粮。尧听说后也大为震惊，封他做了农官，其种麦和种稷的技术得以推广到天下、荫护后人。后稷是在环境中自然成长起来的，顺着他的天赋和兴趣，在自然和社会生活中靠自学、自悟而成才。这就是潜性教育。事实上，历史上众多皆是环境所赐、自然造化出的奇才，"闻百里之为虏兮，伊尹烹于庖厨。吕望屠于朝歌兮，宁戚歌而饭牛。不逢汤武与桓缪兮，世孰云而知之？"④

---

① 瑞安图书馆：《孩子缺乏劳动意识，谁之过？》，
http：//www. ralib. net/Article/ShowArticle. asp？ ArticleID＝3632。
② 【瑞士】让·皮亚杰著，傅统先译：《儿童的道德判断》，山东教育出版社1984年版，第1页。
③ 【战国】屈原著，李振华译注：《楚辞》，山西古籍出版社1999年版，第104～105页。译诗为：后稷是帝喾的长子，帝喾为何要憎恶他？将他投弃在寒冰上，大鸟为何来温暖他？他为何会弯弓射箭，特殊才能可任将帅？他既然使帝喾惊骇，为何又能长大成才？
④ 同上书，第139～140页。

百里溪曾当过奴隶、伊尹曾被埋没在厨房里烧饭、姜太公在朝歌做过屠夫、宁戚曾经是个养牛郎，这些伟人如果不是逢到历史的变迁和战争的爆发，世人可能永远无法认识他们。成才的道路千千万，但任何一个真正的成才者都有一个共同的特点，能沉于环境之中、能随时适应环境并从中主动领悟、自我体验和总结，从而达到全面完善自身的综合素质。环境对人默默的影响、人善于从环境中体悟到真理，这就是潜性教育。

潜性教育是一个实施素质教育的总的方法论教育，它与显性教育并行不悖、互为补充，两者共同构成学校实现素质教育的两大方法手段。如果素质教育是塔尖，从方法论的角度来看，显、潜两大教育并行构成坚实的塔基。用下图表示为：

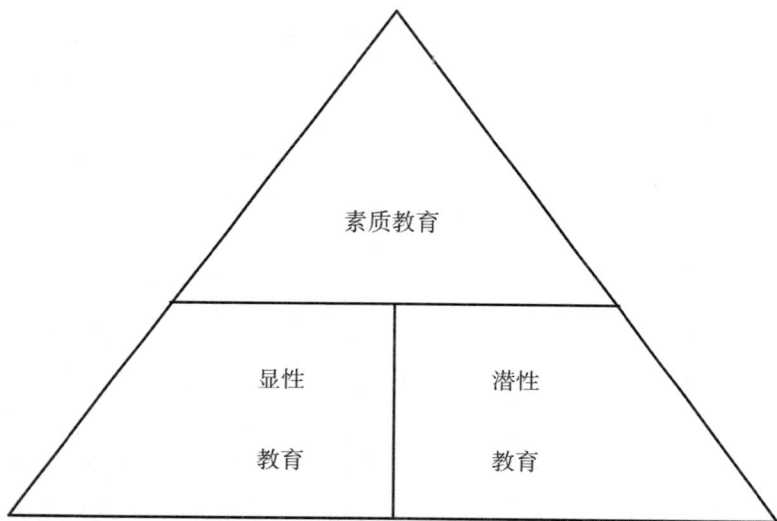

图 5 - 1　素质教育实现的塔式图

潜性教育在实现素质教育的过程中只是一个重要的方法论教育，而不是目标性教育，如果把潜性教育当作目标来分解，其自身就不存在了，因为它必须分散成众多的它类教育：如实现道德修养的德育，提高身体素质的体育，增加艺术修养的艺术教育，锻炼劳动技能的劳动教育，学习和记忆知识的智育等等。但潜性教育作为一种方法论教育，它不可能被其他任何一种教育所取代，它理应作为一个系统理论被人们认识和完善①。但遗憾的是，学校作为一个培养人才的重要阵地，却长期疏忽了潜性教育这样一个重要法宝的运用。

潜性教育除了是一种环境教育之外，它还强调一种自学自悟性，即学习者的主观能动、兴趣爱好、心智体力必须充分表现出来，迎合环境的变化而获取到感悟和真知。所以潜性教育是一种双向互动、强调教学双方对立统一的教育。潜性教育在今天还讲究自觉的利用现代文明修身养性与自我实现过程，断不是要一味求助于外力、顺应外力、受外力控制和扭曲的过程，如果仅仅是被动地受外力控制和扭曲的教育不是真正的潜性教育，倒偏向于一种显性教育的特质。自觉性、自悟性、自我实现才是潜性教育追求的境界。现代文明修身是人们自觉提高精神生活质量和促使行为方式科学化的一种内求诸己的自我实现活动过程以及人在这一过程中呈现出的精神状态和精神境界。自由自觉的活动是人之为人的本质天性，文明修身就是要发挥主体活动的主动性、自觉性，充分挖掘人的自由天性和内在潜力，使人能够自觉地向自己的理想目标不断迈进②。如何激活、培养、挖掘、训练青年人的这种自觉性、自悟性和自我实现的内潜力才是学校显性教育的真正立意所在，因为只有激活和挖掘出了人的自觉性、自悟性和自我实现的内潜力才会使人在离开了学校、老师之后仍然能自我激励、自我促进、自我学习并最终实现人全面完善的完美境界。把传授有限的知识技能当成了自己的本业，真的是学校教育的遗憾和失败。

潜性教育还是一种过程性、长期性实现人格完美境界的教育。人格作为人之为人的最高"价值物"，它体现的是人对自身完善的憧憬与向往，并且人格境界和理想将永远是指示生命生生不息地超越自身现有本质的"航标"。通过对人格与自然、人格与社会、人格与现代化等价值关系的探讨，应得出的结论是，人的生成、发展过程就是人自身不断"人格化"的过程，其实质就是人的个体化与人的社会化相统一的过程，也就是人追求成为人的价值实现的过程。在德性伦理学看来，个性人格的完满自足是其追求的人生目标。道德哲学中的德性具有终极性、稳定性、导向性和结构性，表征着人的整体性存在。道德人格的完满自足同时就意味着人的全面发展的理想状态，在人的全面发展中发挥着价值导向、行为动力、整合协调的作用。道德修养与人生观紧密相联，

---

① 成乔明等：《高校艺术教育和潜性教育的比较研究》，《南京艺术学院学报（美术与设计版）》2004 年第 1 期，第 131～132 页。

② 张国启：《现代文明修身理论的哲学阐释》，《长江论坛》2007 年第 4 期，第 16～17 页。

以人的全面发展为归宿，贯穿于人的一生，成为实现人的发展的一种具有根本意义的途径和方式①。"人格作为人之为人的最高'价值物'"，其完美境界是"指示生命生生不息地超越自身现有本质的'航标'"，而人格完美境界的实现必须是"贯穿于人的一生"的。所以，离开学校和显性教育环境后继续体验、继续感悟、继续有意和无意地提高的过程就变得更加重要，而脱离显性教育环境后的继续教育、继续完善和提高主要就是依靠的潜性教育，所以，要想真正实现素质教育，就必须要充分利用好潜性教育这个重要的法宝。

将潜性教育放入学校教育来谈，就是要对学校教育做一个探索，希望学校教育不能与实践教育、生活教育、社会教育、自然教育相脱节，也希望学校不能总是盯着几本教材和一页分数单来限定学生，理应在教会学生知识的同时，真真切切关注到学生的潜能挖掘和塑造，教会学生如何学习、如何思考、如何做人和做事，这种方法论上的开拓恐怕才是一个学校培养孩子和学生基础性的教育工作。真正给了学生探索和思考的方法、真正让学生产生了自我体验和自我感悟的自觉性，学校的教育应该就完成自己的使命了，因为对知识的探索和探讨，学生完全可以根据自己的兴趣和自学能力达到更好的效果。

这里需要进一步补充的是，既然潜性教育是社会教育的主流，显性教育是学校教育的主体，为何我们要将潜性教育放在学校教育中来探讨呢？原因有三：（一）潜性教育与显性教育虽并行不悖，但两者实际上你中有我、我中有你，两者互为补充、互为辅助。学校中起码就存在半潜性教育（见第二章第一节"何为潜性教育"）。如课堂显性教育中也会涉及到与讲授知识无关的事项，如教师的装扮、教师的谈吐习惯、教师平时的人格魅力、学生的情感变化、学生的情绪波动、学生课余未了的事情、教室内外的环境、邻桌同学的行为等等，这些与知识看似无关的事物或事件也会给教与学带来影响并左右着教与学的效果，在学校教育中来探讨潜性教育同样有理有据、不可小觑。（二）学校是孩童及青少年主要的活动场所，学校亦是人生的起点，潜性教育中的学习意识、学习方法、学习习惯理应从小就要培养，这样长大成人后自我教化、自我修正、自我完善的能力才有可能成熟而稳定。所谓的终身教育、素质教育都是一辈子的大事，断不能发生在人格思维已经定型化之后才去强行要求受教者改变自己的生活习惯、生命意识，此时不但勉为其难，而且事倍功半。所以潜性教育必须训练在人生的起点上，毫无疑问，在学校教育中来探讨潜性教育

---

① 王林等：《德性与人的全面发展》，《理论月刊》2007 年第 10 期，第 187～188 页。

意义非凡。（三）学校教育一直以来在中国占有举足轻重的份量，同时学校教育在中国意识中具有不可替代的权威性和号召力。这么重要的教育阵地和教育时空如今却给了我们并不满意的答案，甚至学校教育的威信越来越受到质疑，学校教育的功效越来越令人心寒。学校教育今天的状况陷入了显性教育、功利教育、应试教育的泥沼，其对人才能的培育、对人品行的提升、对人素质的完善越来越力不从心、捉襟见肘，关键问题，学校教育今日过于突出和重视显性教育的做法已经成为历史的弊病，其结果必将彻底毁灭学校教育。如何挖掘、重建、壮大学校的潜性教育就成为我们反思学校教育、重建学校教育的突破口。所以，在学校教育中来研究潜性教育迫在眉睫且责任重大。

第二节　改进素质教育的方法

既然潜性教育是成就素质教育的重要法宝，那么学校应当如何来加强和发挥潜性教育呢？事实上，要想实现素质教育，显性教育、潜性教育不可偏废，但学校热衷而且擅长显性教育，所以，发展和加强潜性教育的开发和运用就成了学校教育的当务之急。发展潜性教育仍需要从改变教育观念出发，因为中国学校教育的观念根深蒂固，加之中国人的守旧思维，潜性教育要想真正确立起来不是一朝一夕之事，首先需要调整心态、改变观念、放弃急功近利的想法。大致说来，我们认为改进学校教育的方法有三：立足引导教育、注重课外教育、强化立体教育。

一、引导教育优于灌输教育

灌输教育是一种教育者强制受教育者被动接受知识、技能的教育过程，受教育者常常处于被控制、照单全收的被动状态，这是显性教育的主要特征之一。灌输教育基本不允许受教育者怀疑、反驳、纠正灌输的教育内容、教育方式、教育效果的误差或错误，而是要求受教育者表里一致地对教育者传授的知识和信息表现出顺从和臣服。教育双方的不平等和明显失衡最终严重挫伤了受教育者的学习积极性和学习主动性。当然，灌输教育对待一些自律性不强、自觉性不高的学习者是有一定帮助的，可以让精神思想不太集中的学习者在高压状态下略微做到集中思想和注意力，从而对所传授的知识表现出暂时的强烈接受和强化记忆；同时，灌输教育对于一些判断力、认知力不高以及经验非常欠缺的初学者来说也是必须的，这样可以强制性地让这些初学者具备一些基本的、必备的知识技能和经验，从而使初学者成为具备一定学习经验和基础知识的中等学习者。

但灌输教育远远不是人性化的教育方式，从尊重人性的角度来说，人更加需要的是引导教育。所谓引导教育就是在适当的时候使用适当的方式矫正学习者的方向、激活学习者的能力、强化学习者的动机、提升学习者的方法，使学习者依据自身的兴趣和喜好对知识、技能、经验得到有选择性的增加和积累。引导教育就是潜性教育的重要特征之一，它是一种教授学习方法和学习动机的教育，而不是以传输知识为重心的教育。医学上有一种疗法叫"引导式教育疗法"（Con&lctive Education，CE）又称 Peto 法，是国际公认的治疗小儿脑瘫最有效的方法之一。其显著特点就是最大限度地引导调动患儿自主运动的潜力，以娱乐性和节律性意向激发患儿的兴趣及参与意识。通过引导员不断地给予科学的诱导技巧、意识供给或口令，让患儿主动地进行训练，与科学的被动训练相结合，大大地提高了康复效果；同时将运动、语言、理解、智力开发、社会交往和行为矫正等有机地结合在一起进行全面的康复训练，使患儿在德、智、体、个性气质培养和行为塑造等方面得到全面的康复和发展。近年来，发达国家将幼儿园、中小学文化课教育和康复训练融为一体的引导式教育模式，深受家长和社会的欢迎。在欧洲、日本、美国及中国香港等发达国家和地区非常盛行①。其实所有的孩子和学生都像一个判断力、实践力欠缺的病人一样，需要老师们的纠正和引导，从而激发孩子们及学生的兴趣和参与意识，调动自己的学习能力和接受新知识的能力去探寻自己感兴趣的问题和话题。如果给孩子们和学生创造了一个自由的空间和学习的氛围，孩子们和学生的自学潜能以及创造力还是很强的。关键问题，学校不是在培育一个自由的空间和活泼的学习氛围，而是按照管理者、办学者以及教育者们的固定思维在完成既定的知识和技能而已，学生丧失了选择权和创造权，也就变得更加被动和懈怠了！关于这一点，许多社会教育机构已经在有意识地避免。南京学大教育城东校区总监李玉梅女士就曾表示：大城市里的孩子对学习的普遍心理：他们愿不愿意学好？愿意！他们想不想比班里其他同学强？他们都想！但是为什么很多孩子学习成绩还是不理想？最主要的因素还是孩子的兴趣、家长的引导和教育方法问题。李玉梅还表示："现在的小孩很多是被父母强逼着上课外辅导，这样的效率其实是很慢的，但是这类孩子我们肯定不能放弃。面对这类孩子，会根据他的爱好、性格、特长，甚至是家庭状况来给他制定个性化学习方案，这听起来

①　参见网文《小儿脑瘫引导式教育疗法》，http：//baike. baidu. com/view/1900437. htm。

很空洞，但其实这才是真正的因材施教，也是学大办学九年来的准则和信念。"① 这种对症下药、靠船下篙的教育就是引导式教育，引导式教育尊重的是学生、是以学生的实际情况为中心展开的教育，重在引导、重在挖掘、重在塑造。

学校一定要立足引导教育，学校内的显性教育教给学生的不应该是"什么是对，什么是错"，而应该是判断对错的方法和标准。社会形势莫测、生活状态多变、人生风雨飘摇，对错、正反、黑白往往纠缠在一起、很难明辨，任何一种理论的提出永远都是暂时的、相对的、表象的，而且往往都是停留在对错之间的，稍不留神就会因改变了背景条件而滑向真理天平的另一端。所以掌握分辨对错的方法和标准远比记住洋洋洒洒数不清的对错之结论来得高明和轻松。潜性教育正是一种引导教育，它重在教育者的引、顺、化和受教者的体验和自悟，恰如中国佛学中普渡众生之法门。

所谓引导教育就在于使受教者学会忘，忘记记忆的困难、忘记智力的障碍、忘记学习的清苦，而使身心完全放松、融入感受和浸泡体验的状态，这恰恰与灌输教育相反，灌输教育就是要强迫学习者记忆、完全依赖学习者的智力、要求学习者明白自己在学习。其实，有了忘才会更加轻松，有了忘才会更加活跃、有了忘才会更加生动和获得。佛家就是要求在忘中把学习者引向轻松、陶醉和永生。佛家宣扬的修习念住法，并不是要你想或是觉得"我在做这个"、"我在做那个"，其实恰恰相反。你一想到"我在做这个"，你就觉得有个自己的存在反而不能自然地生活在你的行为中了。你是生活在"我存在"的意念里，而你的工作也就糟蹋了，你应当完全忘了自己，而全心全意的浸润在工作中。一个演讲者自觉到"我在对观众演讲"，他的讲词就混乱了，思绪也不连贯了。但是如果他一心讲演他的题目，整个地忘了自己，他的表现才是最好的。他一定讲得很精彩，解释得很明白。一切伟大的杰构，艺术的、诗歌的、心灵的，都是在它们的创作人完全浸润在工作中的时候所产生的；在他们完全忘我而不自觉的时候所产生②。引导入忘境、才能入纯境，才会"完全浸润"在学习中，然后才能创造出"一切伟大的杰构"。这就是引导教育的内涵和本质，即潜性教育真正高明之处。而佛学的根底就是要对芸芸众生进行品行

---

① 《个性化教育专家提醒——家长不要"逼"孩子学习》，《扬子晚报》2011 年 7 月 27 日第 B34 页。

② 罗睺罗化普乐著，顾法严译：《佛陀的启示》，香港佛经流通处 2005 年刊印，第 118~119 页。

道德的教育和思想的感化与拯救，这与学校各类教育其实并无二致，佛与儒的结合、互通、联手恐怕才能创造出无懈可击的完美教育。有关专家认为，孩子有自己成长发展的规律，如果违背规律将来一定会吃亏，所以一定要把假期空出来，让孩子身心得到调整。有的孩子一天到晚埋头课本中，就算休息也是"宅"在家中。成了"宅童"，容易目光短浅，遇挫折易沮丧、得成绩易自满。"眼光决定未来"，假期应该让孩子多亲近大自然，去一些平常去不了的地方，这样能开拓眼界，孩子见到许多新鲜的东西，情感自然也更为丰富①。教育犹如参佛悟禅，要给学习者短暂的遗忘，唯有短暂的遗忘才能让大脑和心胸有更多、更空旷、更豁达的境界，学习不是死记硬背、死搬硬套，要给孩子们适当的放松和调节，短暂的遗忘能调配好心胸的状态，记忆力在适度遗忘中反而会更有效地发挥效能、记住有效知识。引导教育就是要教会学习者自我松紧有度的内外调节，在调节中释放潜力、发挥自学自得的能力。人的大脑虽然潜力无限，因为没有科学的学习和记忆方法，满脑子浆糊的人竟比比皆是。

二、课外教育优于课堂教育

课堂教育重在显性教育，是学校教育的重要方式，也是教与学最为直接沟通交流的模式。但课堂教育形成的是信息的单向传递，由于教学任务的规定、进度的要求、学时的限制使教育者往往无法关注到受教者的状态和心理，这是课堂教育最大的弊端，也是课堂教育效果往往不如人意的症结所在。从信息传递的效果来说，课外教育显然要远远优于课堂教育，而课外教育正是潜性教育的主要形式之一。我们先来看看信息传递的规律。

在大众文化的传播过程中，传播者和受众往往处于不同的势力层次，所以两者的关系是一种支配和对抗的斗争关系。大众文化中所包含的对抗不是针对一个特定的阶级而是面对强势话语。它的主体是处于弱势地位的没有掌握话语权的民众。"对抗"的主题也就表现在民众生活的方方面面：对抗规范、对抗强权、对抗理想主义、对抗家长……。"对抗"成为自我意识觉醒的标志，也是张扬主体意识和发展个性的需要。大众可以通过文化的各种渠道找到合适的方式释放对抗的情绪，在体验快感的同时达到心理平衡。这种快感多数建立在对规范、理性、道德、权威、秩序的颠覆和建构之上的②。这无疑暗合了我们课堂教育的一种状态，那就是教师在课堂上的支配欲和学生在课堂上的反抗意

---

① 《暑假拒绝做"宅童"》，《扬子晚报》2011 年 7 月 27 日第 B34 版。
② 黄继刚：《大众文化的接受纬度》，《社会科学评论》2006 年第 2 期，第 43 页。

识。课堂属于面对面的信息传递过程，一方面容易形成教师设定的规范、理性、道德、权威、秩序，但如果教师在讲授过程中并没有把握好应有的状态或越出了学生的接受期待，则又容易激发学生"对抗规范、理性、道德、权威、秩序"的颠覆心理，从而给直接教育的过程和效果带来麻烦。课外的潜性教育就是利用学生天生的对抗心理和怀疑精神以及他们天生的颠覆和建构能力进行自我疏导性的一种顺乎自然的教育模式。当然课外教育需要教育者的预设、安排、创造氛围、跟踪记录、及时纠偏，因为学生特别是中小学生们的生活经验、判断力、控制力尚不成熟，如果没有一定的价值观、人生观作为导向，也会让学生滑向犯错的泥沼。那么在实行课外教育之前，预先可以跟学生们定好协约，要求什么样的事情能做、什么样的事情不能做，讲明什么样的做法不可取、什么样的做法是可取的、什么样的做法又是必须遵守的，方向性、指导性、政策性的标准和要求是教师告诉学生的，随后就可以放手让学生自己去尝试着动手干、去寻找答案。如生物课可以要求学生自己回家做出一个动物或昆虫标本来、政治课可以让同学们就一个政策问题自己去做调查研究并陈述出自己的理由和结论、地理课可以让学生自己去研究和探讨自己家庭所处位置的地理地貌特征、美术课的野外景物写生、医学课可以鼓励学生自己动手解剖一些动物的尸体并记下过程和得出答案、语文课的写作训练、英语课的口语训练、数学课的实践性计算等等都可以在课堂之外甚至在家庭中、社会上完成。一般来说，潜性教育要与显性教育配套进行，两者结合才会及时了解、把控和引导学生学到正确的知识和结论。课外教育可以在课堂之外的任何地方、任何时间进行，包括学生宿舍、食堂、社区、企业、机关、公共场所等都可以执行课外教育，课题可以由老师指定、也可以由学生自选，虽说这种做法依然属于带有计划和有目的的教育，但学生亲身实践后的感受与教师课堂说教的感受可能是完全不一样的，学生从中体验到的感受会更加真切、更加深刻。由于教学计划内的课外教育带有一定的教育目的和教育预设性，所以我们才将这样的潜性教育称为半潜性教育，校园半潜性教育（详见第二章第一节）特指发生在校园内的带有预设目的的潜性教育，这里的半潜性教育扩充到校园外，尽管发生在校园外或社会上，但却可能是学校计划性的安排，是校园半潜性教育的延伸。

课外教育的潜藏性跟课堂教育相比是很明显的，课外教育的潜藏性往往能够收到比课堂教育还要有效的教育效果，特别对于与课堂上所学知识相类似的课后知识、生活知识、社会实践知识，学生对此会更加容易体验和理解其中的实质。通过生活、社会、实践活动学到的和验证的与课堂上书本中相似的知识，更多是依靠记忆延迟或记忆痕迹来掌握的，印象会更加深刻。所谓记忆延迟和记忆痕迹，我们可以将它们理解成相同的概念，就是人们对学到的知识会在自己脑中留下印象，这种印象基本就是靠记忆维持的，这种印象记忆的维持时间可长可短，这要看记忆者对这个知识的兴趣以及事后反复接触知识的次数。如果一个知识得不到合适的重复和加固，总会有淡忘或者完全遗忘的时候，一旦知识完全遗忘了，我们就可以说记忆延迟或记忆痕迹消失了。对于接受课堂教育的学生来说，课堂知识也会形成浓烈的记忆延迟或记忆痕迹，一般而言，学生学习知识形成的记忆延迟和记忆痕迹是比较清晰和漫长的，起码短期内不会消失，当他们在课后或者社会生活中遇到相类似的知识的时候，他们会留意得多一点、关注得仔细一点，从而与课堂学习的知识形成衔接、对照、互证甚至反驳，这有助于学生对知识的学习和理解。所以学校教育要充分利用这种课后教育的特性，引导甚至设定学生的兴趣点、结合记忆延迟或记忆痕迹发挥更加生动活泼的课后教育，从而让学生对所学知识有更加深刻、准确的了解。

对于学生来说，课外教育最大的障碍是社会环境、社会风气、社会意识中的不良因素可能会影响到学生的正确判断和学习心态、学习效果，从而不能对学生形成正确的价值观和世界观。如"修身、齐家、治国、平天下"、"天下兴亡，匹夫有责"等所折射出来的精神内涵应该是中华文化哲理中整体思想在价值观、人生观方面的集中体现，可西方市场经济的导入和急剧发达起来的现实造成的负面作用却是不可忽视的。我国社会主义市场经济体制的建立为我国社会机体注入了新的活力、极大地推动了我国经济的发展和社会的繁荣，这带来了学生自主意识、效率意识、民主法律意识和开拓精神等方面的提升外，也带来了不利的影响。市场经济的实利性、趋利性、求利性是对中国传统价值中"贱私利"、"存天理，灭人欲"的强烈冲击和否定，商品生产者和经营者在经济活动中对高利润的追求行为潜伏在一定条件下使为获得超额利润而牺牲商品使用价值、服务价值成为可能。坑蒙拐骗、牟取暴利、丧失诚信等有失道德水准的行为随处可见。此外，当前的社会处于激烈动荡的转型期，诸多权钱交易、贪污腐败、分配不公、假冒伪劣、人际关系扭曲等各种社会问题和矛盾正在不断暴露，这些都对学生的人生价值观产生了极大的影响。这就要求学校要将课后教育建立在课堂教育、思想教育的基础之上去实行，不能阻拦学生进入社会，但也要密切关注社会的实际情况，及时对学生做出拨乱反正的跟踪指导和引导，保证自己培养的人才成为真正符合正确道德观、树立正确人生观、世界观且又具有高水平专业知识的复合型人才。这就是潜性教育与显性教育教育需要配合、联手实行的道理，最基本的表现方式就是课后教育与课堂教育有机结合，相辅相承。

从实际情况来看，社会可能尚没有意识到自身强大的潜性教育功能，起码全社会关心支持学生身心健康成长的合力尚未形成。青年人的综合素质培训主要是在中学、大学阶段进行的，当然，小学阶段的基础性作用也是非常重要的，但是社会大环境和家庭小环境自始至终都会对孩子和青年人的成长起到不可忽视的影响。并且在学校内部，各种各样的教育也仅仅落在课堂教育上，顶多外加一些思想政治教育课和政工工作，难免会有一些教师没有切实担负起教书育人这一重任，一些专业教师遇到学生出现问题时，总会斥责一番或者找政工人员求助和告状。同时，社会的大众传媒也呈现出媚俗的态势。本来以优异的作品鼓舞人、以正确的舆论引导人应该是大众传媒的优秀品质，可不良网络的流行、歪曲真理的信息泛滥、不负责的言论肆掠严重冲击了学生们的世界观和人生观，这一切蒙蔽了孩子和青年人明辨是非、识别正邪的能力，从而让广大学生在学习和生活方面蒙蔽上各种各样的误区。美国著名作家约翰·厄普代克（John Updike）称网络上的信息是"大多数都极不精确，缺乏编校，无从查考，也过于幼稚"①，美国传播思想史的先驱约翰·杜汉·彼得斯（Peters John Durham）也说："这些新媒介号称使我们更加接近，可是它们只能使交流更加难以进行。"② 全球多元文化的大量涌入虽然拓宽了大学生的眼界和心胸，但同时也给大学生的理解力、判断力造成了很大的障碍。当然，全球多元文化的大交流、大融合也给当代的学校教育工作提出了更高的要求和更大的挑战。所以，需要学校教育能够放宽眼界、放宽心胸、放宽教育面，对孩子和学生们进行跟踪教育、持续指导，如果有可能，不妨将自己的教育触角伸入社会，对学生进行适当的生活或社会实践指导也未尝不可。这几年来，大量的社会不公平和黑暗事件首先都是在网络上被广大青年朋友和网迷们挖掘出来并受到法律制裁的，这说明我们的网络时代主体上还是很正义很明朗的，青年人的价值观主流上还是比较正确和积极向上的，我们也应该看到这个正面的方面。

社会潜性教育其实主要靠的就是社会信息的传播。实际上，信息传播的中

---

① 【美】约翰·厄普代克著，康慨译：《数字化面前，作家身份末日将至》，《中华读书报》2006年8月2日第17版。

② 【美】彼得斯著，何道宽译：《交流的无奈——传播思想史》，华夏出版社2003年版，第133页。

心环节是受众对信息的心理反映过程。这个心理反映过程关系到信息传播的最终目的能否实现，能够在多大程度上实现的问题，因为信息传播的最终目的是使信息被广大社会公众注意、接受，并在影响受众意识的基础上，进一步影响人们的行为。显然，受众对信息传播活动具有制导作用，只有那些符合受众需要、符合受众心理活动规律的信息传播活动才能取得预期的传播目的。反之，不顾受众的需要、违反受众心理反应的客观规律，单从主观愿望出发，进行信息传播活动，就不能较好地实现信息传播目的，甚至会受受众心理等因素的影响，事与愿违①。由此可知，我们一下子就能理解为何某些学生在课堂上总是打瞌睡、看小说、做自己的私活甚至交头接耳聊天而不愿听老师讲课了。一看到这些情况，教师们总是说是学生素质降低了、学生的求知欲望下降了、学生遵守纪律的自觉性丧失了，可我们能否认真考虑一下，有几个课堂上居高临下照本宣科、自说自话、一意孤行的教师真正了解过学生需要什么、学生喜欢什么、尊重过学生的求知规律呢？所以，为了真正激发学生的学习兴趣，我们应当要调动课外教育，弥补课堂教育的漏洞和缺陷。

课外教育包括一切潜性教育正是基于尊重学生的求知需求而力求达到信息传递的双方平等、互动、尊重合作的教育模式。从发生学的角度看，一切知识包括道德都是源于人们物质生活过程中的社会交往活动，是在人们的社会生活中形成并发展的。因此，书本知识和人间的一切理论原本就是生活世界的一部分。如果拿德育来说的话，在原始社会里，德育过程是与人们的生活融为一体的，是直接同一的，也就是说德育过程与生活尚未分离，生活性是德育过程的突出特征。比如儿童通过日常生活以及参加宗教或节庆的仪式、歌舞、竞赛等形式接受道德教育。由于德育过程与生活融为一体，因此德育非常具体、生动，其效果可能是现代德育难以望其项背的②。所以，当代思想道德以及所有课程教育的课外教育都不是一种新的创造，不过是遵循原始规律将教育生活化的过程，让学生在课外生活以及社会生活中依据自身的需要、依据一定的社会活动规律和社会准则接受体验性、感悟性认知和学习的过程。

所谓的接受体验、感悟性认知其实就是一种"卷入性"学习过程。潜性的课外教育就是要加强学习者身份和意识的卷入性，溶解掉自己被动接受教育的对立情绪和抵制心态，在顺其自然的角色扮演或角色替换过程中"合意性"

①　楚玉华：《信息传播中的受众心理分析》，《菏泽师专学报》2002 年第 3 期，第 93 页。
②　檀传宝：《学校道德教育原理》，教育科学出版社 2000 年版，第 7 页。

地使知识、技能、体悟、感动内潜性地成为学习者言行、思想的有机部分而被学习者深刻、真实地吸收、消化。这就是课外教育优于课堂教育的心理内生机制。

三、立体教育优于平面教育

平面教育主要指的就是传统的校园教育，该教育具有平板性，常常以其固有的模式、既定的顺序、预设的规范、多年一贯的陈旧做法来实现教与学的工作；同时，传统校园教育被称为平面教育还在于它的既定性、呆板性、单纯应试性逐渐磨灭掉了学生的个性和创造力，使学校培养出来的学生趋向同质化和商品化①。平面必定是由点、线组成的，其中课堂教育就是点教育，围绕和配套课堂教育的实施而延伸出来的校园内课余活动的辅助教育串联成了线教育，而由各类课堂教育、各种校园内课余活动包括校园文化的交叉组合就构成了校园教育的平面。高校平面教育是以课堂教育为主、以教师为中心、以教学方案为纲、以人为灌输为主要方法的显性教育，学校平面教育其实就是显性教育。另外，以知识教育为中心而延伸出去的德、智、体、美、劳全面发展的教育目标是学校教育内容上的平面化，高校当下要求学生德、智、体、美、劳全面发展仍然是出于为知识、技能、专业传授服务而提出的要求，学习成绩优异、专业技能高超、智力竞赛超群仍然是断定一个学生优秀的主要甚至是唯一指标，虽说道德水准的评定、身体素质的考核、艺术审美能力的判别等也已断断续续成为评判一个学生的参考指标，但在学生特别是高中生、大学生评优、求职、升学、出国的过程中，这些参评指数仍然很难明确体现出其应该具有的效率，甚至可以用一两句话不痛不痒地带过，大学生所学专业以及专业等级仍然是断定大学生命运和发展前景的基石。目前我们还很难找到有说服力的证据证明学校有一套严格的指标体系对每一位大学生能够进行全面而权威的考核。

所以，我们必须提出立体教育这样的概念来完善和拓展高校的平面教育，

---

① 商品化：这里的商品化实指人才的商品化。今日学生学习、参加各类培训、报考各类考试的根本目标越来越为了生存技能和求职；学校也并不忌讳谈论如何让学生在社会上能立足的培养目标，如升学率、就业率早已成为中小学和大学最为重要的考核指标，不断升学就是青少年最重要的立足之基、能很顺畅地就业就是大学生毕业后立足社会的标志，当然以此作为学校的考核指标实在误导了教育；追求就业率的实质就是把学生以及学校培养的人才当成商品，毕业后的签约就是将学生贩卖给用人单位的贸易活动；学生自己也并没有将就业看成是实现人生追求、创造自我价值的过程，而是当成了在激烈的人才市场竞争中获胜并值得炫耀的资本，当然没有学生否认这种资本是靠出卖自己的劳动换取的；商品化的膨胀还让部分学生对把身体、灵魂当成商品来交易习以为常。

因为对于一个人的成长来说，家庭、社会的影响更为久远和深刻，即生活本身就是最好的老师。既然如此，学校就应该要重视家庭、社会潜移默化的教育力量，把家庭和社会的教育潜力纳入到学校教育的视野和实践中来，从而在空间和时间上将教育延续下去，全面而稳固地构建出涵盖人一生的可持续发展的立体教育。如经历过战争的人才能感受到战争的残酷、才能体会到对战争的厌恶、才会明白平常的和平生活是多么珍贵：

击鼓其镗，踊跃用兵。土国成漕，我独南行。从孙子仲，平陈与宋。不予我归，忧心有忡。爰居爰处？爰丧其马？于以求之？于林之下。死生契阔，与子成说。执子之手，与子偕老。于嗟阔兮，于我活兮。于嗟洵兮，不我信兮。①

这就是亲历战争的将士才会有的切身感受，只有在社会的实践和磨砺中才会获得真知，在课堂上把战争说得多么残酷、多么令人讨厌、多么破坏了人们正常的生活秩序都是一种理性灌输，根本达不到一个参军将士理解和感悟的深刻效果。学生听多了这种灌输只会麻木和反感。所以在西方德育史上存在着适应主义和自主主义两种德育倾向。适应主义主张德育目的是使学生掌握社会道德条目，以期把学生塑造成适应社会道德生活的人。其道德实践重在向学生灌输道德规范条款，学生成为道德知识的"容器"，致使学生的意愿被忽视和剥夺，根本无情感自由可言。自主主义从人本主义立场出发，认为德育目的是发展个体道德生活判断力，其德育实践重在促使个体选择不违背法律的道德行为，反对盲从，突出主体的自主性。自主主义德育尊重学生意愿，把学生自主行动能力当作德育终极目标，适应现代社会发展的要求，成为当代德育的主流②。看来，我们传统的学校德育就是一种"适应主义德育"，要求学生放弃自己的主体需要而去一味迎合、适应既定的社会"道德规范条款"，这就是平

① 迟文浚：《诗经百科辞典（上）》，辽宁人民出版社1998年版，第41页。原文的译文是：战鼓擂得咚咚响，士兵踊跃练刀枪。有的为国挖战壕，有的筑漕城，偏我远征向南行。跟随将军孙子仲，和好邻国陈宋是为了伐郑。回老家偏我没份，使我心焦又伤痛。行军掉队哪里停留哪里住？谁知在哪儿又丢了战马？叫我何处寻找它？我呀找马来到山林下。生和死都在一起，和你约定的话还记在心里。紧紧握着你的手，誓与你白头到老。可叹如今相别离，不能回家与你团聚。可叹如今远离散，使得咱们誓约不能如愿。

② 江如钢：《德育情境创设与心理自由式德育的建构》，《延边教育学院学报》2006年第1期，第28页。

面教育所能做到的程度。而要真正实现"自主主义德育"，就必须强调"尊重学生意愿，把学生自主行动能力当成德育终极目标"的社会性参与式、实践式、行动式的潜性立体教育模式。不仅仅德育如此，学校内的一切课程教育、知识教育、艺术教育目前来看莫不如是。除了建立家庭、学校、社会相结合的空间立体教育模式，立体教育在教育内容上应该构建开启智识、塑造品德、强化体质、提升美感、发挥特长等平等、均衡、全面的立体体系。在人的整个一生中，他所应该做的，只是在这种固有人格基础上，去最大限度地发展它的多样性、连贯性与和谐性，小心谨慎着不让它破裂为彼此分散、各行其事的相互冲突的系统①。智识、品德、身体素质、审美能力、特殊技能等等都是构成完整人格的重要方面，它们都是为人格精神服务的，而人格精神才是人真正成为人的标志，知识技能不过是为了维持完整人格精神不破的工具手段。从这个意义上说，高校的一切专业教育包括思想政治教育停留在知识、概念、理性的平面灌输上实在是漠视人格尊严的虚假教育。立体教育是构建在社会基础之上，动用社会的一切资源和因素，让它们与学校教育、课堂教育相结合，达到彼此协调、彼此对应、彼此互补的教育方式，这种教育可以让学生在理式之上有更多的感性认知和切身体验。同时，社会表现出来的种种利弊需要经过学校的判断、选择、甄别、整合之后再在学生的记忆中打上烙印，剔除掉学生可能会受到的不良印象、建立起正确而豁达的精神世界，这就是潜性教育与显性教育的最佳结合。学校教育目前的最大弊病就是脱离了社会实际，完全是建立在一整套自己的理式基础之上的教育，这种层面没有触及到社会的实质和真相，往往培养出精通理论却无法真正适应和应对社会变化的"书呆子"。社会融汇着更为生动活泼、变化万息、锻炼人性的潜性教育，那么今天的社会究竟是一个怎样的社会呢？

当代人在当代社会中受到的时代冲击是空前的，生活节奏空前加快，交通和信息的传输越来越便利，社会发展日新月异，科技的繁荣令人眼花缭乱，新事物新环境层出不穷，可人与人之间的竞争越来越激烈，工作的压力越来越大，可供人们自由呼吸的空间越来越小，特别是越来越高昂的生活成本让人们越来越艰难困顿，人与人之间也走得越来越远……面临快速变化不息的时代，当代人更加不再知道自己究竟需要什么，丧失了舒闲的自由时间、丧失了持久

---

① 【瑞士】荣格著，李德荣编译：《荣格性格哲学》，九州出版社 2003 年版，第 5 页。

的兴趣爱好、丧失了稳固的诚实信任、丧失了系统的身体保健，总之，空虚、落寞、闭锁、疲惫、厌烦情绪不是远离了，而是零距离地纠缠在我们身边。特别是现代传媒，如电影、电视、手机、互联网等信息科技的大发展加强了我们的视听感官而压平了我们的思维空间、增强了我们的思维惰性和求知依赖性。同样，现代商业传媒和市场经济运行的发达促进了各类商品空前的社会化、平民化和生活化，包括文化艺术商品的生活化和群众化，从而使社会价值呈现空前的金钱化趋势。①

这样一个社会是喜忧参半、进退并存、美丑同在的社会，是一个实实在在的巨大的活字典、教科书，学校教育是否已经联结上了这样一个社会、是否已经将自己作为一个部类融入了这样一个社会、是否已经找到了应对这种社会背景的教育方式，恐怕做得还明显不够吧。今天的社会各类信息集中、各种潮流澎湃、各样矛盾重重，在时间、空间上方方面面的冲突都异常激烈，正是时间有限、空间无限之间的巨大冲突，人们的精神消费开始在时空的迷惑中产生了一种渴望：在有限时间内享受到全身心最大限度的刺激和放松。于是视觉、听觉甚至触觉、嗅觉在同一时间段内的联合运用、同时受"刺激"以达到全身心的完全放松和享受成为人们在消费精神产品时的最大奢望，而且这种奢望最好能在生活、工作随时出现的短暂空闲内得到实现②。这样一种精神消费的状况也相应地在教育上呈现出类似的特征：竞争越激烈，人们急功近利的教育表现就会越突出，父母、学校、老师越来越追求短期成才、快速成才、年幼成才，前些年著名大学的"少年班"③ 就是这样一种教育急功近利的表现，就是希望在最短时间内培养出最"神奇"的天才来。

今天的社会实践拼命往学校里钻，部分学校管理者和教育者是戒备森严地阻隔这股社会潮流往学校里钻；部分学校管理者口口声声要表现自己是孔夫子的继承人，在社会上的一言一行却又是标准的社会商人；部分老师在课堂上讲的是仁义道德，学校外可能又成为市侩下流的一分子；给学生灌输的是崇高理

---

① 成乔明等：《艺术价值的当代性思考》，《文艺理论与批评》2009 年第 4 期，第 95 页。

② 成乔明：《艺术市场学论纲》，河海大学出版社 2011 年版，第 203 页。

③ 少年班——在中国大陆，中国科技大学 1978 年创办了第一个大学少年班，当时招收的学生最小的 11 岁、最大的仅 16 岁，有的孩子还在上小学三、四年级，在稀里糊涂中就变成了少年大学生，学习大学的知识和课程。1985 年，国家推广了少年班制，鼎盛时期，排名全国前 15 名的知名大学都创办过少年班。今天，除了中国科技大学之外，所有大学的少年班都已经偃旗息鼓。

想、高尚人格，跟家长却是伸手要钱、锱铢必较。总之，学校教育在这样一股社会潮流面前开始焦躁不安、自相矛盾起来，这说明学校对社会也在做出自己重新的评定、抉择和反应。这未必是坏事，起码可以让学校及时做出调整、明确自己今后的发展方向、真正改善我们培养人才的思路和模式。当然，学校的变节和堕落是令人痛心的，这里不展开批判。同时，不可否认学校的保守还是显而易见的，书本知识、理论内容、教育方式并没有过多的改观，由于坚守课堂范式的设定，传输给学生的东西与社会实际还是无法接轨，所以我们这种并没有与时俱进的学校教育生产出来的产品一半以上是"废品"：不了解社会真相、缺乏社会的适应力、无法自我生存、更无法学以致用。社会是变化莫测的，但却又是真正创造人才的场所，给人的往往是最实用、最得体、最深刻的教育，尽管现实有时相当残酷，但惟有在残酷中长大的人才会变得更加坚强、更加超值。所谓立体教育，正是基于这样的认识，而不惧怕社会且灵活应战社会并将社会的对与错作为教育素材引进学校教育中的复合式教育。立体式教育还表现在将学生闭锁与开放相结合的教育，闭锁就是传统的课堂教育、学校教育，开放就是将学生勇敢地"放养"到社会上去的教育，让他们接受严酷的社会锻炼和考验，然后再回炉接受闭锁教育的模式；立体式教育追求的不再单纯是知识的传授，更注重一个人多方面才能、多方面素养共同发展、全面提高和力求完善的教育；立体式教育强调老师的引导和指教，也不忽视学生自我的体验、自我的领悟和自我的内教育；立体式教育具有更加错综复杂、灵活多变的手法和过程，而不局限于教与学面对面直接对话和交流的教育手法和过程，更在乎间接教学、实践冲击、融入体验、深度经历、自我觉悟，当然课堂教育作为辅助而将人生和生命、将自然和社会、将成长和生活作为最有力的本位教育才是真正理想的立体化教育模式；立体式教育的动机不再以完成预设教学计划和教学任务为主，而是以尊重人性、启发潜能、挖掘天赋和兴趣、开发技能和人文精神等多元目标为主。传统的学校教育实行的是长期的关押式教育，这样是培养不出真正的人才的，正如家养的鸡肉永远没有野生的鸡肉鲜美一样。

第三节　建构集群式素质教育体系

英国古典政治经济学家亚当·斯密（Adam Smith）在《国富论》中明确提出劳动分工有三种类型：企业内分工、企业间分工、产业分工或社会分工。其中，企业间分工可能是企业集群理论产生的启明灯。后来，卡尔·海因里希·马克思（Karl Heinrich Marx）在谈论协作性的企业生产时也明确提出企业的协作性生产明显比分散性生产具有更多好处：（1）在相同产量的条件下节约了空间；（2）有利于在交货期临近时完成较大的生产量；（3）生产率会明显提高；（4）可以保持不同环节生产的连续性和比例性；（5）提高了生产资料的利用率。总之，对高效率和低成本的追求，成为产业集群形成的内在动因①。后来，哈佛大学教授迈克尔·波特（Michael E. Porter）综合众经济学家的观点，率先提出了全球经济下的产业集群理论②。当然，产业集群的概念和内涵在产业界、经济界至今未能有统一的认识，但大致认为产业集群就是众多企业将自身的优势和特长联合起来形成更加强大和有效的企业合力，以降低企业的成本和提高企业的生产率还是可信的。南京大学商学院博士后朱英明在谈到创新集群时就提出：集群可以看作是在增值生产链中相互联系、相互依赖的公司的生产网络，也包括与大学、研究机构、知识密集型商用服务、联结机构和消费者等的战略联盟……大多数创新活动涉及众多的参与者，源于不同参与者互补性专业化能力和知识的结合③。毋庸置疑，集群理论在我们看来完全可以突破经济学、管理学的樊笼而进入教育中来。所以，在这里我们大胆地构建了学校集群式素质教育体系的概念，这一概念也可以称为学校素质教育集群。

我们大致可以给学校素质教育集群下一个定义，就是：围绕学校素质教育目标，学校与学校、政府、企业、家庭、社会名流等组织机构或个人之间形成的优势资源互补式合作的素质教育战略同盟④。对这一定义有几点说明：（1）形成学校素质教育集群的目的是实现全国或地方性学校素质教育的目标，而主要不是为了非学校教育发展的其他目的；（2）集群关注的是学校素质教育发展的长期目标、全局目标，落脚点是为了提高在校生的综合素质；（3）学校

---

① 赵强等：《产业集群理论综述》，《中国经济评论》2005 年第 1 期，第 21 页。

② 同上文，第 23 页。

③ 朱英明：《产业集群论》，经济科学出版社 2003 年版，第 110 页。

④ 战略同盟：战略同盟是两个或两个以上组织共同工作和（或）为同盟参加者的利益而分享资源的协议。战略同盟建立在与一个或更多的其他公司交换和/或组合一些、但不是所有资源的基础上。战略同盟的建立是为了减少内外不确定性，外部不确定性包括市场需求和竞争对手行为的不确定性，内部不确定性包括资源（保持公司效益的信息、知识）的不确定性。同盟的缺点有：1. 由于伙伴各方利益、目标的分歧以及环境的变化而可能出现瓦解；2. 管理的复杂性；3. 必须花很大的力量和很多时间进行管理；4. 组织灵活性减少。参见陈云卿：《当战略同盟具有意义时》，《管理科学文摘》1999 年第 1 期，第 14 页。

是集群体系的核心和中心，亦是学生各类素质教育的主导者，着眼点是通过学生全方位素质的提高来为全社会公民整体的素质提升奠定厚实的基础；（4）各集群成员实行的是各自优势资源的互补，而不是所有资源甚至是逆势资源的凑合；（5）集群追求的是一种开放教育，即在教育效果上希望达到学生全方位素质的提升，而不是关注某一方面的单一教育；（6）不排除对特殊人才的特殊教育，甚至对待某些特殊才能非常出众的学生来说也不放弃他们其他方面素质的挖掘和培养。大体上说来，学校素质教育集群体系包含三个方面：教育主体的集群体系，教育内容的集群体系，教育方法的集群体系。而教育集群体系正是全面贯彻落实生态型教育观的具体表现，反之，如果我们的教育集群体系成功建立的话，也就宣告了生态型教育模式的真正形成。

一、教育主体的集群体系

既然着眼于学校素质教育，那么从事学校素质教育的第一个主体自然就是学校本身了。当然，学校要放开心胸、拓宽视野，紧紧盯着自己的一亩三分地是没有多大出息的。所以学校之外的各种社会关系都有可能成为能服务学校、完善学校素质教育潜在的教育主体。我们可以先来分析一下学校这个首当其冲的主体。

学校内部集群是学校作为素质教育主体的主要部分，学校内部集群包含软硬集群、潜显集群。其中软硬集群是指学校要注重自身软硬件的建设，努力使软件环境、硬件环境得到全面改善，以优质的"软件包"和"硬件箱"为学校素质教育发展提供优质的核心动力。学校的软硬集群用下图可以表示为：

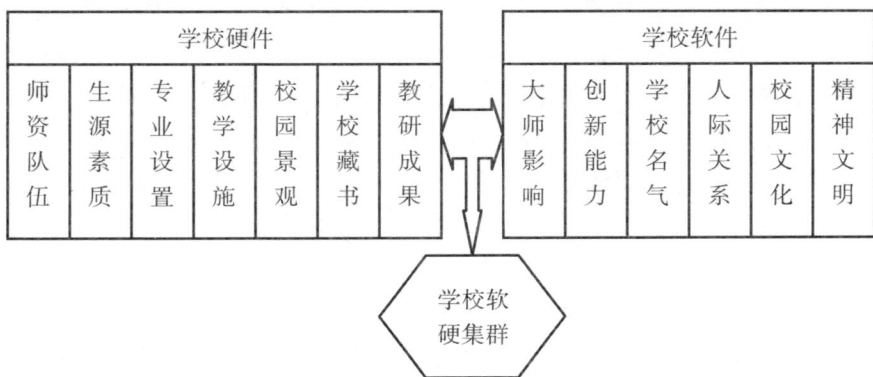

图 5 - 2　学校内部软硬集群体系

其中，师资队伍、生源素质也可以归为学校软件，但老师、学生是学校最核心的组成部分，从以人为本的角度出发，人的素质也是发展的硬道理，所以把他们划为学校硬件并不影响问题的说明；同时，精神文明建设也可以归为硬件，但从精神文明建设的成果是着力建立一种氛围来说，它被归为软件可能更加合适。另外，从学校内素质教育方式来说还可以分为显性教育与半潜性教育，其中显性教育重各类知识体系和素质方面的理论教育，采取的主要是课堂教育，强调师生面对面的直接性教育和灌输；学校半潜性教育重学生生活和学习氛围的营造，强调学生在校园生活、校园课外活动、校园内外预设实践活动中的自我领悟和感化。学校素质教育潜显集群由此产生。对于学校潜显集群的构成可以图示如下：

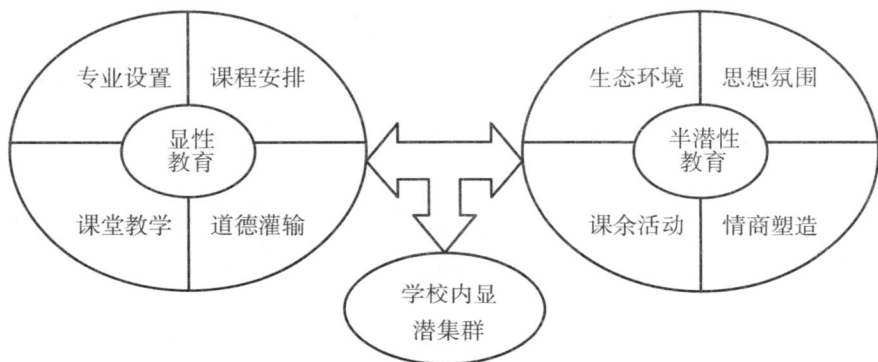

图 5-3　学校内显潜教育集群体系

　　但是，学校不可能完全独立于社会之外，世外桃源式的空间在这样一个全方位开放融合的世界越来越少。所以学校要接受甚至是没有办法不借助社会的力量来发展自己，包括帮助自己完成对学生的各方面培育工作。任何想拒绝社会影响而仅依靠自身条件来赢得各种资源都高、大、全的学校是不可能成功的，即使世界一流大学也不可避免具有各自的弱点且只能在某些专业、某些学科上出类拔萃、占据世界尖端。如哈佛大学的商学院、医学院和法学院是全美闻名的研究生院，在多次同类研究生院排名中名列前三名；普林斯顿大学的数学、物理、生物专业闻名全球；耶鲁大学的法学院在全美是排名第一的；剑桥大学（The University of Cambridge）的数学、物理、化学和医学专业是它的强项；牛津大学（The University of Oxford）的哲学类、工商管理类专业在同行中是顶尖的。天下没有一个完美的人、亦没有一个全胜的学校，寸有所长、尺有所短，一个大学要想各个方面都能独占教育界的鳌头无异乎想捞起水中月影的猴子，滑稽可笑，学校素质教育同样要注意这样一种天然规律。所以，学校素质教育外部主体集群体系的建立就有了产生的必要性和可能性。学校素质教育外部主体集群体系包括政府、企业、其他学校、校友、教育协会、社会传媒以及家庭。

学校素质教育外部主体集群又称为学校素质教育的社会集群或环境集群。政府、企业、校友、社会传媒、家庭等对在校学生并不进行直接性素质教育，它们实际上是为了维持整个社会的运转而自然地承担着其社会功能和社会分工，所以它们充其量只能算做学校素质教育的潜性教育力量，而且它们对学生实施的教育功能主要就是潜性教育。如知名校友与学校构成的集群关系无形中能增加该校学生的自豪感和集体荣誉感，知名校友对学生的榜样性影响往往久远而深刻，其无意识形成的教育作用和教育效果是任何概念、名词的宣讲都无法代替的。如美国总统克林顿、布什等政治风云人物使自己的母校（耶鲁大学）人气指数更上层楼，周恩来为南开大学赢得了声誉，胡锦涛使清华大学倍感骄傲，所谓"今日你以母校为荣，明日母校以你为荣"就是这种名声集群效应的体现。而大众传媒是学校素质潜性教育最重要的社会性主体之一。大众传媒在报道新闻和传达信息（作者注：这是其主要的社会职能）时，常包含着对某一事物的是与非、善与恶、美与丑、进步与落后的价值判断，客观上起着形成与维护社会规范和价值体系的作用。受众在接受这类信息时，就会用大脑去思考、去判断，从而形成并做出相应的价值取向，形成中层次的传播效果①。所以，学校不能闭关自锁、清高不群，以为把学生放到社会上去就要被毒害、被污染了。学校一定要敢于打开校门、联合社会各种潜在的教育力量为自己所用，培育出真正全面发展的高素质人才。当然，也有许多社会力量自己就创办学校，我们在上一章就讨论过民办学校即私立学校的问题，这里不妨再提一提，因为这是社会集群力量直接性介入教育的做法。

美国私立学校在美国教育公立化的条件下依然能够存在下去，其中一个关键原因是美国公民对私立学校的认可性强。美国很多父母都愿意将自己的子女送入私立学校就读，而不是公立学校。究其根本原因是私立学校教学水平高、学校管理好。尤其是1963年以来，美国公立学校教学每况愈下，学生学习成绩开始下降，各种不良现象如犯罪、凶杀、私生子等开始急剧上升。与公立学校教学质量形成鲜明对比，私立学校教学质量和教育水平日益提高。从一些研

---

① 周丛笑：《传播受众心理浅析》，《湖南大众传媒职业技术学院学报》2002年第1期，第19页。

究者对公私立两种学校的标准化学分的测验表明，天主教学校和其它私立学校学生的平均学分大大高于公立学校学生的平均学分。自 1970 年以来，美国盖洛普民意测验（Gallup Poll）① 组织每年都在全国范围内进行一次大规模的民意测验，以调查了解民众对公立学校的态度。过去十多年调查结果表明，公民对公立学校的教学质量一直不满。1983 年的民意测验指出，有一半的学生家长公开表示，如果私立学校免费的话，他们情愿让子女选择私立学校。当问到已经选择了私立学校的家长为什么作这种选择时，他们的回答是：私立学校"教学水平高"、"课程设置好"、"教师质量高"。私立学校不仅教学水平高，而且学校管理好、纪律性强。何以美国的私立学校就如此受欢迎呢？是有原因的。因为美国私立学校通常由私人或教会创办，规模都较小，易于管理。另外私立学校大部分和教会有联系，教会的清规戒律必然在学校中起作用，学生的言行也受到教会规章的束缚。更为重要的是，美国私立学校的收费很高，个别名牌私立中学收费几乎和私立大学一样昂贵。学生们深知入学不易，本身必然遵规守纪、加倍学习。所以，在私立学校中很少有不良行为发生。与此相反，公立学校却管理混乱，纪律松弛，学生的不良行为时有发生。其实，更加主要的原因仍在于私立学校与社会其他组织之间往往建有良好的密切合作关系，从而能为学校的教育和管理提供更多的优质社会资源、构成了形形色色的教育集群体系，这使学校的办学质量和管理水平大大提高并超越了固步自封、自命清高的公办学校。对于民办学校，我国实行"积极鼓励，大力支持"方针。1982 年颁布的宪法第 19 条第 4 款规定："国家鼓励集体经济组织、国家企业事业组织和其他社会力量依法举办各种教育事业"；党的十四大提出："鼓励多渠道、多形式社会集资办学和民间办学。"《中国教育改革和发展纲要》进一步提出："国家对社会团体和公民个人依法办学，采取积极鼓励、正确引导、加强管理方针。"国家教委于 1988 年 5 月 24 日制定了《关于社会力量办学的若干暂行规定》，1993 年 8 月 17 日，国家教委又制定了关于《民办高等学校设置暂行规定》，同时，还先后制定了社会力量办学财务管理、教学管

---

① 盖洛普民意测验：美国民意调查机构"美国舆论研究所"进行的调查项目之一。1935 年，美国传媒和统计学家 G. 盖洛普创立了美国舆论研究所，总部设在普林斯顿，专门用于对民意观点的搜集、整理以及测验，这些测验结论后来成为社会各大媒体表达广大民意的重要依据之一。其测验的调查内容包括政治、经济、社会、家庭、婚姻、生活、就业、教育等方方面面。具体做法是采用抽样调查方法，在全国各州按比例选择测验对象，派调查员面访，然后统计数据、实施调查、整理结果、分析并作出可靠的说明供用户使用。因其创始人盖洛普而使这种民意测验被称为盖洛普民意测验。

理、印章规定等"暂行规定"。京、津、沪等一些省、自治区、直辖市政府或教育行政部门，也结合本地区实际制定了相应的管理办法，有的建立了专门的管理机构，这对推动民办学校的发展和规范建设都发挥了很大作用，对我国民办教育的发展给予了一定的法律保障。民办教育就是社会集群力量直接介入学校教育的模式，无疑对我们的学校教育将起到巨大的推动和促进作用。

当然，除了主动办学，已有的学校也应当广开思路，积极引进暂时无法办学的社会组织间接性地介入到教育事业中间来。江苏的三江学院本身就是一个民办学院，但它依然在原有基础上积极吸纳各类社会力量帮助自己共同培养学生，形成了优良的教学效果和社会名声。如三江学院计算机科学与工程系与香港新华科技集团、江苏省软件股份有限公司等企业全面合作共建软件学院，探索软件应用型人才培养的新模式。社会和用人单位对三江学院毕业生优良的素质和应用能力给予了较高评价。据对用人单位的抽样调查，用人单位对三江学院首届本科毕业生的综合素质、知识水平、基本技能、适应能力等方面，评价满意率达91%。近三届三江学院本专科毕业生就业率每年都在94%以上，而且很多毕业生已在各行各业做出了杰出成绩，像三江学院商学院市场营销系首届毕业生蔡越飞，现已担任香港鸿利控股有限公司的董事、上海桥融投资有限公司的董事和市场总监等，身兼数职，成为商界精英，他心系母校，于2006年回母校在国际教育学院设立了"路可奖学金"；建筑系1997届毕业生陈建民现已担任江苏一建北京公司的经理，全面主持工作；土木工程学院2001届毕业生李江被中建八局评为"先进个人"；更有一大批素质优良、能力见长的三江学院毕业生默默无闻、勤勤恳恳、踏踏实实地奋斗在国民经济建设第一线，成为江苏地方经济建设和社会发展的一支重要力量。校友是学校最大的财富，即使没有广阔的社会关系，但能充分利用好校友的力量同样也是学校构建教育主体集群体系的重要途径。可以不直接办教育、可以不直接参与教育，但社会各方面的潜性力量不能不关注教育，只有全社会都开始关注学校教育并尽其所能地为学校教育出谋划策、出钱出力，中国何愁不能重返教育大国的光明顶呢？

教授、教师、学校政工干部、学生固然是学校的主体，但学校的教育主体不但包含了前述的学校主体，还包括学校内的校舍、草木、山湖、校风、校训、校园内的各种设施、学校名气、学校口碑等，这种内环境的所有成分实际上都对学生进行着心理的暗示、行为的引导和人格的培育。这些教育主体的地位似乎不难理解。但如若我们说社会一切机构都是学校的教育主体，大家似乎不太能够接受，或者很难去理解。因为社会机构不在学校内，与学校有什么关系呢？此为所属空间的疑惑。再次，社会机构可能与教育没有直接关系，它们是它们自我存在的社会非教育性机构，如银行就是用来收放社会资金或流通货币的，与教育没什么关联，此为属性的疑惑。其实，今日教育的实质不再是主体性教育，实际上是一种主体间性教育。法国著名的精神分析学家雅克·拉康（Jacques Lacan）曾认为：主体究竟依赖什么存在？主体何以被称为主体？其实主体就是由自身存在结构中的"他性"决定的，自身结构中的他性，玄而又玄却又确实存在，这种"他性"就是主体间性。举个例子来说，每个人大多数时候都认为自身就是主体，主体的思想、观念支配着自己的一举一动；但很多时候，人也会在瞬间感受到身体中、灵魂中有另一个"我"存在，这个"我"是叛逆的我、奇异的我、不受主体思想和观念支配的我，另一个"我"就是主体自身存在结构中的"他"或"他性"，人一旦沉醉于"他性"便会怀疑甚至推翻起正常状态下承认的自我主体来。从"他性"的角度来看自我，"他性"变成了主体，自我反而失去了主体地位。自我与自我"他性"的关系调和一直是人类内生命挣扎不休的活动，就像邪恶的人也有正义的时候、正义的人也可能会做出恶行，这就是主体间性最初的理论。所谓的主体间性其实是对古代本体论哲学（前主体性哲学）、近代认识论哲学（主体性哲学）进行反思和修正后的哲学理论、哲学观点，强调现实存在不是简单的主客体关系的存在，而是主客体可互为主体的、变化不居的、主体与主体间的存在，孤立的个体性主体已不存在，而是变成了交互性的主体群落。后来德国著名哲学家、社会学家哈贝马斯（Habermas）就将现实社会中人际关系分为工具行为和交往行为，所谓工具行为就是客体可以充当主体的工具为主体使用，这是主客体关系；所谓交往行为就是主体与客体其实也是两种主体相互尊重、相互交往的行为，就是主体间性行为。这一认知拓宽了拉康对人类心理学、内省学的"我""他"之设，使"主体间性"一词成为社会学领域至关重要的概念，实指社会主体间彼此尊重、彼此合作、彼此交融的和谐大社会的内涵。延伸到教育上来说，主体间性教育突破了传统教育将教师视为教育的中心、现代教育将学生的学习和生活视为教育的中心的两极做法，而迈步走向关注教与学之间关系、改善和促进教与学互动交流的当代教育观。从师生交互关系出发，我们可以进一步改善和促进学校等教育机构与社会其他组织机构间互动交流的互生互融的关系，从而将教育行为从校园内推广到整个社会，让所有社会机构都可以协助学校完成当代新型教育的构架和完型。

放眼整个社会来说，学校不再是孤立的教育主体，作为社会组织和社会机构承担着人类终身教育的推进功能，毫无疑问，社会一切机构皆演绎着人类教育主体的角色。学校将青年人才输送进社会，社会组织和社会机构却不仅仅是学校的服务客体，同样也通过对青年人才的使用和再培训检验着学校的教育效果和教育过程，学校的发展和建设需要社会组织机构的多元化服务，此时学校也成为了社会的服务客体，整个社会至此都成为了人类成人成才的教育主体。一个完整教育模式的本质在今天其实就是主体间性教育模式，教育主体的集群体系正是基于这样一种哲学认知和理论基础建立起来的，不局限于学校，而是整个社会。

二、教育内容的集群体系

除了教育主体要形成集群体系之外，从教育内容的角度看也必须要构建学校素质教育集群体系。这是由教育主体决定而形成的集群体系，因为不同的教育主体所擅长和体现出来的教育内容显然是不同的，或者说不同社会主体所具有的显性或潜性的教育资源是不同的。如政府或政府教育机构掌握全国教育政策的制定、贯彻、执行甚至跟踪监督，所以政府显然掌控着教育政策资源。当然，不同的政府职能部门拥有不同的行政资源，这些与教育有关或无关的行政资源都有可能构成学校素质教育资源。港、澳回归曾是中国政府严阵以待的一件国际性大事，它的意义显然不是在于教育，而是关乎我国统一、和平、稳定、繁荣的国际形象的政治性大事件，可港、澳的成功回归显然成功地鼓舞和震撼了我国青少年的思想和信念，对我过青少年来说起到了莫大的教育作用，大大增强了我国青少年的自豪感和学习的积极性。而港、澳的回归和平稳过渡也成功验证了邓小平领导集体提出的"一国两制"之英明和伟大，这种并不为教育而发生的事件必定鼓舞和推动了中国教育事业相应的发展。所以政府的英明之举往往是最好的思想政治教育及各方面教育的素材，当然政府的腐败之举往往也是严重阻碍高校师生思想政治教育进一步提升的反面教材。政府除了给学校教育提供了素材，同样政府的权力有时候也会直接影响到教育的走势、发展规模、运行方式等，政府主要是通过制定或修改教育政策实现这一目标的。

同样，企业可以成为学校素质教育的资金资源和体现国家经济制度优劣方面的个案资源。企业每年会吸纳学生去实习、参观、锻炼以及有针对性地接受绝大多数的高校毕业生；企业每年也会在各大高校设立奖学金奖励德、智、体、美、劳全面发展的优秀学生；企业还会在高校成立特困助学金以帮助那些特别困难的大学生顺利完成他们的学业；企业还资助大学生出国留学，与国外一流大学联合培养世界先进人才，总之，企业作为一种重要的社会力量，有意、无意地给学校各方面的教育给予了莫大的支持，这对学校素质教育目标的实现是非常重要的。如甘肃省建筑行业龙头甘肃七建集团公司近年来就为教育界做了大量的贡献：他们先后为兰州大学、西北师范大学、甘肃农业大学、甘肃政法学院等十多所学校提供了高效、优质的服务美化了学校的环境、为学生提供了舒适的生活空间、也为自己和学校争得了荣誉，从而无论从校园硬件还是软件建设上都贡献了自己的力量。他们为各个学校修建的教学和住宅楼总面积达到了 20 多万平方米，并获得了多种优质奖项，其中兰州大学的部分住宅小区由于规划设计、建筑样式、建筑质量、建筑功能、小区配套设施、绿化布置、人文氛围等皆是上等，被评为"住宅工程优良小区"；西北师范大学田家炳教育书院以及兰州大学榆中校区第一教学楼双双被评为甘肃省建设工程质量最高奖——"飞天奖"；兰州大学综合教学楼在接受兰州市质量监察部门的测评中获得了历史上的最高分 90.2 分，从而一举夺得 2002 年的"飞天金奖"，后来不久，该综合楼还因为外观设计、内部空间布置、建筑质量、建筑功能布局等各方面皆优秀而获得了全国建设工程质量最高奖——"鲁班奖"。随后，甘肃省第七建筑集团公司还结合高等院校对建筑企业、建筑工地的特殊要求，多次总共派出 200 多名管理人员到北京、上海等全国发达地区和先进建筑企业学习管理经验、接受更高层次的职业培训，从而全面提升了自身文明施工的良好形象。他们规定在学校内施工一定不要践踏到施工区内的红花绿草、不能使尘土到处飞扬、不能影响到学校正常的教学秩序和教学质量，这种高水平、高目标的管理要求引起了甘肃整个建筑行业的震惊和好奇，从而成为全省文明施工的一大亮点。七建集团在兰州大学综合科教楼的施工现场就先后接待了 300 多批参观学习人员和单位，随后的甘肃农业大学逸夫科技馆、西北师范大学综合实验楼工地等工程先后被评为省、市级文明工地。这样的企业行为虽然没有给学校的知识教育带来直接影响或者说没有直接参与到学校学生培养的活动中去，但他们给学校创造的环境和氛围、留下的美丽建筑将永远对在校生产生潜移默化的影响，因为他们参与创造了学校的硬件设施建设。这是高校利用外部集群力量完成内部集群建设的典型案例之一。

企业除了可以给学校教育产生环境和氛围上的建设之外，还可以直接参与到学生和人才培养活动中来的，但仅仅是一种间接的资助或者参与，所以仍然可以算作学校教育的外部集群力量。如这十年来，作为全球技术的引领者，英特尔以支持教育作为履行企业公民责任的重点，在中国系统地推进了"英特尔·教育计划"①，一直积极与中国教育部和各地政府通力合作，协同各相关机构，倡导并推动教育创新，为中国培养适应 21 世纪知识经济发展的人才。教育部副部长陈小娅表示，英特尔公司将一流的教育理念、培训模式和管理方法引入中国的教学体系，其对中国教育的投入极大地支持了中国建设成为"创新型国家"的目标。英特尔公司作为一个社会性企业机构，全力支持中国以及全球的教育事业，从已取得的成绩上来说，是令人佩服和赞叹的。该公司从在中国开始推进英特尔·未来教育项目以来，截至 2007 年 10 月底，已为中国累计培训中小学教师达到了 100 万名（相当于中国教师总数的 10%），据统计，中国的中小学生从这项项目中受益的人数当在上亿名。英特尔还承诺至 2011 年将在中国培训教师总数达到 170 万名。另外，全球顶级的、被誉为"少年诺贝尔奖"的英特尔国际科学与工程大奖赛（Intel ISEF）也在十年前被引入到中国。自 2000 年开始，英特尔公司开始赞助中国学生每年参加在美国举行的 Intel ISEF 总决赛，至今共计有 200 名中国大陆学生参与了 120 个项目的竞赛，并赢得了 130 多个奖项。而"全国青少年科技创新大赛"也是由英特尔（中国）有限公司领衔赞助的。2003 年 10 月份，作为课外社区普及性教育的英特尔·求知计划②也在中国启动，这项计划的立足点和目标主要是在校园之外并以社区为主要领域进行课外活动方面的实践和科技创新训练。在中国科学技术协会通力合作下，截至 2007 年 12 月底，中国的 23 万名青少年在社区青少年活动中心和学校完成了培训。企业有资金、企业有项目、企业有广泛的社交圈、企业还有对人才的广泛需要，所以，企业的确堪称学校素质教育社

---

① 英特尔·教育计划——"英特尔·未来教育（Intel Teach to the Future）"项目是英特尔公司为支持计算机技术在课堂上的有效利用而设计的一个全球性的培训项目。该项目的目标是对一线的学科教师进行培训，使他们懂得如何促进探究型学习，能够将计算机的使用与现有课程密切结合，最终使得学生能够提高学习成效。该项目实际上是对计算机操作教育的一次直接的社会性干预，通过对计算机教师的更新培训以达到提升学生计算机学习水平的全面成效。当然，英特尔公司不遗余力的投入最根本的目的是为了促进公司产品的营销和普及率，实质上属于一种商业行为，故而算得上是社会性潜性教育成功的尝试。自 2000 年以来，中国累计 180 万中小学教师接受了项目培训。通过培训教师，英特尔·未来教育项目将惠及全球超过 3 亿学生，帮助他们在全球经济大潮中学习，成长并取得成功。

② 英特尔·求知计划——该计划是英特尔·教育计划的一部分或子项目。该计划旨在通过社区、课外教育使学生具备 21 世纪知识经济社会所需的认知能力和数字技能。具体的计划是要求在 60 个小时的动手操作型技术培训中，通过具体的项目和活动，向参加的学生（8～16 岁）介绍常用的计算机应用技能，包括文字处理、图形图像和多媒体应用技术。在基于项目的学习氛围中，为学生提供有针对性的社区课外信息技术课程和相关的动手实践机会，培养他们的高级思维能力和团队合作精神。

会性集群体系中的中坚力量。谈及电脑技术，相信今天的人并不陌生，电脑技术无法代替人脑，但在很大程度上越来越成为人类的"代言人"。全球的电脑迷、网迷越来越年轻化，年轻一代甚至孩子们通过计算机网络技术（即通信技术和计算机技术的结合）获得了大量的延展性时空和海量信息，加速了了解世界、了解社会、认识自我、扩充社交的现代化进程，却也带来了许多未知的隐患。2005 年 12 月，美国公布了一则全国性考试结果的调查分析，就显示出美国大学毕业生的英语读写能力在过去的十多年间明显下降，该调查分析指出其原因是"近些年越来越多的青少年将他们的空余时间都用在看电视和上网上了"①；同时，美国麻省理工学院和斯坦福大学等高校的研究人员曾对 9 ~13 岁的孩子进行了一系列测验，结果表明，不使用计算机的孩子的学习成绩明显比常使用计算机的孩子要好②。尽管如此，科技的进步是阻挡不住的，人类从中体验到的快乐和欢愉依然是不可否认的，为获得新型的享受而需要付出的代价逃不掉。当然，仅仅为了给企业的商业利润买单而去牺牲人类长久的利益是需要我们正视的。

各国的企业是最了解各国的经济管理政策和经济发展现状的，因为它们是活跃在经济管理政策和经济发展第一线的被调控、被规范、被管理者，而经济管理政策和经济发展现状是学校素质教育的重大内容之一，要想让学生亲身感受国家的经济管理政策和经济发展现状的优劣，就应该让学生参与到企业科研、生产、贸易、消费的第一线。当然，企业也会出资资助本国学生到国外学习先进的政治理念、治国方略，如日本明治维新的巨大成功就是建立在政府和企业出资送大批学习者到西方先进国家学习西方资本主义政治理念和革新方略基础上得以实现的。无论如何，这种身同心受的切身体验教育过程远远胜过课堂上乏味而空洞的数据罗列、个案分析、理论推导。潜性教育的实质就是要让各类社会资源、社会内容、社会现象成为教育孩子成长的重要力量，让孩子们在自由生活和自由成长中获得真知、成为智者。

从这个角度上来说，不仅仅是企业，任何社会机构都可能成为高校教育资源的提供者，当然，这些社会机构本身并不是教育机构、不带有任何教育目的或者其主要的生存目的是非教育的，它们与学校打交道有时候根本就不是想参

---

① 李茂：《调查显示：美国大学生读写能力下降》，《中国教师报》2005 年 12 月 28 日第 A4 版。
② 《新的研究表明——计算机时代教师作用仍无可替代》，《参考消息》2003 年 6 月 17 日第 6 版。

与对学生的教育，实在是为了自身的生存性发展而已。如学校附近的邮局主要是为了赚取师生与外界发生信息交流的费用；学校旁边的饭店主要是为了赚取师生吃饭的饭资；学校附近的银行主要是为了赚取学校或师生存、贷款的利息差；学校附近的书店或文化场所主要是为了赚取师生阅读、文化生活的消费。但这些本意不是为了充当教育者的社会机构却不可避免地构筑了一种社会性教育环境。环境的作用是无形无声却无比深刻的。一个人如果生活在一个无法接触到真理的社会环境里，他就会从感情和身体上都产生一系列对那种生活方式冷漠甚至敌对的反应，当然顺应一个肮脏的社会而变得同样肮脏的人也是为数不少的。或者说，如果有一个年轻人生活在一个完全失去了美的城市的街区里，这里每一样东西都充满了丑恶，这种状况就会在他的感情和身体上产生顺应性的印象或彻底打上环境化的烙印。美国哲学大师伯拉罕·哈罗德·马斯洛（Abraham Harold Maslow）就曾说过，如果美的东西不再存在，每天生活在完全丑恶的社会里我们就会发现这些丑恶将对人们的精神产生坏的影响。当然，这些环境所导致的许多心理疾病并不是侵犯了原本未受任何损伤的机体的疾病，也不是那些微不足道的、容易治愈的疾病，而是超越性疾病，这是全身性疾病，因此，它会影响每个人的身心①。环境对人的造就或破坏是无声的、潜移默化的，但其效果却异常的深刻。这就是一种潜性教育。

任何社会机构都可能是学校潜性教育集群体系中的施教者，它们的教育资源构成了学校素质教育内容的集群体系。概括说来，政府为学校提供了素质教育内容的政策集群，企业为学校提供了素质教育内容的资金集群，其他学校为本学校提供了素质教育内容的教研集群，校友为学校提供了素质教育内容的声望集群，现代传媒为学校提供了素质教育内容的信息集群等等。这一切皆是由上述主体间性教育集群体系决定的，即社会所有机构皆是教育主体，所有机构从事的行业行为自然也就会构筑出教育的内容集群体系。如果把这些素质教育潜性的内容集群体系真正构筑起来并发挥出它们应有的作用，那么学校素质教育工作必将走向一个更为辉煌而崭新的天地。

三、教育方法的集群体系

学校素质教育方法的集群体系大致包含了四种方法：显性教育、半显性教育、潜性教育、半潜性教育。而要真正构建起一个完备而发达的围绕学校展开

---

① 【美】马斯洛著，成明编译：《马斯洛人本哲学》，九州出版社2003年版，第174页。

的教育方法的集群体系，我们认为可以从两个方面来讨论这个问题：学校的自我奋斗，社会的集体帮助。这样内外兼修，才合理而全面。

（一）学校自我奋斗

1. 学校要狠修内功，认真发展自己的软、硬件，注重自身的显性教育功能和半潜性教育功能的平行运用。软、硬件的建设如今已经引起学校的普遍关注，而且，大家也都在贯彻落实，所以这里不再赘述。对于显性教育和半潜性教育的问题依然是有待关注的问题，所谓显性教育就是传统的师带徒和课堂讲授的教育模式，这是中国学校教育的主要形式，如各类专业课程的课堂讲授、党校的理论培训、名人名师名家的讲座、先进事迹报告会等；而学校半潜性教育就是发生在课堂之外的非面对面的体验性教育，如校园生态环境的营造、校园文化的建设、校外社会性实践活动等等，虽然这些教育模式摒弃了传统的课堂讲授，但毕竟仍然属于教纲、教程、教学计划的组成部分，是办学者和教育管理者有意设置并作为显性教育的延伸和补充性的教育，所以我们称之为半潜性教育。学校内的显性教育无需增强，学校的半潜性教育却不能不增强，那就是增加学生的课余时间和扩大课外活动的范畴。苏联著名教育家苏霍姆林斯基就曾说过："经验证明，可以这样来安排学生的脑力劳动，让他的下半天自由支配，而不必坐在那里读书和做练习。"① 英国的小学生就是"上午 9：00 上学，下午 15：00 放学"②，美国中小学暑假不给孩子留家庭作业③，法国早在1956 年便规定全国的小学，禁止给小学生布置家庭作业④，印度对"私立公学"也有明文规定："小学生、初中生早晨 8 时 30 分上课，中午 12 时 30 分放学；高中生则早晨 7 时 45 分上课，中午 12 时 45 分放学。下午，学生通常可以参加自己喜欢的课余活动。"⑤ 童年本来就是需要享受无拘无束的快乐时光，让生活的本相来引导和塑造孩子，其巨大的效果是深入骨髓、印刻在生命中的，自由活泼成长的童年会让人的成长更完全、更健康、更值得留恋。让生活教育孩子、老师和家长做好辅导和指引工作是对童年最好的教育方法。

---

① 【苏联】瓦·阿·苏霍姆林斯基著，杜殿坤编译：《给教师的建议》，教育科学出版社 1984 年版，第 72 页。

② 彭兴庭：《中小学作息"朝九晚五"值得期待》，《中国文化报：文化生活周报》2006 年 2 月 22 日第 1 版。

③ 杨扬：《美国学生这样过暑假》，《文摘报》2006 年 7 月 23 日第 5 版。

④ 【日】日本文部省主编，刘树范等译：《五国普通教育（苏、法、西德、英、美）》，教育科学出版社 1982 年版，第 62 页。

⑤ 傅双琪：《印度："私立公学"打造精英教育》，《发现》2006 年第 7 期，第 42～43 页。

2. 学校要营建社会关系、主动推销自己、形成走出去的发展格局。学校包括大学一直自封为文化的"象牙塔"、清净的"净土"，这样的认知在知识产业化、文化产业化、教育产业化的时代的确有些落伍。学生和教研成果实际就是学校的"产品"，产品的目标和归宿就是要吸引消费者的关注，从这个角度出发，学校特别是各类职业学校、技术学校、培训学校以及大学还真是不折不扣的教育性"商家"或"企业"。商家就是为市场而活，"人才市场"的称呼已经被普遍接受，学校还能在面临市场时而无动于衷吗？特别是作为人生可能的最后一站学校教育，大学需要将大学毕业生直接推向市场，所以大学教育改革更是不容疏忽的环节。仅仅将知识堆积如山，大学并未充分履行它的职能①。大学应该把自己的各项教育成果主动地投放社会中去，让社会来检验和考核这种成果的含金量和可靠性。这是一种显性教育和潜性教育相结合的检验教育成果的方式。如把自己的学生干部推荐给用人单位让学生干部在工作实践中体现其执政思想、执政能力以及政治理想的高和强，也可能在工作过程中，该学生干部暴露出自身思想政治素质的弱点和不足，如此可以反馈给高校并促进学校素质教育工作的改进和完善。而更多知名大学在举办 MBA、MPA、EM-PA 等管理学招生时就是主动和各大社会机构联办并专门为这些社会机构培养半工半读的对口人才的，这对我们的完全性学校教育工作不无启发。

（二）社会的集体帮助

社会对待学校的态度一般来说还是非常重要的，尊重文化、尊重学校，社会将从中获取莫大的好处和前进的动力，毫不夸张地说，教育是人类社会生生不息的永动机，除非人类不复存在。社会对学校的关注和付出，表面看来好象是学校获利，但学校的回报力是无穷巨大的。因为在学校里，不仅教育学生相互信任、相互同情和相互帮助，而且教授与他人合作的艺术；不仅引入集体学习课程，而且开展各种集体实践活动；特别是人们在大学学习最多的是怎样与人打交道，这恰恰是社会资本的形成过程②。一国教育的强盛乃是一国之无形资产：它不似工、农、商业发达的有形，但它构建出来的一国之国民素质将直接决定一国发展之兴衰。无形资产是指企业商品生产或劳务提供中使用的非实

---

① 【美】亚伯拉罕·弗莱克斯纳著，徐辉译：《现代大学论——美英德大学研究》，浙江教育出版社 2001 年版，第 18 页。

② 罗公利等：《关于发展高校社会捐赠事业的思考》，《光明日报》2005 年 6 月 30 日第 8 版。

物资产或企业控制的能够带来未来预期收益的非实物资产①。一国之国民素质正是这种能为该国该民族"带来未来预期收益的非实物资产"。社会与学校的关系实际是共生共荣、互惠互利的利益同盟，这是社会不断前进、不断走向新的明天的根本道路。所以，学校素质教育工作断不是学校自身的事情，实际是整个社会重要的伟大事业，社会对学校素质教育工作的支持和帮助实在是义不容辞的。下面这则寓言能给我们更为感性的认知和感动：

一个人死了，天国的导游带着那个人去参观了天堂和地域。那人看到地狱与天堂一模一样。只是地狱的人比人间的人要瘦小得多，面黄肌瘦，骨瘦如柴，而天堂的人却个个红光满面，健壮如牛。到他们餐厅一看，也没有什么两样，相同的都是一口大锅，锅内是美味佳肴，每个人手里使用的都是一米长的筷子。终于发现不同了，原来在地狱，用这么长的筷子夹菜，人人都无法把美味佳肴送到自己的嘴里，只好望着美味饿肚皮。而天堂的人却不像地狱的人那么自私，他们不用筷子往自己嘴里送食物，而是往对方嘴里送。于是你喂我，我喂你，大家都有饭吃！天堂和地狱的区别在于是否帮助别人，帮助别人就是帮助自己！②

政府、企业、校友、现代传媒、社会服务机构以及家庭本身不是教育机构，所以它们阴差阳错地对学生发生的教育行为大多数是潜性教育，但如果它们受学校邀请而有意识参与到学校的教育计划中来成为校园教育活动的有机部分，那么这些社会机构就在从事半显性教育了。因为这些社会机构虽然是有意参与到教育学生中来（显性教育），可它们的身份依然与教育无关（附带性显性教育），这种附带性显性教育就称为半显性教育。而学校虽然也极力完善自身无意识的教育活动（潜性教育），可它们的身份终究是明显的教育机构（附带性潜性教育），这种附带性潜性教育就称为半潜性教育。综上所述，一切非学校性的社会机构、社会活动都可以带有潜性教育和半显性教育的功效，甚至人类的梦也可以成为教育活动。视梦为"一种灵感的、创造力的启示"：最常为人所提及的是德国化学家 Friedrich A. Kekule 的梦，他记得睡前正因为无法解决"苯"的分子结构而心智憔悴，而梦中却清晰地看到"原子一个个站在

① 【美】马格丽特·布莱尔等著，王志台译：《无形财富》，中国劳动社会保障出版社2004年版，第7页。

② 张笑恒：《李小龙成功心得》，化学工业出版社2009年版，第143页。

我的眼前，象蛇一般地绕圈子，咦，这是什么？有一只蛇咬住自己的尾巴团团转，团团转……突然光线一亮，我就醒过来，我马上悟出苯的'环状'结构来！"，还有另一位德国生理学家 Otto Loewi 曾在深夜梦见，如果利用两只青蛙一起作实验，便可以解决他的"神经传导"之理论，于是清晨三点惊醒过来，马上冲进实验室，依样画葫芦地作起来，结果以神经之化学传导研究赢得了诺贝尔奖金①。教育无处不在，教育不能把自己限定在自我封闭的圣坛内，一种自我为中心、自我标榜为正统教育的教育观念是异常有害的，那无异于地狱里无法将饭菜送进嘴里而骨瘦如柴的自私鬼。没有围墙的教育思想才能真正拯救教育。

一切人事、一切潜能皆为我所用的钥匙就是培育学生能动的学习积极性和科学的思维方式，让学生身处显性教育、半潜性教育、半显性教育、潜性教育的集群体系中接受全方位的培养与造化，从而使学生在社会和自身有意或无意设置的真、善、美的环境当中不断掌握知识、提高思想觉悟、深化人的意境。理想的教育应当是一种生态性的教育，我们上述对教育集群体系、建立在学生身心基础之上的体验和自悟教育、学校与自然的关系、学校与社会的关系等一系列问题的探讨实际都是一种生态教育观、生态型教育方法的体现和落实。

四、生态型教育的形成

生态学（Ecology）本来是一个生物自然科学上的概念，它自出生起至今不过才 100 多年，也就是说，生态学非常年轻也富有朝气。生态学作为一种科学的思维方法，一种科学的世界观和方法论，与人们的日常生产和生活活动休戚相关。特别是近 50 年来，随着人类活动对生态环境的胁迫效应的增加，人口、环境、资源间的矛盾日益锐化，生态问题成为当今世界重要的全球问题。人们用生态学的观点来认识人与自然的关系，用生态学的方法来解决环境与发展问题，形成了一种崭新的世界观和方法论②。生态学如今已经变成一种哲学观和世界观，它已经成为指导一切学科发展的思想，于是，教育生态学也就应运而生。我们理解的教育生态学应当有这样几个方面：1. 教育首先会受到自然生态环境的影响；2. 教育反过来也会影响到自然生态环境的保护和发展；3. 教育的生态主要关注的应该是教育发展的环境系统对教育的影响以及教育对环境反影响的双向对流体系；4. 研究教育的环境系统应该是为了如何促进

① 【奥地利】弗洛伊德著，赖其万等译：《梦的解析》，作家出版社 1986 年版，第 8 页。
② 王如松等：《人与生态学》，云南人民出版社 2004 年版，第 3 页。

教育更好的发展以及教育对环境系统改善的反拨作用，而不应该放任彼此间的恶化循环；5. 除了自然生态环境，教育生态还应该包含社会人文生态环境：社会的经济、政治、文化等，教育在某种程度上来说，受社会人文生态环境的影响更加剧烈；6. 教育内部的各子系统之间也构成了一个生态圈，如教育的投资、师资的培育、学校的管理、人才的培养和输送等；7. 教育生态学研究的就是如何促进教育与生态环境之间和谐、统一、互促式的发展，终结目标是促进教育与生态环境互动、互惠、一致的高度发展。这也是我们生态型教育成形过程中和成形之后的特征。生态型教育是我们认为最为理想的教育模式。一般来说，自然集群、社会集群、内部集群是影响生态型教育成形的三大集群体系。

（一）自然集群对生态型教育的影响

教育与文化艺术一样，深深受到自然生态的影响。这里的自然生态除了由天地宇宙形成的诸多自然因素的集合体之外，也包括经过人力改造和创生的地理地貌、风光景色、交通住宅、人居环境等，这些自然集合体构成了一种自然集群，它对教育的影响不能忽视。自然生态环境优异的地区，其教育自然也能得到高度、快速的发展，如风景秀丽、交通发达的地区自然能吸引教育资源的涌入，特别是人才、教育投资、教育信息的流入，学生在这样的环境中学习和成长也就能得尽天时和地利。相反，自然生态环境恶劣、地区闭塞、交通落后的地区就很难吸引到优秀的教育人才、教育投资等，学生在这样的地区学习也就会丧失掉天时地利上的补益和启发。面临一个平静、清澈的湖光山色与面临一条肮脏不堪的臭水沟，相信会有不同的感受吧，这就是自然因素对人的影响。的从全国范围来看，高等教育甚至中学教育发达地区集中在江苏、浙江、上海、山东、北京等地区，这些地区要么是中国华东沿海、沿江地区，要么是中国的首府或直辖市，这些地区都有一个共同的特点：人居环境优异、自然风光秀丽、交通发达、人才集中、经济也比较突出；而像中国中西部地区，除了几个重要城市，像重庆、武汉、西安、长沙等相对好一点，多数地区的教育资源还是非常匮乏的，特别是中小学教育资源非常欠缺，总体说来与它们所处的自然生态环境不无关系，交通闭塞、经济落后、人才匮乏、人们的思想观念保守陈旧等。我们以为，一地的信息、人才、资金、观念流动越快，其教育的发展势头就越大，而信息、人才、资金、观念的互流是与交通、地势、地貌、气候紧密相关的。气候、湿度、地形、地势宜人，人们就愿意去旅游、体验、居住在该地区，起码从人体舒适度的渴望上来说，这是符合人体趋适性特征的；

气候恶劣、湿度失衡、地形复杂、地势多变的地区，人们一般是不愿去居住和长久驻留的。自然生态因素的集群体系无论是从感官还是从蕴涵的可遐想的意味上来说，对人的身心都有直接却又潜藏的巨大影响，它会对学生造成学习情绪的波动。

（二）社会集群对生态型教育的影响

除了自然生态是天造地设配合少许人力所为之外，社会生态也是严重影响教育发展的。社会生态多种多样，它包含人造的一切硬性环境，也包括人为设定的社会准则、行事模式、道德规范以及各种各样的组织、机构和法律法规等，这些社会因素结集在一起就构成了一种社会集群体系。人既有满足肉体要求的生物性需要，又有以个体需要为基础的社会性需要。每个人的需要都是"从自己出发"的，每个人的社会联系也都是直接由这种需要形成的。马克思说："真正的社会联系并不是由反思产生的，它是由于有了个人的需要和利己主义才出现的。""人在积极实现自己本质的过程中创造、产生人的社会联系、社会本质。"所以他曾多次说到人"有同类交往的需要"，是"喜欢交往的存在物"。甚至称之为"人的第二天性"……因此没有社会交往、没有社会联系，就没有作为个体的人的存在①。人与人的交往始自婴幼儿时期，并且婴幼儿时期的交往情况会影响人一生的交往能力和交往趋势，1909 年诺贝尔化学奖得主德国的物理 – 化学家威廉·奥斯特瓦尔德（Friedrich Wilhelm Ostwald）就曾如此谈论幼儿的游戏和社交活动："幼儿和青少年时期做的种种游戏和活动，虽然在父母和老师眼中看来是无用的，结果证明都是有益的，它们为后期许多有意义和有价值的工作打下基础。"② 社会的本质就是人与人的交往，教育的本质也就是教育主体与教育主体的交往。

首先，教育政策或政治形势决定了教育的发展状况，在教育政策优惠、政治局势稳定地区，教育资源愿意也能够大量涌入。美国的大学教育在全球出名，这与它大力吸引全球优秀人才的政策以及它两次远离世界大战战场的位置不无关系。而长期处于战争中心的中东、非洲地区，其中小学教育是非常匮乏的，政局的动荡不安使它们失去了吸引优秀教育资源的可能。经济形势在全球贫富极其悬殊的时代，也严重影响到了教育的发展，全球著名大学、全球性重要的教育基地往往居于老牌的资本主义发达地区，如美国、英国、日本、德

---

① 蒋国忠：《大学美育》，复旦大学出版社 2002 年版，第 217 页。
② 李臻等：《诺言——诺贝尔奖得主的经典语录》，文汇出版社 2006 年版，第 59 页。

国、法国都笼络了大量世界一流大学，其中学教育基本已全面实现义务教育，全球 170 多个国家"只有中国将义务教育划分为'收费'和'免费'两种"①。毫无疑问的是，大量的优秀教师资源、优质教育资金也是大量涌入发达资本主义国家以及一国内的发达地区的。拿中国来说，东部沿海地区、经济开放地区的私立学校、外资学校如雨后春笋般崛起的时候，中西部以及祖国边远地区还在为希望小学、希望中学拼尽全力、筹措资金，中国适龄儿童失学率最高的地区往往就是那些经济贫穷、交通闭塞的内陆山区。当然中国仍然属于世界上教育投资最不充分的国家之一，就连经济总量和财政收入都居全国首位的广东，其财政性教育经费支出占 GDP 的比例也未曾达标（2002 年为 2.71%、2003 年为 2.74%）②。另外，地区文化的积淀对教育的影响也是非常巨大的，在文化积淀深厚的地区，历史上必定有过人才汇聚的时候，人们的观念要么怀古、要么开放，他们尊重文化、尊重艺术也必定尊重教育，像西安、郑州、武汉、重庆、成都等内陆城市都拥有高质量或多数量的国内知名大学，概不外乎此理。

（三）内部集群对生态型教育的影响

什么叫内部集群？就是教育体系自身内部各部类、各环节之间构成的一个完整的集群体系。对应到学校来说的话，就是我们上面所说的学校软、硬件设施和环境构成的整体，包括教师素质、大师数量、学校管理、校园环境、建筑设施、课程设置、课外活动、文化氛围等。这里只是将整个教育界作为整体来考察而已。教育虽然是一个独立的社会部类，但教育自身也是一个完善的系统。教育的完整系统主要是由教育投资、教育管理、教育经营、教育产出四个方面组成的。投资、管理、经营、产出之间不是相互割裂的，而应该是相互合作、相互协调、相互促进的关系。教育投资可以由政府投资、企业投资、教育基金会投资、个人投资，对于义务教育，应主要由政府投资；对于职业教育，完全可以由政府、企业共同投资或单独由企业投资；对于高等教育，应由政府、企业、个人、社会联合投资，而企业、个人、社会资金可以占大部分比率，事实上由政府独立投资并拥有的高等学府在许多发达资本主义国家只占很少的部分；在中国经济形势不断上升的时候，鼓励外资、个人资金大力投资教

---

① 李卫东：《义务教育原该免费——170 个国家只有中国收费》，《教育文摘周报》2006 年 3 月 15 日第 10 版。

② 文妍：《经济大省缘何成了教育负债大省》，《教育文摘周报》2006 年 3 月 29 日第 10 版。

育，兴办高档的、贵族化的、自负盈亏的学校，以此可以满足国内有钱阶层、外国人子女的上学问题。投资一定要兼顾到地区特色，如像北京、上海、苏州、广州、深圳等外资企业、外国机构集中地区，要大力吸引外资创办外国语学校，以满足外国驻华人员的子女教育问题。对于中国内部地区，要加大国家、企业的教育投资，多创办基础教育、义务教育、宣传教育、服务教育类学校，满足本国内地适龄儿童以及广大农民工子女及农村驻留儿童的成长教育。

教育的宏观管理主要由政府来完成，因为教育是涉及到国计民生的大事，理应是在我国意识形态引领下的具有中国社会主义特色的教育，所以，惟有政府才能承担其职责，当然这样的管理仍应该是一种法规性、政策性、行政性的管理，不能由政府来过度决策全国特别是发达地区学校的发展、去留和存亡。教育的经营实际就是教育机构、学校、社会、学生家长共同参与的对具体学校教育进行的协调管理、合作策划的办学行为，其中，学校的领导机构是关键。教育的根本目的是为了产出人才，向国家、向社会输送更多全面发展的高素质人才。产出与投资能不能配套、能不能呼应、能不能成比例是教育成败的指标。所以，投资、管理、经营、产出之间就构成了一个遥向呼应、和谐发展、互利互惠的关系，任何一个环节的失误都会导致整个教育链系的断裂，甚至崩溃。这就是一种生态观，投资、管理、经营、产出也就构成了教育的内生态和内部集群体系。

（四）三大集群的合力促成生态型教育

生态型教育作为一种理想的教育要想最终形成，就必须充分依赖上述三大集群体系的作用。全力建设好上述三大集群，那么生态型教育离真正形成的时间也就不远了。具体说来，我们可以从如下几个方面去讨论。

1. 生态型教育有其历史的传承，如教育历史悠久、完善的地区，自然容易秉承历史的积淀而发展目前的教育。在人类历史发展伊始，对自然给定性的依附以及对这种给定的信奉是自然而然的事……中华民族也许由于以农为主之生活方式的长期存在一直没有经历这种摆脱，一直生活在对自然的这种依附关系中。一切都是自然给定的，认识、知识也是一个自然发生的过程①。这段话恰恰揭示了中国人的创新、反叛精神不足的特征，秉承历史、依附自然似乎有其讨巧的地方，可是，当今世界正处于日新月异的时刻，没有创新的精神、没有敢于叛逆的理念是很难战胜别人、突出自己的。所以，我们的教育也必须求

---

① 王才勇：《中西语境中的文化述微》，上海人民出版社 2004 年版，第 102 页。

创新、求发展、求竞争，起码充分发挥各种各样的潜性教育来推动、发展和完善我们的教育事业就是一种实际存在的可能和希望。

2. 教育的投资、特别是高等教育的投资要迎合国家、地区、行业的人才需求，认真考虑经济全球化下的国际性竞争的紧缺人才。如计算机人才、营销人才、管理人才、医学人才、航空人才、各行业的高级研究人才等等，针对不同人才的需求制定不同的办学模式和办学方法，甚至特殊人才可以特殊教育、特殊培养，不拘一格办教育才能获得不拘一格的优秀人才。如中西部落后地区、边远地区要着重培养基础性师资力量，农业、重工业的技术人才和管理人才，天然资源的开发和应用人才等，那么，这些地区的教育投资就要重点放在这些人才的培养专业上；而沿海经济发达地区，紧缺的是外语人才、高级管理和市场营销人才、高科技研发人才以及渔业、海洋方面的人才等，那么这些地区的教育投资要重点放在这些人才的培养专业上；事实上，中国的高等教育在全国性资源的配置上存在着大量低水平重复的现象，对自然生态环境、地区性需求、社会政策配给的研究非常粗放，结果经常搞出类似于在沙漠上培养海洋人才、在沿海培养沙漠化治理人才、在平原培养山地气候研究人才、在大都市培养农业人才的笑话。惟有有针对性的投资，才能形成投资、培养、人才输送一条龙的合理性配置，这样的投资才是有的放矢乃至精准无误的合理投资，生源充足而人才市场也极为广阔。

3. 教育的中心应该是学生，即未来的人才。所谓的教育要"以人为本"，就是要以受教的学生为中心，在人才培养过程中一定要兼顾到基础知识、公共知识、特殊知识和学生天性的发展。有的学生形象思维超强，有的学生逻辑思维突出，有的学生拥有自身优异的特长，中国的教育历来讲究统一的模式，这对人才的合理成长有害无益，所以教育要切切实实做到因材施教、对症下药，如此，才符合教育的内在规律，从身心健康、合理发展上培养出真正的人才，这样才能真正到达快乐教育、愉悦教育的境界。兴趣是最好的老师，特长诱导、潜力发挥是最好的教育，结合身心基础实施教育同样是教育生态的重要内涵之一。拿儿童们的传统游戏来说，越传统、越简单、越需要动手动脚的游戏越能培养人格，事实上，儿童最初的兴趣往往都是从游戏中培养起来的，美国学者克劳迪娅·卡尔布曾说过：即便玩具店的货架上堆满了高技术的娱乐产品，简单和自由的游戏显然仍然是首选，它能够丰富孩子们的整个人生①，诸如积木、捏泥巴、放风筝、跳绳、老鹰抓小鸡、撞拐（碰膝）、抓羊拐、跳房子、跳皮筋、踢毽子、滚铁环、打陀螺、弹玻璃球之类的传统游戏都是孩子们展开社会交往、参与社会活动、结交朋友的起点，这些儿童游戏通常在一个人的一生中会为其协调能力、性格、合作意识、意志力的养成奠定下重要的基础，这就是一种潜性教育，我们不但不能反对这些儿童的游戏，还应该创造出更加宽松和安全的环境去让儿童们完成人生中至关重要的游戏阶段。

4. 教育出的人才不仅仅自身是真正的高素质人才，而且国家、社会、学校要为他们指明人生的发展方向、告诉他们自己的用武之地，这不是简单的一个求职的问题。人才与普通人的最大区别不在于人才掌握了多少知识技能，因为知识技能永远是简单好学的，人才更加明了了自己的人生目标和发展方向，人才更加渴望实现自己的人生价值，人才具有更为长远的职业规划和为人类献身的伟大情操，人才更加懂得如何挖掘自己的潜能和如何使用自己的能力，人才有更加强烈的求知欲和上进心。所以，授其业不如培其德、传其技不如竖其志。1967 年，那时已经是影视巨星的李小龙，在接受功夫杂志《黑带》的记者采访时说："在香港，当我还是小孩时，我是一名小阿飞，总爱四处惹是生非。我与我的小伙伴们曾用铁链及藏有小刀的笔作为武器。有一天我突然问自己：如果我的伙伴不在我身旁，而我却陷入一场打架中，这会有什么后果呢？于是，我决定要学习如何保护自己，这样才能不被他们打败。这就是我开始学武术的最初目标。"这个最初的小小目标，在当时看来是很幼稚和单纯的，但就因为最初为了保护自己的动机，让他坚定地走上了武术之路。后来，李小龙经过朋友的引荐，终于拜到了咏春拳大师叶问的门下。在叶问的影响下，李小龙的心中已经不是当初简单的要在打架中胜出的小目标了，而是暗下决心：要坚定不移地以武道作为未来的人生道路，毕生竭力，九死不悔。就是因为这个目标的不断激励，最终让他实现了创立"截拳道"、终成一代武术宗师的大目标②。小阿飞中能出李小龙，而且只能出一个李小龙，这就是为人生目标而追求与为掌握技能而学习的本质区别。当然，社会各部类也要努力为人才打通通路，给他们创造更多更加适合其发展的职业机会，如若没有叶问的点拨，能不

---

① 【美】克劳迪娅·卡尔布：《幻想的终结——新技术新一代（三）》，《参考消息》2003 年 11月 3 日第 12 版。

② 张笑恒：《李小龙成功心得》，化学工业出版社 2009 年版第 2～3 页。

能有后来的李小龙是个疑问，这才是学校和老师的作用。一个用人机制灵活、公平、成熟的地区，就能笼络住人才、发展好人才，相反只会赶走人才，嫉才妒能、人情社会是戕害潜性教育和生态型教育的罪魁祸首。

　　生态型教育的构筑是一个系统工程，总体说来，它还包含人才培育生态、人才产出生态、人才使用生态、人才发展生态、人才流动生态，其核心就是人才和教育活动本身。当然，不同的历史时代具有不同的教育生态系统。如果以中国为例，以社会成员在社会结构中的地位为标准，可以把中国社会分为初民社会、贵族社会、官僚社会和国民社会四个阶段。与四种社会形态相对应，中国教育生态系统先后经历了自然教育生态系统、古典学校教育生态系统、传统学校教育生态系统和现代学校教育生态系统四个阶段。一种教育生态系统向另一种教育生态系统的演化，是以社会生态系统的演化为基础，由教育要素与结构的改变所决定的。中国传统学校教育生态系统的形成与教育者、受教育者的制度化教育内容的确定化发展密切相关，而以太学的设立、儒学的独尊和察举制度的建立为重要标志。因为这三大措施既促进了中国传统学校教育生态系统要素的产生，又为中国传统学校教育生态系统结构的形成奠定了基础。中国传统学校教育生态系统于汉代形成以后，在不断的自我调节过程中发育进化，最终于宋代进入成熟状态。中国传统学校教育与经济、政治、文化、科技等都是中国传统社会生态系统的亚系统。传统经济、政治、文化和科技同时又是影响中国传统学校教育生态系统发展的生态因子，它们的波动会对中国传统学校教育生态系统产生影响。但由于中国传统经济、政治、文化与科技的结构长期保持稳定，使中国传统社会保持长期的延续性，进而为中国传统学校教育生态系统的长期稳定提供了良好的外部环境。中国传统学校教育生态系统作为一个大系统，其内部也有许多亚系统，如教育层次生态系统、教育类别生态系统、教育区域生态系统等。各亚系统的形成与发展经历了一个较长的历史过程，总体上反映了中国传统学校教育生态系统内部由简单到复杂、由无序到有序的走向。鸦片战争以后，西方的强力冲击破坏了中国传统社会生态系统，改变了中国传统学校教育生态系统的外部环境，进而使其退化，逐步演化为现代学校教育生态系统①。什么是现代学校教育生态系统或者什么是现代教育生态系统？笔者在拙著《艺术市场学论纲》中曾对艺术市场生态体系的构建提出过一种十字多维交叉范式，即时间上的纵向延续和空间上的横向伸展的生态范式：换

---

　　① 邓小泉学位论文：《中国传统学校教育生态系统的历史变迁》，华东师范大学，2009年。

言之，生态型艺术市场当是"艺术—经济—自然"横向三维依存和"历史—当代—未来"纵向三维依存的交叉式多维空间。艺术的发展固然要依赖经济水平，而艺术市场同样会推动国民经济的发展，但这一切都得建立在尊重自然和人格个性的基础之上，对自然以及人格个性的过度伤害必然招致人类整体生存的困难，这是同一时间上的"艺术—经济—自然"三体共赢原则。在世俗功利蔓延、金钱和艺术对决、市场和自然冲突严重的时代，在历史和未来面前垂首沉思，或许能赢得"历史—当代—未来"在同一空间上的共赢①。时空交错和兼顾、六维互渗和统一的认识观、世界观生发出来的生态系统就是一种现代的生态系统。所谓现代教育生态系统理应是"教育—自然—社会"横向三维考量、"教育历史—当代教育—教育展望"纵向三维整合式的教育生态系统。自然与社会决定教育在每一个时间段呈现出来的形象，也决定了每一个时间段学校和教师身份、职责、地位的演化；学校作为社会部类是整个历史发展中教育最为突出的集中点，这个集中点在每一个空间维度上都凸显着时代的特征、散发着时代的气息并且反拨着时代的发展轨迹，教育该如何在当代扮演什么样的角色呢，这是当下学校、教育者不能不静心思索的问题。

学校教育、家庭教育和社会教育构成了一个生动活泼、相互依赖、全面培育与考量人才的生产和测评体系，学校的自我膨胀、过度膨胀是对整个教育的戏弄，也必然是不可挽救的自虐。从时间的历史维度上出发，从空间的生态维度上发力还教育于家庭、还教育于社会、找准自己的定位、发挥自己适度的功效、坚守自己准确的职责就是学校教育在实现素质教育的伟大目标中首先需要完成的工作。我们的教育机构、教育者应该是在为营构一个完整的教育集群体系加油添薪，这个集群体系是全社会的力量整合体，惟有教育政策、教育界、学校、教育者起到了真正的带头作用并真正改变"各科目考试成绩＝各科目学习成绩＝各方面发展潜能"②、"把学习变为争取分数的一场战斗"③ 的旧貌，中国的教育才有可能走出功利、狭隘、蹒跚甚至畸形的低谷，真正迈向世界、迈向未来。

---

① 成乔明：《艺术市场学论纲》，河海大学出版社 2011 年版，第 158 ~ 159 页。

② 郑惠生：《关于"当前小学生课余时间最喜欢做什么"的调研》，《内蒙古师范大学学报（教育科学版）》，2008 年第 4 期，第 30 页。

③ 【苏联】B. H. 斯列托夫著，唐其慈选译：《教育对话》，全国妇联儿童工作部：《培养孩子自信心》，中国妇女出版社 1986 年版，第 62 页。

结　语

　　潜性教育作为一种全新的概念，仍然需要认真、深入地挖掘和领会，因为这一种新生的教育理念和教育意识可以弥补现代教育理论和实践上出现的漏洞，我们以为潜性教育观的确给我们提供了一种可行的方式，起码从指导思想、发展方向上为我们开辟了思路、拓宽了眼界。

　　潜性教育是相对于显性教育而言的，所谓显性教育就是我们传统意义上的学校教育、课堂教育、口授教育和灌输教育，也就是说严格或基本按照教学计划、教学大纲、教案而实行的教育。学校是显性教育的主要阵地、课堂是显性教育的主要平台、说教灌输是显性教育的主要方式手段、教师是主要的教育者、在校学生是主要的受教育者、书本上既定的知识是主要的教育内容，显性教育包括课堂教育、学校安排的课外实践、假期实习等。最为标准的显性教育就是一种教训式的教育、道学式的教育、好为人师者对他人的教育："天下何以有这许多人，自告奋勇来做人类的义务导师，天天发表文章，教训人类。'人这畜生'（That animal called man），居然未可一概抹杀，也竟有能够舍己忘我的。我更奇怪，有这许多人教训人类，何以人类并未改善。"① 大才子钱钟书没有看不起教训人的人，倒是对他们的努力表示出了同情："反正人是不可教诲的，教训式的文章，于世道人心，虽无实用，总合需要，好比我们生病，就得延医服药，尽许病未必因此治好。假使人类真个好学，无须再领教训，岂不闲煞了这许多人？于是从人生责任说到批评家态度，写成一篇篇的露天传道式的文字，反正文章虽不值钱，纸墨也并不费钱。"② "教训人类"正是显性教育的本质所在。可偏偏"人类并未改善"，原因却是"人是不可教诲

---

　　① 钱钟书：《写在人生边上》，辽宁人民出版社、辽海出版社 2000 年版，第 53 页。
　　② 钱钟书：《写在人生边上》，辽宁人民出版社、辽海出版社 2000 年版，第 53～54 页。

的"，"假使人类真个好学"，哪里还用着"再领教训"，为何"真个好学"
了，就无需"再领教训"呢？钱先生这暗伏的逻辑推理恰恰点出了我们的
"潜性教育"：人类真个好学了，自然就自学成才了，还用得着"再领教训"
吗？潜性教育正是一种"真个好学"后的自学成才，其形貌如下：1. 潜性教
育主要是指发生在学校之外、课堂之外，以社会实践活动、生活实践行为为主
体的教育，学校内的潜性教育充其量可以称之为校园半潜性教育；2. 潜性教
育没有既定的教学计划、教学大纲、教案，生活自然的演变和演化就是教育过
程；3. 潜性教育的主要阵地是社会，生活自然的演化过程就是潜性教育的平
台、情感体验和生命感悟是潜性教育的主要方式手段、生活中的点点滴滴的事
情或者每一个相互接触的人都有可能是教育者、在社会中闯荡的人和在生活中
游走的人有可能都是受教者、一切生活的技巧和生命经验到的道理和真知都是
教育内容；4. 潜性教育强调自学，反对被灌输，它可以发生在学校内，主要
是发生在社会生活中，它包含情感体验教育、参与模拟教育、生活自然教育、
生命自我教育等。潜性教育实际上与显性教育并行不悖地成为实现人类素质全
面发展的两大方法论教育，而在潜性教育与显性教育构成的方法体系中，主要
依赖艺术教育、技能教育、身体教育、智能教育、道德教育、劳动教育等各种
各样教育达到方法论的贯彻和实施。潜性教育中有显教成分，显性教育中有潜
教成分，这两者的关系虽分头行事，却又具有内通的天性：感化、领悟、成化
人的素养。潜性教育与显性教育的复杂关系，恰如"名"为"理"之表识，
"端"为"情"（事）之几微，"象"亦不如"形"之明确，语意了然。物不
论轻清、重浊，固即象即形，然始事之雏形与终事之定形，划然有别。"形"
者，完成之定状；"象"者，未定形前沿革之暂貌①。如果说显性教育是
"名"、是"端"、是"形"、是"终事之定形"、"完成之定状"，那么潜性教
育就是"理"、是"情（事）"、是"象"、是"始事之雏形"、是"沿革之暂
貌"，一可见、一不可见，一定形、一未定形，一浮于表面、一藏于情事，一
固化为公式、一幻化为多变，完整教育的两面而已。

任何一种新观点的产生肯定都应当具备一定的理论基础和实践基础，在理
论上受到启发、在实践上得到验证，那么该观点才有了产生的必要性和可能
性，它可以是对实践活动的一种总结，也可以是对未来社会实践活动的一种全
新的指导或者补充，潜性教育观点和理念同样如此。大致看来，无论在东西

---

① 钱钟书：《管锥编（二）》，中华书局 1986 年版，第 611 页。

方，潜性教育观早就有所体现和成长了，中国的老庄哲学、孔孟言论包括最为传奇的《易经》一书中就已反复出现潜性教育方面的观点和论述了。孟子曾说："人之患，在好为人师"①，深刻批驳了充当人师、说教别人的人，那么如果谁都不愿当老师的话，学生又当如何学到知识、完善素质呢？关于这一点，孟子强调了学习者的自学精神和自悟意识，孟子曰："子路，人告之以有过则喜；禹闻善言则拜。大舜有大焉，善与人同，舍己从人，乐取于人以为善。自耕稼、陶、渔以至为帝，无非取于人者。取诸人以为善，是与人为善者也。故君子莫大乎与人为善。"② 生活中处处皆隐藏着教育和学习，学习素材和老师处处皆在，关键在于学习者的用心程度和领悟力，这正是潜性教育要求学习者自我体验、自我感化的教育模式。同样在西方，从柏拉图、亚里士多德到黑格尔、卢梭，再到安东·鲁宾斯坦、爱德华·斯普朗格等人，都深刻地论述了学校教育、课堂教育之外的潜性教育思想，如柏拉图的音乐启蒙教育、亚里士多德的理性德育需"在生活中形成"、卢梭的"自然教育"、杜威的"教育即生活"再到菲利普·W·杰克逊的"隐性教育"可谓是系统地勾勒出了潜性教育思想的发展脉络。而黑格尔在谈论诗艺时，更是将情感融入式的教育效果与模仿造作式的教育效果作了直接的对比，孰高孰低一见自明：

和当时希伯来群众相对立的"先知"们的基调大部分是对民族处境的苦痛和哀怨，在流亡生活中的没落情绪，对宗教信仰的炽热虔诚以及对政治形势的愤怒之中，"先知"们创造出告诫式的抒情诗的作品。

在近代的摹仿品中，崇高的热烈情感变成了一种出于人工造作的温汤热，很容易冷却而且抽象。例如克洛普斯托克所写的许多歌颂神歌式和诗篇式的作品既缺乏思想的深度，又缺乏任何宗教内容的平静展现，它们所表现的主要是向无限（神）表示崇敬的一种企图。对于近代开明的意识来说，这种无限只是神的空洞不可测量的不可思议的威力，伟大和光荣，而且它和诗人自己的完

---

① 【战国】孟轲著，梁海明译注：《孟子》，山西古籍出版社1999年版，第127页。

② 同上书，第62页。原文的译文为：孟子说："子路这个人，一听到别人告诉他有过错，便表示高兴；夏禹当听了有益的话，便向人拜谢。大舜比他们俩在这方面又更伟大，他愿意和别人一起行善，抛弃自己不对的，听从别人对的，乐意吸取别人的优点来行善。从他在下面当百姓种田、制陶、打鱼一直到当上天子帝王，他身上所表现出来的许多优点，没有不是从别人那里虚心学习来的。吸取别人的优点来行善，其实，就是赞许、帮助别人行善的好作风。所以，君子的所作所为没有比和别人一起行善更伟大的了。"

全可以理解的无能和自甘退让的有限生存这两方面之间的对立和分裂。①

　　希伯来群众的抒情诗是情真意切的情感迸发，是他们对民族苦难、对流亡生活、对宗教信仰融入式的体验感悟，所以足以名垂千古、耐人寻味。而后来人摹仿希伯来的抒情诗不过是"温汤热"、"很容易冷却而且抽象"，它深刻体现了诗人的"无能和自甘退让"的状态，自然，后来人的抒情诗只是体现出了渴望向神靠近的"企图"，而且令神越发显得"空洞"。不管怎么说，没有经过生活磨练而仅仅靠理性学来的感情和知识是肤浅和空乏的，是经不起岁月检验的。尽管黑格尔在讨论诗艺，却无形之中触及到了潜性教育的深邃本质：高明的教育和学习是参与式的体验和感悟，低级的教育和学习不过是简单的照搬照抄。

　　除却古代潜性教育思想的暗示，近现代的潜性教育研究并没有中断过，如美国学者菲利普·W·杰克逊提出的"隐性课程"以及生发出来的"隐性教育"就是我们潜性教育理论体系最终成形的、直接的理论基础，这不仅仅是"隐"、"潜"两字的意思比较内通，也由于两个理论的思想接近，都强调与课堂教育、书本教育相对的课后教育。尽管如此，潜性教育仍然与隐性教育不是同一回事，它们具有非常本质性的差别。隐性教育是作为书本教育、课堂教育、灌输教育即显性教育的补缺而提出来的一种校园教育，是课堂教育、显性课程的延伸和补充，而且都没有脱离校园来进行设置和运行。同时，隐性教育的前提假设依然是依据教学计划、教学大纲预先设置的课后实践性教育，换句话说，隐性教育仍然强调发生在校园内，是校园教育的有机组成部分，且是为了配合课堂教育的执行来追求课堂教育成效的一种教育模式，实质上是潜性教育的一个小分支，所以我们也可以将隐性教育称为校园半潜性教育。即隐性教育是显性教育的延展，属于隐性教育的延体性教育，同时隐性教育又是潜性教育即校园半潜性教育的一部分，属于潜性教育的一个分支。完整的潜性教育不仅仅是发生在校园内的教育，它包含了校园半潜性教育，更将社会潜性教育、生活潜性教育当成了主体部分。教育者可以是实存的、也可以是生活的自然演化，教育可以是有意识为之的、也可以是无意识触发的，教育媒介和过程可以是预设的、也可以没有经过任何设计，受教者可以是被动接受的、也可以是完全自我体验和感悟的，总之，潜性教育本身与学校无直接关联、与教育之事也未必有关，一切能感动人、触发人、鞭笞人、提升人的事情和人物都是潜性教

---

① 【德】黑格尔著，朱光潜译：《美学（第三卷下）》，商务印书馆1997年版，第221页。

育的重要主体。正是从这样的特征出发，我们才认为潜性教育理论直接起源于隐性教育思想，但又完全超越并包含了隐性教育。当代众多的教育家也提出了"自然教育"、"生活教育"、"社会教育"、"生命教育"等等，这些教育毫无疑问共同构成了潜性教育的同构理论体系，为潜性教育理论的最终成形提供了方方面面的理论支撑和学理依据。但潜性教育也并不完全等同于它们中的任何一个，自然教育、生活教育、社会教育、生命教育普遍是立足于人类生命本身的需求出发，追求在人类成长过程中脱离学校教育而经历非教育事件后自然而然的成长教育而已，它们完全采取了与学校教育、课堂教育相向而视、冷静对照的教育立场和教育理念，虽然针锋相对且客观地指出了学校教育、课堂教育、灌输教育的弊端，但明显排挤了显性教育而一味放大了自身的形象，可谓是完全去显性、去人为引导性、去合理预设性的教育理念，完全否定学校教育的立场坚定、态度明显。潜性教育集百家之长，并没有完全排斥学校教育和课堂教育，我们的理论认为潜性教育对显性教育具有补益、完善、相互促进的功效，而且与显性教育并驾齐驱、携手共进、联合勾勒了学校素质教育的理论体系。潜性教育与显性教育在对立中求统一、在统一中求和谐、在和谐中求发展，如果这两条腿都能合理用上、彼此协调运营，素质教育就不再是一个简单的梦想，而且很可能就会变成现实的表现。

由于潜性教育与学校教育并不存在绝对矛盾，而且学校教育又具有强势的发展势头，同时最广大的适龄儿童、青少年又都是生活在校园内并接受着正规的课堂教育的，所以我们将潜性教育结合学校教育进行了潜、显两种教育的整合研究，这对于抒发学生的灵性、培养学生的悟性、平衡学生的理性和感性具有非常明显的效果和作用，同时也为学校教育的发展、提升、完善提出了一种可能，所以在本书中我们没有完全倒向社会教育，虽然这是潜性教育主要的战场，但如果完全倒向社会教育对于提升和完善我们的学校教育毫无益处，广大学生毕竟不可能完全脱离学校而去实现自身的教育。当然不可否认，学校潜性教育的现状并不令人满意，或者说潜性教育在学校内目前是没有市场的，这不是潜性教育本身的问题，而是学校教育体制和机制出了问题，特别是扩招、功利性应试、多元文化观念的冲击等等误导了整个学校教育的发展方向。相对来说，社会潜性教育无论从教育资源储备、教育过程的清晰度、教育效果的显著情况来看都要优于校园潜性教育。但我们还是要抓住校园来探讨潜性教育，因为这是人类教育最为明确的大本营，而且最优秀的教育资源、受教育者都集中在这里，抛弃学校探讨潜性教育不仅仅有空中楼阁的虚无感，而且也无形中对立了它和显性教育的关系，这不利于两者的合作和相互促进。

从整个宏观的学校教育来说，民办教育在中国以及大多数发展中国家来说基本就是一种潜性教育的状况，无论从经费投入、师资质量、教育政策、学生生源、教学质量和管理水平、学生就业和继续深造的机会上来说，民办教育目前都无法跟公办教育相媲美，顶多也就是公办教育隐藏着的一种后缀或者补充而已。事实上，民办教育的风起云涌、兴衰成败根本就无定数，各种境遇的转化也不过就是瞬间的事情，无论是公益性的民办教育还是营利性的民办教育，目前都没有成熟的定位和运营模式。考虑到民办教育的发展生存问题，我们引入了"潜性教育化"的感念。对于这一概念正是基于潜性教育是一种教育思想、教育理念而提出来的，也就是说，这里的潜性教育不再是一个狭义上的教育方法、教育名词或者教育术语，而是一种广义上的观念和思维模式，即潜性教育观和潜性教育思维。从狭义到广义的推广和演化可以让我们将潜性教育思想延伸到民办教育与公办教育的潜、显对比上来。民办教育的潜性化特征尽管限制了民办教育的快速发展，但也必将使民办教育充满无穷的希望和必定成功的未来前景，因为相对于公办教育而言，民办教育的扩容力、变通力、伸缩力即灵活力更加强大，它们具有更为自由的发展方向和更为轻松的历史负担，所以民办教育在终身教育日益兴盛的今天具有更为广阔的发展空间。

潜性教育在学校素质教育中的实施是依据素质教育一定要实现这样一种既定目标而体现出来的教育方法论上的改进和完善。现代的学校教育太过于注重知识技能、专业能力的应试性教育，这大大抑制了素质教育的实现，甚至颠覆了素质教育在学校教育中应当具有的崇高的身份和地位。我们认为素质教育远远高于知识技能教育，终身教育是奠定素质教育的基石，而潜性教育则是成就素质教育的法宝。素质教育要抱定教育信仰、立足于基石、充分发挥法宝的功效，才有望获得生机。总的说来，要在学校中发展潜性教育和素质教育，我们一定要重申三点：引导教育优于灌输教育、课外教育优于课堂教育、立体教育优于平面教育。基于上述的认识，我们提出集群式教育发展模式，充分调动社会上、生活中一切潜性教育素材、方法以及人、事、物和社会机构来共同为学校素质教育注入新鲜血液、开辟新天地。其中，我们提出一个新的认知，那就是围绕着广大的青少年学生来看，教育主体不再是学校和教师，而是完全可以扩充到整个社会的所有机构，学校要认识到今天的校园教育是一种主体间性的教育，即今天的教育主体是包括学校在内的所有社会主体共同构筑、维护、完善彼此间关系的集群式的施教主体，而受教育的主体即学生才是众主体共同服务、打造、关心的对象，学生作为未来的接班人和社会未来的主人，理应是所有施教主体最高度关注的对象，学生就是教育的中心，没有其他。只有这样，建立在集群模式之上的生态型教育体系或健康的教育生态系才会真正形成，显性教育与潜性教育的两大法宝才会对我们的整个教育体系作出它们应有的巨大贡献！

附　录

一、书中的图示：

后 记

　　整整七年的研究和思考终于可以告一段落，因为从当初参与主持申报南京工业大学的哲学社会科学课题"潜性教育研究"开始，我就决定一定要写一部《潜性教育论》。写这部书的目的是非常复杂的：鉴于自己走上了教育之路，鉴于身处校园外的心所感、神所触而困惑重重，鉴于身处校园内眼所见、耳所闻并不如人意，鉴于感觉中国的教育已经进入了死胡同，鉴于当代人的功利心盖过一切。

　　七年恐怕是一个人一生时光的十分之一，七年恐怕已经是沧海桑田、物非人非，七年可以拯救一个人，七年同样也可以葬送一个人。一个理论、一个学术成果同样可能需要七年才能比较周密地呈现出来，但要让它完全成熟甚至是基本成熟的话，七年又远远不够。今天和盘托出的不过是一个理论引子，或者说是抛砖引玉的砖板而已。

　　潜性教育从一开始被我们课题组提出来，我就坚信它必定真实存在，因为人心是真实的、生活是真实的、挫折与磨难也是真实的。在不断思索和求证中，我感觉到非常孤独和无奈，因为"潜性教育"作为一个名词和概念在教育界从来就没有被旗帜鲜明地提出过。但我也收获了更多的认识和体悟，我渐渐明朗了，潜性教育类似自然教育、潜性教育类似生活教育、潜性教育类似社会教育、潜性教育类似生命教育、潜性教育的灵感引爆于隐性教育，潜性教育却又不是它们中的任何一种教育。这似乎非常矛盾，其实生活本身何尝不是矛盾的结合体？其实每一个人又何尝不是矛盾的结合体？其实社会上的一切事端又何尝不是矛盾的结合体？人类的观念与观念之间、思维与思维之间又何尝不是布满各种各样的矛盾？阴和阳是矛盾，但它们融合相生才有了大千世界、天地万物。所以我们的潜性教育中也必然充斥着许许多多我们努力想解决却又尚不能凭一时意气、随便处置的矛盾。潜性教育既然潜伏在生活的各个角落，却又不带有预先设定的教育目的，那它究竟怎么达到教育效果呢？潜性教育与隐性教育的字面意思太接近，但又的确存在着巨大的差别，不是完全一致的内涵，如何才能进一步界定两者的位置呢？潜性教育如果就是自然教育、生活教育、社会教育的话，就似乎剥夺了它在学校中的生存空间和生存的可能性，而事实上潜性教育在学校中真实存在着且有别于任何一种教育，如何才能将潜性教育与学校教育融合起来形成强大的合力呢？潜性教育既然是一种天然的教育，而且是触动生命的自然勃发，那么谁来监控、谁来纠偏潜性教育可能造成的不良影响呢？潜性教育可以人为操作吗？如果不能接受人为操控，是不是会陷入失控和价值的无意义状态呢？这一系列的问题我们并没有进行全面的解答，有些问题涉及到了，有些问题在书中给出了我们的解释，有些问题是本书的重点问题，但有些问题我们还是无奈地回避了。

潜性教育在我们思考之初是当作一个概念或者名词来静态观照的，当老友李云涛在偶然间与我探讨民办教育与公办教育的关系以及如何发展民办教育时，我陷入了困惑，经过一段时间的思考，我猛然间醒悟，民办教育相对于强势的公办教育来说不就是一种相对的潜性教育吗，它巨大的能量就是深入民众、潜伏民间、影响民意的，潜性教育至此不再是一种静态的概念或者名词了，它应当是一种开放式、动态性、不断演化的教育理念和思维方法，因此"潜性教育化"的概念从而诞生，并且成为本书的重要概念之一，而潜性教育思想与学校教育的有机结合也找到了切入口。在此感谢云涛的点醒，一并要感谢三江学院，作为全国民办高校的翘楚，三江学院成为了本书"潜性教育化"主要选择的研究对象，正是三江学院一贯的优异表现使本书获得了大量的素材和较充足的论据。

在本书的研究过程中，特别要感谢江苏省教育厅。2011年，本课题申报了江苏省教育厅高校哲学社会科学研究课题并获得成功，课题的名称就是"潜性教育研究"。感谢省教育厅的慧识和支持，这无疑是对我们课题组以及课题价值的认同和肯定，实际上也是给此书的正式出版做了明确的指示和鼓励，使我们有了更加充足的勇气将此书推向社会、推向学术界和教育实践界。在本课题的研究过程中，还得到了诸多学界同仁的理解和支持，如南京工业大学党委宣传部顾晓静、徐少亚、王梅、杨芳等老师在参与本课题中都做出了巨大努力和贡献；而《教育理论与实践》、《大学教育科学》、《南京艺术学院学报（美术与设计版)》、《中国电力教育》、《安徽农业大学学报（社会科学版)》、《淮海工学院学报（社会科学版)》等学术理论期刊也对本课题的阶段性成果给予了无私的关怀和肯定，向这些期刊及她们的编辑们表示感谢。本书写作过程中参阅了众多文献资料，对这些文献的作者表示崇高的敬意。

尤其要感谢南京大学党委副书记、博士生导师朱庆葆教授不辞辛劳、百忙中慷慨为本书赐序。在序中，朱书记不吝美言对本书给予了高度的评价和赞赏，这无疑是对我们的鼓励和鞭策，也让我们感觉肩上担子的重量。既然该课题有创意、有价值，那么我们将不懈地将该课题研究下去、深发下去，期望能结出更多、更丰硕的果实。

感谢教育部高等学校社会科学发展研究中心能将此书列入"高校社科文库"部分资助出版计划，这是对本书的肯定和褒奖。感谢光明日报出版社及出版社编辑们的鼎力相助和辛勤劳动，是他们让此书鲜亮地呈现给广大读者，给了潜性教育理论发扬光大的机会。

在此还得感谢我的母校南京航空航天大学。母校给了我安静而充足的研究时空和浓郁的学术氛围，并一直无私地、默默地在扶持着我们这些年轻学人茁壮成长、日益成熟。

最后，谨以此书献给我年迈的母亲！从小到大，母亲给了我源源不断且无私的爱和支持，她用她的一言一行教会我做人、教育我成长，她高尚的品格和博爱的胸怀默默地感染着我，让我对这个世界充满着希望、让我的身心充满了力量、让我的灵魂充满了爱和感恩之情。十二年前我决定跨入学术界，母亲就不离不弃地鼓励我、照顾我、陪伴我。多少个日日夜夜，当我伏案写作时，她总是静静地在我书桌前为我端茶倒水、嘘寒问暖，看着母亲日益花白的头发，我内心充满了感激、酸楚和满满的暖意，母亲给予我的更多的就是潜性教育。当她渐渐老去，她依然在坚持发挥着她的光和热，让我在彷徨、失望、孤独、疲惫的时候能够坚定不移地活下去、走下去、写下去。母亲就是我生活的力量、就是我人生的明灯！我无以回报我的母亲，正如我无以回报我的祖国，就将此书奉献给我的母亲和天下所有的母亲！

成乔明

2012 年 6 月 8 日于南航